Psychotherapie: Fort- & Weiterbildung

Willkommen zur Buchreihe „Psychotherapie: Fort- & Weiterbildung". Diese Reihe wurde für all diejenigen geschaffen, die sich in der Psychotherapie fort- und weiterbilden möchten. Unsere Bücher bieten einen umfassenden Überblick über und vertieftes Wissen zu allen relevanten Themen der Fort- und Weiterbildung in der Psychotherapie. In unseren Werken finden Sie fundierte Informationen zu verschiedenen therapeutischen Ansätzen auf dem aktuellsten Stand der Psychotherapieforschung sowie etablierte wie auch innovative Techniken. Wir decken ein breites Spektrum an Themen aus unterschiedlichen Perspektiven ab, je nachdem in welchem psychotherapeutischen Verfahren Sie Ihr Wissen vertiefen möchten: von der kognitiven Verhaltenstherapie, psychodynamischen Therapien, systemischer Therapie, achtsamkeitsbasierten Verfahren und vielem mehr. Unsere Autor:innen sind erfahrene Fachleute und Dozent:innen aus der Welt der Psychotherapie, die ihr Fachwissen und ihre Erfahrungen mit Ihnen teilen möchten. Sie führen Sie durch komplexe Konzepte und Methoden und zeigen Ihnen, wie Sie sie in Ihrer eigenen therapeutischen Praxis anwenden können. Darüber hinaus bieten unsere Bücher praktische Übungen, Fallstudien und Anleitungen zur Reflexion, um Ihnen zu helfen, Ihr Verständnis zu vertiefen und Ihre Fertigkeiten weiterzuentwickeln. Wir legen Wert darauf, dass unsere Werke nicht nur informativ, sondern auch inspirierend und praxisnah sind. „Psychotherapie: Fort- & Weiterbildung" ist eine unverzichtbare Ressource für alle, die ihr Wissen und ihre Fertigkeiten in der Psychotherapie erweitern möchten. Ob Sie eine erfahrene Therapeutin sind, die ihr Fachwissen vertiefen möchte, oder ein Einsteiger, der sich einen umfassenden Überblick über das Feld verschaffen möchte – unsere Buchreihe bietet Ihnen alles, was Sie brauchen, um erfolgreich in der Psychotherapie zu arbeiten.

Thomas Abel

Widerstände in Psychotherapien

Formen, Settings und Behandlung

Thomas Abel
Berlin, Deutschland

ISSN 3059-2836   ISSN 3059-2844 (electronic)
Psychotherapie: Fort- & Weiterbildung
ISBN 978-3-662-70526-1   ISBN 978-3-662-70527-8 (eBook)
https://doi.org/10.1007/978-3-662-70527-8

Die Deutsche Nationalbibliothek verzeichnet diese Publikation in der Deutschen Nationalbibliografie; detaillierte bibliografische Daten sind im Internet über https://portal.dnb.de abrufbar.

© Der/die Herausgeber bzw. der/die Autor(en), exklusiv lizenziert an Springer-Verlag GmbH, DE, ein Teil von Springer Nature 2025

Das Werk einschließlich aller seiner Teile ist urheberrechtlich geschützt. Jede Verwertung, die nicht ausdrücklich vom Urheberrechtsgesetz zugelassen ist, bedarf der vorherigen Zustimmung des Verlags. Das gilt insbesondere für Vervielfältigungen, Bearbeitungen, Übersetzungen, Mikroverfilmungen und die Einspeicherung und Verarbeitung in elektronischen Systemen.
Die Wiedergabe von allgemein beschreibenden Bezeichnungen, Marken, Unternehmensnamen etc. in diesem Werk bedeutet nicht, dass diese frei durch jede Person benutzt werden dürfen. Die Berechtigung zur Benutzung unterliegt, auch ohne gesonderten Hinweis hierzu, den Regeln des Markenrechts. Die Rechte des/der jeweiligen Zeicheninhaber*in sind zu beachten.
Der Verlag, die Autor*innen und die Herausgeber*innen gehen davon aus, dass die Angaben und Informationen in diesem Werk zum Zeitpunkt der Veröffentlichung vollständig und korrekt sind. Weder der Verlag noch die Autor*innen oder die Herausgeber*innen übernehmen, ausdrücklich oder implizit, Gewähr für den Inhalt des Werkes, etwaige Fehler oder Äußerungen. Der Verlag bleibt im Hinblick auf geografische Zuordnungen und Gebietsbezeichnungen in veröffentlichten Karten und Institutionsadressen neutral.

Planung/Lektorat: Heiko Sawczuk
Springer ist ein Imprint der eingetragenen Gesellschaft Springer-Verlag GmbH, DE und ist ein Teil von Springer Nature.
Die Anschrift der Gesellschaft ist: Heidelberger Platz 3, 14197 Berlin, Germany

Wenn Sie dieses Produkt entsorgen, geben Sie das Papier bitte zum Recycling.

Inhaltsverzeichnis

1	**Einleitung**	1
1.1	Verteidiger und Entdecker	2
1.2	Compliance in der somatischen Medizin	3
1.3	Prävalenz, Versorgungslage und Psychotherapieverfahren	5
1.4	„Wie gut, dass niemand weiß …": Angst vorm Erkanntwerden	9
1.5	„Das ist mir viel zu heiß!" – Widerstand im Initialtraum	11
1.6	Widerstand: Definition, Entstehung und Entwicklung des Begriffes	13
1.7	Formen des Widerstandes	15
2	**Rahmenwiderstände**	19
2.1	Äußere Rahmenwiderstände	19
	2.1.1 Versäumen von Sitzungen und Ausfallhonorare	20
	2.1.2 Verspätungen als Widerstand	25
	2.1.3 Telefonkontakte und Nachrichten zwischen den Therapiestunden	26
	2.1.4 Suizidalität als Widerstand	28
	2.1.5 Selbstverletzendes Verhalten	31
	2.1.6 Skarifizierungen, Tattoos, Piercings	34
	2.1.7 Suchtmittelgebrauch und -abhängigkeit	36
	2.1.8 Psychopharmaka und Widerstand	40
	2.1.9 Essstörungen und Rahmenwiderstände	43
	2.1.10 Esoterik, Religiosität und Paralleltherapien	46
	2.1.11 Modediagnosen: ADHS, Hypersensibilität und Autismus	52
2.2	Innere Rahmenwiderstände	55
	2.2.1 Widerstand gegen die freie Assoziation	55
	2.2.2 Schweigen und Plaudern	59
	2.2.3 Quando me sinto só: Trennungswiderstände	62
3	**Widerstand durch Abwehrmechanismen**	67
3.1	Grundkonflikte, Abwehrmechanismen und Widerstand	68
3.2	Widerstände durch primitive Abwehrmechanismen	77
	3.2.1 Verleugnung	77

		3.2.2	Dissoziationen	85

        3.2.2   Dissoziationen 85
        3.2.3   Introjektion 90
        3.2.4   Projektion 93
        3.2.5   Projektive Identifizierung 95
        3.2.6   Identifikation mit dem Aggressor 98
        3.2.7   Spaltung, primitive Idealisierung und Entwertung 101
  3.3   Widerstände durch reife Abwehrmechanismen 104
        3.3.1   Verschiebung 105
        3.3.2   Altruistische Wunschabtretung 108
        3.3.3   Wendung gegen die eigene Person 110
        3.3.4   Ungeschehenmachen 112
        3.3.5   Rationalisierung und Intellektualisierung 113
        3.3.6   Isolierung vom Affekt und aus dem Zusammenhang 115
        3.3.7   Affektualisierung, Sexualisierung und Reaktionsbildung 117
        3.3.8   Identifizierung 119
        3.3.9   Idealisierung 121
        3.3.10 Konversion, Somatisierung und Psychosomatik 123
        3.3.11 Regression und Progression 125
        3.3.12 Verdrängung, Vergessen und Sublimierung 127

4   Übertragungswiderstände 131
  4.1   Widerstand gegen das Bewusstwerden der Übertragung 132
  4.2   Widerstand durch Festhalten an einer Übertragung 135
  4.3   Widerstand gegen die Auflösung der Übertragung 137

5   Schuld und Scham: Über-Ich- und Ich-Ideal-Widerstand 141

6   Das Altgewohnte: Es-Widerstand 145

7   Krankheitsgewinne 149

8   Strukturspezifische Widerstände 153
  8.1   Widerstände schizoider Persönlichkeitsstrukturen 155
  8.2   Widerstände depressiver Persönlichkeitsstrukturen 158
  8.3   Widerstände zwanghafter und phobischer Charakterstrukturen 161
  8.4   Widerstände histrionischer und narzisstischer Strukturen 165

9   Gegenübertragungswiderstände 171
  9.1   Widerstände der Therapeutin beim Mitfühlen und Rollenübernehmen 174
  9.2   Widerstände durch die Co-Übertragung der Therapeutin 179
  9.3   Ausbildung und Elternschaft als Widerstandsgründe 187

Literatur 191

Einleitung

1

▶ Menschen leiden unter psychischen oder körperlichen Problemen, suchen eine Behandlung auf, sehnen sich nach einer Veränderung, tun aber gleichzeitig von Anfang an sehr viel dafür, um jegliche Veränderung, teilweise sogar das Erkanntwerden auszubremsen oder zu verhindern. Manche beenden die Therapie, kaum dass erste Verbesserungen erzielt wurden oder das Problem verstanden wurde. Das gilt nicht nur für die Psychotherapie, sondern für die gesamte Medizin.

Anhand von Studien, Zahlen, einem Bild, berührenden Szenen aus einem Märchen und dem Traum einer Patientin möchte ich am Beginn des Buches ein erstes Verständnis vermitteln für das scheinbar verrückte Phänomen Widerstand, das viel mehr ist als eine Bequemlichkeit oder Widersetzlichkeit der Patientinnen, ehe ich definiere, was Widerstand ist und welche Formen es davon gibt.

Das 1818 entstandene und lange verschollene Gemälde „Der Wanderer über dem Nebelmeer" von Caspar David Friedrich, einem begnadeten Maler von Sehnsuchtslandschaften, dem das Titelbild dieses Buches nachempfunden ist, versetzt uns als Therapeutinnen verblüffend unmittelbar in eine alltägliche therapeutische Situation. Wir haben einen Mann vor uns, der gerade den ersten Schritt auf einem längeren Weg macht, dessen Fuß dabei nach Halt sucht. Er will zu einem noch fernen Gipfel, von dem ihn aber nebelverhangene Abgründe, Täler und noch nicht erkennbare Gefahren trennen. Nur wenige Felsen mit oder ohne Bäume ragen aus den Dunstschleiern heraus. Es handelt sich um eine Rückenfigur, die uns einlädt, die Welt und den vor ihr liegenden Weg aus ihrer Perspektive zu betrachten. Ähnlich wie in diesem Bild werden wir in einer Psychotherapie versuchen, die innere und äußere Welt eines Patienten und den vor ihm liegenden Lebensweg aus seiner Sicht zu sehen. Er wird uns klar sagen können, wohin er will. Aber der Weg zu seinen Therapiezielen liegt im Nebel: Er weiß nicht, wie er dorthin kommt, wenn er es wüsste, wäre er nicht zu uns gekommen, sondern allein gegangen. Er weiß auch nicht, welche Abgründe oder kaum überwindbare Klippen vor ihm liegen, ob er reißende Flüsse überqueren oder sich vor gefährlichen Tieren oder Menschen schützen muss. Deshalb ist er zwar sehr willig und motiviert, seine Wanderung durch die inneren Landschaften zu beginnen, hat aber andererseits auch berechtigte und nachvollziehbare Ängste davor, die sich in der roten Farbe der Jacke ausdrücken. Am Anfang, aber auch immer wieder auf dem Weg, nach jeder überstandenen Gefahr wird er sich fragen, ob er den nächsten inneren Abgrund bewältigen und überleben wird. Die Ängste im therapeutischen Prozess, die nach jeder bedeutsamen emotionalen Erkenntnis, nach jeder Veränderung aufs Neue aufflackern, führen dazu, dass es immer wieder Momente geben wird, wo der Patient nicht weitergehen, nicht weitermachen möchte, vielleicht sogar umkehren, weil er die Übel und Gefahren der Regionen wenigstens kennt, aus denen er kommt, und weil er ja früher mit ihnen mit viel Leid und Mühe zurechtgekommen ist. Als Therapeuten sind wir zwar ausgebildete Bergsteiger, kennen aber den Weg durch die konkreten Abgründe auch nicht, die vor unseren Patientinnen und Patienten liegen. Auch für uns wird sich der Nebel nur Stück für Stück lüften und die nächsten Meter freigeben. Vielleicht kann diese Perspektive helfen, aufkommende Widerstände in der Psychotherapie nicht nur als Unwillen oder Unmotiviertheit unseres Patienten anzusehen, sondern auch die dahinterstehenden Ängste nachzuempfinden und dadurch behilflich zu sein, sie Schritt für Schritt zu überwinden.

▶ Einige Patientinnen sagen am Ende der Therapie, dass der Nebel das Beunruhigende war, das Nichtwissen, Nichtahnen, was auf dem Stück Lebensweg der Psychotherapie auf sie zukommen, was sie nach der Bewältigung einer Angst, eines inneren Abgrundes als nächstes erwarten wird. Andere sagen, dass sie ohne Nebel vielleicht nie die Wanderung gewagt hätten, wäre ihnen am Anfang klar, d. h. nicht vernebelt gewesen, durch welche Felsklüfte oder reißenden Bäche sie durchmüssen, um ihr Ziel am Ende zu erreichen. Beides ist gut verständlich und kann uns helfen, die vielen Widerstände im Verlauf der Psychotherapie verstehend anzunehmen und unseren Patientinnen darüber hinwegzuhelfen.

1.1 Verteidiger und Entdecker

▶ Studien zeigen, dass es in allen größeren und kleineren Gruppen, angefangen von Familien, Therapiegruppen, Schulklassen, Arbeitsteams, Sportmannschaften bis hoch in die gesamte Gesellschaft eines Landes eine Aufteilung gibt, in ein progressives, fortschrittliches Drittel von Menschen, die Veränderungen wünschen und betreiben, ein konservatives, also bewahrendes Drittel, die Angst vor dem Neuen haben, alles daran setzen, dass alles so bleibt, wie es ist oder früher einmal war, sowie ein unentschiedenes Drittel, das mal zum einen, mal zum anderen Pol neigt oder sich heraushält.

In den USA gibt es diesen Lagern entsprechend die Demokraten und die Republikaner, in anderen demokratischen Ländern ganz ähnlich reformorientierte und konservative Parteien, dazwischen Unentschiedene oder Wechselwähler. Die Regierungen werden abwechselnd vom einen und dann einige Jahre später vom anderen Lager gestellt, danach wieder vom ersten und immer so weiter, sodass es immer hin und her wechselt zwischen Voranschreiten und Bewahren. Eine aktuelle Studie an der Universität Münster von Back et al. (2024) hat diese Prozesse an 5000 Menschen aus Deutschland, Schweden, Frankreich und Polen empirisch untersucht. Die Autoren haben Professuren in den Bereichen Psychologie, Soziologie und Politikwissenschaften inne, eine gute Mischung, um sehr verschiedene Aspekte zusammenzuführen. Der Gruppe, die an Veränderung interessiert ist, gaben sie den Namen „Entdecker", diejenige, die das Bestehende bewahren möchte, nannten sie „Verteidiger". Das, was sich da in der Gesellschaft und in allen Gruppen abbildet, gibt es auch in jedem einzelnen Menschen. Je nachdem, ob bei Menschen der Entdecker oder der Verteidiger überwiegt, gehören sie zu der einen oder anderen Gruppe. Halten sich beide die Waage, gehören sie zum letzten Drittel. In jeder Patientin, jedem Patienten, aber auch in jeder Therapeutin, jedem Therapeuten gibt es Entdecker, die sich auf den Weg machen möchten in unbekanntes Gelände, und Verteidiger, die lieber alles beim Alten lassen. Wir haben am Beginn einer Psychotherapie oft eher die Entdecker im Blick. In diesem Buch sollen aber auch die Verteidiger zu Wort kommen und die vielen guten Gründe, warum es sie gibt.

1.2 Compliance in der somatischen Medizin

▶ In der somatischen, körperbezogenen Medizin ist der Widerstand ein häufig unterschätztes Phänomen Der Begriff Compliance – in dessen Bereich auch der Widerstand fällt – meint Therapietreue, Kooperativität und Mitwirkung von Patientinnen und ihres menschlichen Umfeldes bei der ärztlichen Behandlung und bezieht sich auf die Einnahme von Medikamenten, das Einhalten von Diäten oder Veränderungen des Lebensstiles, wie eine Reduktion von Risikofaktoren, wie Rauchen, Übergewicht oder Bewegungsmangel.

Laut eines Reports der Weltgesundheitsorganisation (WHO) von 2003 haben nur 50 % der Patientinnen eine ausreichende Compliance. Nur die Hälfte der Kranken setzt also das um, was sie mit der Ärztin besprochen haben, die andere Hälfte nur zum Teil oder gar nicht. Eine beabsichtigte oder unbeabsichtigte Non-Compliance, eine ungenügende Umsetzung des Therapieplanes kann, in Abhängigkeit von der Grundkrankheit, mit erhöhtem Sterberisiko, mehr Krankheitssymptomen und geringerer Lebensqualität einhergehen. Manche Krankenhausaufnahmen werden durch mangelhafte Umsetzungen von Therapieplänen verursacht. Studien haben als wichtigen Faktor für unzureichende Therapietreue eine mangelhafter Kommunikation in der Beziehung zwischen Ärztin und Patientin ermittelt (vgl. Härter et al., 2005). Deshalb wird im englischsprachigen Raum der Begriff Compliance zunehmend durch Adherence ersetzt, bei dem es eher um die gemeinschaftliche Entscheidungsfindung von Patientinnen und Behandlerinnen geht, die die noch häufig anzutreffende asymmetrische, paternalistische Beziehung zwischen ihnen ersetzen soll.

Auf der Seite der Patientinnen kostet die regelmäßige Einnahme von Medikamenten, noch mehr aber die Umstellung des Lebensstiles sehr viel Überwindung, Kraft und Durchhaltevermögen. Anfang Januar angesichts guter Neujahrsvorsätze weniger zu essen, zu rauchen oder weniger Alkohol zu trinken, sich mehr zu bewegen, das gelingt vielen Menschen einige Tage ganz gut. Mitte Januar hat sich dann aber doch das alte Muster wiederhergestellt und alles ist beim Alten. Wenn es bei Patientinnen medizinisch wichtig und notwendig ist, derartige Veränderungen vorzunehmen, dann brauchen sie von der Ärztin Aufklärung, warum es nötig ist, Ermutigung, dass es nicht leicht, aber schaffbar ist, sowie regelmäßiges Nachfragen, ob die besprochenen Maßnahmen wirklich umgesetzt werden, um eine ausreichende Compliance zu erreichen.

Auf der Seite der Ärztinnen gibt es allerdings auch einige grundlegende Aspekte, die zu einer schlechten Compliance ihrer Patientinnen beitragen. Einer davon wird im Theaterstück „Die Katze auf dem heißen Blechdach" von Tennessee Williams abgebildet. Darin verabschiedet sich der Arzt ganz hastig von seinem Patienten „Big Daddy", kaum dass er ihm die tödliche Diagnose eines schon sehr stark metastasierten Darmkrebses mitgeteilt hatte, an dem er sehr bald sterben würde. Im Grunde ließ er ihn mit seinen Todesängsten allein, statt ihm bei der psychischen Bewältigung von Krankheit und Tod zu helfen. Sicherlich hat sich seit 1955 vieles in der Medizin verändert. Ohnmacht und Angst auf Seiten der Ärztinnen halten viele aber bis heute davon ab, Patientinnen angemessen zu begleiten, wenn die Möglichkeiten der medikamentösen, chirurgischen oder radiologischen Behandlungen ausgeschöpft sind. Wie im Theaterstück, müssen es dann die Familien übernehmen, den Kranken bei seinen weiteren Schritten zu begleiten, was sicher nicht zu einer guten Compliance beiträgt.

Ein zweiter Aspekt betrifft den Umfang eines Gespräches, das erforderlich wäre, um der Patientin die Notwendigkeit der Veränderung des Lebensstiles zu erläutern. Bei beginnendem Diabetes mellitus vom Typ 2 beispielsweise, an dem mittlerweile 8,5 % der Bevölkerung erkranken, derzeit 61 Mio. Menschen allein in Europa, könnte ein Drittel der Betroffenen ohne eine Medikation auskommen. Durch eine Ernährungsumstellung, Gewichtsreduktion, regelmäßige Bewegung und Verzicht auf Alkohol und Nikotin würden die Körperzellen nach einigen Monaten wieder mehr Zucker aufnehmen, sodass sich der Blutzuckerspiegel dauerhaft reduziert. Dafür sind allerdings gerade unmittelbar nach der Diagnose beratende und längere Zeit die Patientinnen begleitende Gespräche notwendig, damit sie die Umstellung schaffen und durchhalten, etwa wie in der TV-Dokuserie „Die Ernährungs-Docs". So viel Zeit wenden allerdings die meisten Ärztinnen nicht auf, sondern verschreiben sehr schnell Antidiabetika. Auch wenn nicht das ganze Drittel dauerhaft seinen Lebensstil umstellen könnte, ist es doch schade um die vielen Menschen, die es geschafft hätten, aber gleich von vornherein Medikamente bekommen haben. Ebenfalls ergaben Studien, dass ein weiteres Drittel der Patientinnen mit Diabetes Typ 2 ein Jahr oder länger keine Compliance haben, d. h., ihre Medikamente gar nicht einnehmen und den

Lebensstil nicht ändern (vgl. Kaleta et al., 2023). Dabei spielt Therapietreue gerade bei Diabetikerinnen eine zentrale Rolle, um schwere Folgen wie Herz-Kreislauf-Erkrankungen, Nierenversagen, Erblindung oder Neuropathien möglichst zu verhindern. Innere Widerstände gegen die Akzeptanz der Erkrankung, aber auch gegen das Befolgen der mit der Ärztin besprochenen Behandlungsmaßnahmen führen zu dieser Non-Compliance. Bequemlichkeit auf Seiten der Patientin, die sich nicht umstellen möchte, aber auch auf Seiten der Ärztin, die ein Gespräch nicht oder zu kurz führt, dürften die Hauptgründe sein.

Fazit

Es ließen sich noch zahlreiche andere Beispiele benennen. In jedem Fall sollte die mangelnde Therapietreue, d. h. der Widerstand gegen die Behandlung in vielen Arztpraxen mehr Aufmerksamkeit finden.

1.3 Prävalenz, Versorgungslage und Psychotherapieverfahren

▶ Laut epidemiologischen Studien sind psychische Erkrankungen die zweithäufigsten Krankheiten nach Infektionskrankheiten.

Nach einer „Studie zur Gesundheit Erwachsener" des Robert-Koch-Instituts sind in Deutschland jedes Jahr 27,8 % der erwachsenen Bevölkerung von einer psychischen Erkrankung betroffen, was mit 17,8 Mio. Menschen der Einwohnerzahl von Nordrhein-Westfalen entspricht. In der gesamten Europäischen Union wird von bis zu 164,8 Mio. Betroffenen ausgegangen (vgl. etwa Jacobi et al., 2014; Plass et al., 2014). Angststörungen, affektive Erkrankungen, wie Depression und Suchtleiden – vor allem durch Alkohol- und Medikamentenabhängigkeit –, sind am häufigsten. Ungefähr die Hälfte der Kranken weisen mehrere Diagnosen gleichzeitig auf, vor allem Angststörungen und Depressionen. Die Prävalenz von 27,8 %, also die Häufigkeit voll ausgeprägter psychischer Erkrankungen in einem Zeitraum von 12 Monaten, ist über soziodemografische Gruppen hinweg unterschiedlich ausgeprägt: Junge und sozial schlechter gestellte Menschen sowie solche in Metropolen sind häufiger betroffen. Jede dritte Frau und jeder vierte bis fünfte Mann wurden als erkrankt erfasst, wobei Frauen mehr zu Angststörungen und Depressivität neigen, Männer eher zu Aggressivität und Suchtleiden. Der Eindruck ist allerdings falsch, dass psychische Störungen Frauenkrankheiten sind. Frauen nehmen eher psychosoziale Hilfsangebote in Anspruch, während Männer durch ihren Umgang mit psychischen Problemen eher unbehandelt bleiben, sodass sie statistisch zum Teil nicht erfasst werden. Männer landen teilweise im juristischen Bereich, etwa durch Gewalt, Straftaten oder suchtbedingte Verschuldung. Sie richten bei psychischen Störungen ihre Aggression öfter nach außen, auf andere Menschen, statt nach innen, auf das eigene Selbst, was zu einer Depression führen würde.

Laut dem Lagebild des Bundeskriminalamtes zu geschlechtsspezifisch gegen Frauen gerichteten Straftaten wurden 2023 in Deutschland 360 Femizide verübt, d. h., fast jeden Tag wurde eine Frau zumeist von einem Mann ermordet. Alle drei Minuten sind Frauen oder Mädchen Opfer häuslicher Gewalt, die zu 68 % innerfamiliär oder in Partnerschaften ausgeübt wird. Richtet sich die Gewalt gegen den eigenen Körper, kommt es zu Suiziden. Laut statistischem Bundesamt nehmen sich 28 Menschen pro Tag das Leben, insgesamt 10.119 im Jahre 2022, davon 75 % Männer. Erfreulicherweise sind diese Zahlen, vielleicht auch dank der verbesserten psychotherapeutischen Versorgung, gesunken: 1980 nahmen sich noch 50 Menschen pro Tag das Leben.

▶ Anmerkung: Da Frauen etwas mehr Mut haben, sich den inneren, psychischen Abgründen zu stellen, und es deshalb etwas mehr Patientinnen als Patienten und laut Kassenärztlicher Bundesvereinigung mit 76 % deutlich mehr Therapeutinnen als Therapeuten gibt, werde ich in diesem Buch die weiblichen Sprachformen verwenden, wenn ich allgemein von Patientinnen und Therapeutinnen spreche. Menschen mit anderen Geschlechtsidentitäten sind damit aber natürlich auch gemeint.

Von den erwähnten 17,8 Mio. erfassten Menschen mit einer psychischen Erkrankung begeben sich die meisten nicht in eine Psychotherapie. Von ihnen haben nur 3,4 Mio., also 19 %, im Laufe des vorangegangenen Jahres das Gesundheitssystem aufgrund ihrer psychischen Beschwerden aufgesucht, die meisten, nämlich 16 %, haben eine ambulante Behandlung, 2,3 % eine stationäre Behandlung und 3,5 % Leistungen von komplementären Institutionen (zum Beispiel Beratungszentren oder Selbsthilfegruppen) in Anspruch genommen. Selbst beim Vorliegen von vier und mehr psychischen Diagnosen suchen nur 40 % der Betroffenen eine Behandlung auf, obwohl ganz besonders hier das umfassende und vielfältige Leid durch die psychischen Störungen sehr groß sein muss.

In Deutschland beurteilt der Wissenschaftliche Beirat für Psychotherapie, welche Verfahren als wissenschaftlich anerkannt und wirksam eingestuft werden. Das sind derzeit:

1. Psychodynamische Therapie, die ausschließlich in Deutschland unterteilt wird in analytische und tiefenpsychologisch fundierte Therapie
2. Systemische Therapie
3. Verhaltenstherapie
4. Gesprächstherapie, welche zwar wirksam, aber bisher nicht für die Finanzierung durch die gesetzlichen Krankenkassen zugelassen wurde, da ihre Wirksamkeit im Bereich der Angststörungen laut einem Gutachten vom Wissenschaftlichen Beirat von 2017 nicht ausreichend nachgewiesen werden konnte. Angststörungen und affektive Erkrankungen sind aber die am meisten behandelten psychischen Krankheiten, wie oben erwähnt wurde

Die Therapieformen 1 bis 3 stehen als Leistungen der gesetzlichen Krankenversicherungen allen Menschen in Deutschland offen. Ärmere und jüngere Menschen, die eine höhere Prävalenz für psychische Erkrankungen haben, können hier eine Psychothera-

1.3 Prävalenz, Versorgungslage und Psychotherapieverfahren

pie machen, während sie sich diese in den meisten anderen Ländern der Welt privat finanziert nicht leisten könnten. Insofern ist die Versorgung mit ambulanter Psychotherapie in Deutschland weltweit gesehen mit am besten. Vielleicht wird in Deutschland die Psychotherapie von der Solidargemeinschaft so gut bezahlt und gefördert wie sonst fast nirgends auf der Welt, weil wir angesichts der Verbrechen des Nationalsozialismus Menschen so viel mehr schreckliche Traumatisierungen angetan haben als alle anderen Völker. In deutlich geringerem Ausmaß haben auch die USA Millionen von indigenen Ureinwohnern und Russland oder China Millionen von Regimegegnern getötet, oft auch in Lagern. Dort ist die Auseinandersetzung mit der historischen Schuld und einem daraus entstehenden Bedürfnis zur Wiedergutmachung aber weniger ausgeprägt als in Deutschland, was dort zu vielem führt, vermutlich unter anderem auch zu einer viel schlechteren gesellschaftlichen Finanzierung von Psychotherapie.

Ab 2032 wird in Deutschland das Genehmigungsverfahren für Psychotherapie grundlegend verändert. Zu befürchten ist, dass es zu spürbaren Kürzungen der genehmigten Kontingente kommt und die Verlängerung von Therapien erschwert wird, sodass wir einiges von dem einbüßen, was wir in den letzten Jahrzehnten erreicht haben. Durch kürzere Psychotherapien sparen wir zwar zunächst Geld. Von den immer kürzeren Liegezeiten in psychiatrischen Kliniken kennen wir aber den „Drehtüreffekt", durch den Patientinnen zwar schneller aus der Klinik entlassen werden als früher, aber auch schneller wieder aufgenommen werden müssen, weil ihre Krankheit nur kurzfristig gebessert, aber nicht ausreichend gut behandelt und die Nachsorge nicht hinreichend organisiert wurde. Längerfristig gesehen sparen wir dadurch nicht, sondern wir erhöhen eher die Kosten, jetzt schon im stationären Bereich, künftig vermutlich auch in der ambulanten Therapie.

Leider sind in Deutschland viel zu wenige Psychotherapeutinnen zugelassen: 2023 waren es laut Bundesarztregister 33.715 psychologische Psychotherapeutinnen, davon 7703 Kinder- und Jugendlichenpsychotherapeutinnen, dazu kommen 5912 ärztliche Psychotherapeutinnen, insgesamt also 39.627 Psychotherapeutinnen. Das sind 21 % aller ambulant ärztlich und psychotherapeutisch Tätigen. Nimmt man davon die 31.924 Psychotherapeutinnen für Erwachsene, ergibt sich bei 3,4 Mio. behandlungswilligen erwachsenen Menschen, dass jede Therapeutin 106 Patientinnen pro Jahr behandeln müsste. Das ginge nur, wenn alle Therapeutinnen 35 Behandlungsstunden pro Woche über 45 Wochen anbieten und jede Patientin dann nur 2 Sprechstunden und 12 Stunden Akutbehandlung bekäme. Das passiert so nicht, weil es für die meisten Patientinnen nicht ausreichen würde. 77 % der Behandlungen sind jetzt schon durch diesen enormen Druck nur Kurzzeittherapien von 24 h, mithin doppelt so umfangreich, wie für eine Versorgung aller Therapiewilligen rein rechnerisch derzeit nötig wäre. Und selbst das führt zumeist nur zu einer kurzfristigen Symptomlinderung. Patientinnen müssen selbst auf diese Kurzzeittherapien durchschnittlich 142 Tage, also knapp 5 Monate warten (vgl. Deutscher Bundestag, 2023), sodass sich ihre Störungen chronifizieren und nicht selten durch weitere psychische Erkrankungen wie Suchtleiden erweitern.

Ein Teil des hier erörterten Problems ist systemgemacht, weil die Regierung die Zulassungszahlen für Psychotherapeutinnen trotz mehrerer Ansätze immer noch nicht am

Bedarf orientiert, sondern eher an der Angst, das Ganze könnte zu teuer werden. Vielleicht spielt aber auch ein Widerstand gegen die für die Gesellschaft und die Regierenden sehr kränkende Erkenntnis eine Rolle, dass in so einem hoch entwickelten, wohlständigen Industrieland, wie wir es haben, eine so große Zahl von Menschen psychisch krank sind.

Eine weitere erhebliche Verknappung von Psychotherapeutinnen wird durch die Reform des Psychotherapeutengesetzes entstehen, die am 01.09.2020 in Kraft getreten ist. Dadurch wird die Weiterbildung von Psychotherapeutinnen der Fachärztinnenweiterbildung angeglichen. Da die Finanzierung bisher aber völlig ungeklärt ist und die zuständigen Bundesländer sie nicht übernehmen möchten, laufen Gerichtsverfahren, deren Ausgang natürlich unklar ist. Nach jetzigem Stand werden viele der bisherigen Weiterbildungsstätten entweder gar keine reformierten Weiterbildungen anbieten oder wenn, in stark reduzierter Form (zum Beispiel 5 statt bisher 80 Kolleginnen), sodass es nur wenig Nachwuchs geben wird. Entsprechend ist die zukünftige ausreichende Versorgung in Deutschland mit Psychiaterinnen und Psychotherapeutinnen stark gefährdet (Deutscher Bundestag, 2023).

In den trotz aller Schwierigkeiten doch noch sehr vielen Fällen, wo eine Psychotherapie zustande kommt, spielen Compliance und Widerstand eine sehr entscheidende Rolle. Hierzu gibt es gut erforschte und praxisbewährte Konzepte, die in diesem Buch dargestellt werden. Vermutlich ist Psychotherapie auch deshalb mit Symptomverbesserungsquoten von 60–87 % die zweiteffektivste Behandlungsform in der Medizin – deutlich vor vielen Medikamenten, nur übertroffen von Impfungen und einigen antibiotischen Medikationen –, weil sie ein differenziertes Konzept zum Widerstand und seiner Bearbeitung entwickelt hat. Steinert und Leichsenring (2017) haben 3000 weltweit erhobene Studien zur Wirksamkeit der Psychotherapie zusammengestellt, davon waren 44 nach strengen Kriterien ausgefiltert, etwa der Verwendung von Randomized Controlled Trial (RCT), d. h. randomisierten kontrollierten Studien, dem heutigen Goldstandard der Effizienzforschung. Danach gilt die Behandlung folgender Störungen als:

- wirksam, weil sie durch zwei oder mehr RCT belegt ist: depressive Symptomatik, soziale Phobie, posttraumatische Belastungsstörung, somatoforme Störungen (Reizdarm, Schmerz), Bulimie, Anorexie sowie Borderlinestörungen;
- wahrscheinlich wirksam, weil eine RCT vorliegt: Dysthymia, komplizierte Trauer, generalisierte Angststörung, Panikstörung, Binge-Eating-Störung sowie bei Opiatabhängigkeit.

Auch die hier nicht aufgeführten psychischen Störungen sind wirksam behandelbar, wofür es aber „nur" naturalistische Studien gibt, die in freier Wildbahn, also in den Psychotherapiepraxen bei laufendem Betrieb durchgeführt wurden. Erstaunlich ist das Auftauchen der Borderlinepersönlichkeitsstörungen als einer mittelgradig bis schweren psychischen Erkrankung unter den nachgewiesen wirksam behandelbaren Syndromen. Das liegt einerseits sicherlich an den inzwischen sehr ausgefeilten und gut strukturierten Behandlungsformen, die dafür entwickelt wurden, etwa die übertragungsfokussierte Psychotherapie (TFP), die mentalisierungsbasierte Psychotherapie (MBT) und die dialektisch-behaviorale

Therapie (DBT). Andererseits vermute ich, dass es auch an der speziellen Art des Widerstandes bei diesen Patientinnen liegt: Sie haben zu wenig Widerstand und der, den sie haben, ist recht grob und gut erkennbar. Kapiteln 2 und 3.2 werde ich vieles davon bei den Rahmenwiderständen und den primitiven Abwehrmechanismen beschreiben. Sofern wir uns diesen Patientinnen gewachsen fühlen und mit ihren Widerständen umgehen können, sind es oft beeindruckend rasche und tiefgreifende Veränderungen, die die Therapie erreicht.

Fazit

Im Moment möchten wir uns gar nicht ausmalen, was passieren würde, wenn die 81 % der Menschen mit psychischen Erkrankungen, die derzeit keine Behandlung wünschen, ihren Widerstand dagegen aufgeben und eine Therapie suchen würden, wo wir nicht einmal für diejenigen sorgen können, die jetzt schon ihre Widerstände überwinden.

1.4 „Wie gut, dass niemand weiß …": Angst vorm Erkanntwerden

▶ Menschen, die eine Therapie aufsuchen, haben einerseits den Wunsch, verstanden, in ihrer Problematik und Persönlichkeit erkannt zu werden und dadurch Hilfe zu bekommen. Gleichzeitig fürchten sie sich aber zutiefst davor, sodass der Beginn der Psychotherapie immer wieder verschoben wird. Wenn sie dann endlich doch eine Therapie beginnen, fällt es ihnen schwer, sich wirklich zu zeigen und zu öffnen.

Der Konflikt zwischen dem Wunsch, verstanden zu werden, und der Angst davor scheint so alt zu sein wie die Menschheit selbst. In dem von Generation zu Generation weitergegebenen Volksmärchen „Rumpelstilzchen", dass die Schwestern Hassenpflug 1811 den Brüdern Grimm erzählten, die es aufschrieben und 1812 erstmals als Märchen Nummer 55 in ihrer Sammlung von Kinder- und Hausmärchen veröffentlichten, bildet sich dieser Konflikt bildhaft ab. Im letzten Teil des Märchens erscheint Rumpelstilzchen dreimal bei der Königin und stellt ihr die Aufgabe, seinen Namen zu erraten. Einerseits möchte es erkannt werden als das, was es ist. Andererseits setzt es alles daran, dass sie seinen Namen nicht errät. In der Therapie befinden wir Therapeutinnen uns in der Rolle der Königin. Wir versuchen herauszufinden und zu erraten, wer da vor uns sitzt. Wir fragen: „Heißest du Kunz? Heißest du Heinz?" Immer wieder hören wir die Antwort „Nein!", die erleichtert klingt, obwohl die Patientin doch gerade zu uns gekommen ist, um erkannt zu werden. Der Bote, der im Märchen durch den Wald – symbolisch die Welt der Gefühle – schweift, könnte unsere therapeutische Erfahrung sein, unser Wissen um unsere eigenen Verletzungen und Ängste, oder vielleicht für ein gutes Fachbuch stehen, dem wir etwas darüber entnommen haben, was es in Wäldern so gibt. Sobald wir mit dieser Hilfe den Namen erraten, passiert in der ersten niedergeschriebenen Fassung des Märchens das Folgende: „Das hat dir der Teufel gesagt! schrie das Männchen, lief zornig fort und kam nimmermehr wieder." Die Therapie wird in dem Moment abgebrochen, in dem sich die Patientin erkannt fühlt. In ungünstigen Fällen geht sie mit der Auffassung davon, eine Therapie sei des Teufels, und sucht nie wieder eine Therapeutin auf. Das kann zum Beispiel passieren, wenn wir zu früh, etwa in der dritten Sprechstunde, den Widerstand durch einen guten Boten umgehen und Aspekte der Patientin zu schnell ansprechen, die mit vielen Scham-, Schuld- oder Angstgefühlen verbunden sind. In späteren, uns heute bekannteren Versionen wird die Scham, durch die das Rumpelstilzchen sich selbst in Stücke reißt und in den Boden versinkt, noch deutlicher: „"Das hat dir der Teufel gesagt!" schrie das Männlein und stieß mit dem rechten Fuß vor Zorn so tief in die Erde, daß es bis an den Leib hineinfuhr, dann packte es in seiner Wut den linken Fuß mit beiden Händen und riß sich selbst mitten entzwei."

Ein Blick auf das, was das Rumpelstilzchen vor seiner Enttarnung im Wald, in der Tiefe seines emotionalen Zuhauses tut, hilft uns, zu erahnen, mit welchem Anliegen viele Patientinnen zu uns in Behandlung kommen. Es springt vor seiner Hütte um ein Feuer und ruft: „heute back ich, morgen brau ich, übermorgen hohl ich der Frau Königin ihr Kind, ach wie gut ist, daß niemand weiß, daß ich Rumpelstilzchen heiß!" (vgl. Dettmering, 1999, S. 205 f.). Nachdem Rumpelstilzchen zunächst vergeblich versucht, durch Backen und Brauen, also vielleicht durch Ess- oder Alkoholsucht, seine Bedürfnisse zu befriedigen, hofft es, von der Therapeutin ihr Kind, d. h. etwas Lebendiges zu bekommen, das in ihm wachsen und sich entwickeln kann, etwas Bedürftiges, um dass es sich kümmern kann, etwas, dass es vielleicht selbst nie hatte sein dürfen. Gleichzeitig möchte es in seiner schambesetzten Problematik und Unvollkommenheit nicht erkannt werden.

Einigen Patientinnen reicht ein solches Kind völlig aus, einigen für immer, anderen für eine gewisse Zeit. In meiner tagesklinischen Arbeit sagten einige zu mir, sie wollten nur ihre Panikstörung loswerden, aber nicht über aktuelle Beziehungen oder ihre Lebensgeschichte sprechen müssen. Nach wenigen Stunden Verhaltenstherapie nach Schneider und Margraf (2014) war die Panik vollständig abgeklungen und sie verabschiedeten sich erleichtert und freudig von mir. Andere wollten dann doch mehr über sich erfahren. Eine Patientin, deren Panik weitgehend abgeklungen war, erschien zu ihrer Therapiesitzung, legte ihr Angsttagebuch und ihre Brille jedoch weinend auf den Tisch und fragte etwas ärgerlich, ob sie hier nicht auch einmal über ihre Eheprobleme sprechen könnte, statt immer nur über das Angsttagebuch und ihre Übungen. Im Erstgespräch hatte sie jegliches Besprechen ihrer Ehesituation noch strikt abgelehnt. Nun durfte ich mehr von den schambesetzten Ehekonflikten erfahren und welchen Anteil sie daran hatte. Hätte ich ihr zu früh gesagt, wie sie vermutlich heißt, wäre sie sicherlich davongelaufen und hätte die Behandlung abgebrochen. Widerstände gegen aufdeckendes Arbeiten in der Therapie sollten wir deshalb sehr ernst nehmen und in unseren Überlegungen zur Indikation berücksichtigen. Sind Angst vor und Scham über das Erkanntwerden zu groß, sind psychodynamische Methoden eher kontraindiziert. Verhaltenstherapie oder systemische Ansätze könnten geeignet sein, dem Rumpelstilzchen etwas in die Hand zu geben, das an und in ihm wachsen und gedeihen kann.

Ein Rumpelstilzchen besonderer Art, nach dessen Namen die Psychotherapie lange gesucht hat, ist die Bulimie. Obwohl es sie vermutlich schon lange gibt, und obwohl sie mit 4 % der Bevölkerung viermal so oft vorkommt wie Anorexie, wurde sie erst 1979 entdeckt. Zunächst galt sie als Unterform der Anorexie, versteckte sich also hinter einem falschen Namen. Selbst bei ihrer Aufnahme in die ICD wurde ihr eigentlich nicht der richtige Name gegeben, weil Bulimie aus den griechischen Worten „bous" für Ochse und „limos" für Hunger abgeleitet ist und „Ochsenhunger" bedeutet. Dieser Name drückt aber nur die Hälfte der Symptomatik aus, nämlich das gierige Verschlingen von Nahrung, nicht aber das danach selbst ausgelöste Erbrechen, dessen Besprechung den Patientinnen immer besonders peinlich ist, weil sie es mit Ekel und Scham verbinden. Diese Gefühle verursachen den Widerstand dagegen, sich zu zeigen, der hier sogar lange dazu führte, eine verbreitete Erkrankung gar nicht erst zu entdecken und dann falsch zu benennen. Wenn die 20 % der Patientinnen nach durchschnittlich 4–7 Jahren sich erst einmal in eine Therapie gewagt und dort ihre Symptomatik offenbart haben, sind es sehr erfolgreich verlaufende Behandlungen, wie sich aus der Übersicht im vorigen Abschnitt ergibt. Oft verlassen sie aber ihr Feuer im einsamen Wald, an dem sie backen und erbrechen, erst dann, wenn schwerwiegende Nebenwirkungen auftreten, ihnen Zähne und Haare ausfallen und sie ihr Leid nicht mehr verbergen können, oder wenn andere Diagnosen hinzu kommen, wie Suizidalität und Depressivität, mit denen sie sich eher zu zeigen wagen als mit ihrer Ess-Brech-Sucht.

Fazit

In jedem Fall ist es wichtig, die Angst der Patientin vor dem Erkanntwerden – obwohl sie den Mut hatte, unser Sprechzimmer zu betreten – zu ahnen, zu spüren und vorsichtig anzusprechen.

1.5 „Das ist mir viel zu heiß!" – Widerstand im Initialtraum

In leichter Erweiterung einer früheren Arbeit (Abel, 2013, S. 147 f.) möchte ich den Initialtraum einer Patientin, die ich Yvonne nenne, vorstellen, ihren ersten Traum, den sie bereits in die Vorgespräche mitbrachte. Er drückt Wünsche und Sehnsüchte aus, die sie mit der Therapie verbindet, aber auch große Ängste davor, die als Widerstand erkennbar wurden:

Beispiel

> „Ich befinde mich in einem Haus unter der Erde, so, als sei es im Sand versunken. Nur ganz oben ist ein Fenster nach draußen, kurz über dem Erdboden. Ich öffne es einen Spalt und schaue hinaus. Dort sehe ich ein schönes blaues Meer, auf das die Sonne scheint, und viele fröhliche Menschen, die am Strand herumlaufen, sitzen, baden oder etwas spielen. Mir ist das alles viel zu viel. Der Sand geht bis zu meinem Fenster. Ich fasse ihn an. Er ist total heiß. Das ist mir viel zu heiß. Deshalb schließe ich das Fenster wieder und gehe runter in die kühle Tiefe meines Hauses."

In diesem Traum ist, ohne Näheres über Yvonne zu wissen, bereits recht deutlich ein Widerstand zu erkennen. Etwas ist der Patientin „viel zu viel" und „zu heiß". Es zieht sie zwar zu dem, was sie draußen sieht, eine andere Kraft hält sie jedoch davon ab, das Fenster weiter zu öffnen, länger zu schauen oder gar zu den anderen Menschen zu laufen und sich mit ihnen zu vergnügen. Der Blick nach außen stellt eine Verkehrung ins Gegenteil dar, eigentlich geht es um den Blick nach innen, zu dem die bevorstehende Therapie auffordert. Dort sieht die Patientin viele fröhliche Menschen, womit sie Wünsche verband, selbst fröhlich zu sein, ausgelassen, kindlich zu spielen, aber auch im Warmen der Sonne und des Sandes zu sein, d. h., die Wärme in menschlichen Beziehungen zu spüren. Gleichzeitig waren die Menschen am Strand nackt, was die Patientin in ihrer Traumerzählung unerwähnt ließ und erst in unserem Gespräch über den Traum mitteilte. Es geht also auch um phallische Wünsche, um Erotik, ein Sehen und Gesehenwerden, Bewundern und Bewundertwerden, Geschlechtlichkeit und das Verhältnis der Geschlechter zueinander, welches im Traum ein freudvolles, spielerisches ist, so, wie es die Patientin in ihrer Primärfamilie nie erlebt hat, ebenso wenig in ihren späteren Beziehungen, was sie sich deshalb umso mehr wünscht. Zu Sand fiel ihr die Wüste ein, Afrika, dann die Aufenthalte ihrer Eltern in Angola in ihrem 10. und 14. Lebensjahr, die jeweils ein Jahr dauerten. Der 8 Jahre jüngere Bruder wurde mitgenommen, während die Patientin bei den Großeltern in der DDR bleiben musste. Sie habe erst am Tag vor der Abreise davon erfahren. Dies bedeutete eine plötzliche, schmerzliche, kaum zu bewältigende Verlusterfahrung für die Patientin. Überdies stellte es eine narzisstische Kränkung im doppelten Sinne dar: Für Vater war sie offenbar doch nicht so wichtig und attraktiv, dass er auch sie mitgenommen hätte. Für Mutter schien der Bruder ihrer Fürsorge und Obhut wert zu sein, sie jedoch nicht. Der Traum befasst sich demzufolge auch mit dem Thema des Ausgeschlossenseins, allein im Dunklen und Kühlen zurückgelassen zu werden, mit Kränkung und Verlassenheit, die damit verbunden sind, aber auch den Wünschen nach Zugehörigkeit. All das ist ihr zu heiß. Sie kann den Anblick nicht ertragen, mag die Wünsche und Konflikte, die sie in ihrem Inneren sehen könnte, nicht wahrnehmen. Deshalb zieht sie sich in eine einsame Autarkie zurück. Interessanterweise geht sie in ihrem Haus nach unten, wie in den Keller, was sie – ebenso wie das Dunkle im Haus – mit einem Sinken ihrer Stimmung verband, mit Depressivität. Das Kalte verkörpert das Gegenteil des ersehnten Warmen, aber auch einen Zustand von emotionalem Eingefrorensein, wie ihn die Patientin oft erlebte. Depressivität und das Abgeschnittensein von Gefühlen waren zwar ein Anlass, sich um eine Therapie zu bemühen, andererseits aber doch immer noch erträglicher als das, was sich dahinter verbarg. Deshalb dienten diese Symptome als Abwehr. In der therapeutischen Beziehung zu mir zeigten sie sich als Widerstand. Die Patientin berichtete in der Anfangsphase, dass beim Herkommen noch viele Gefühle da waren, die wie abgestellt, wie eingefroren waren, kaum dass sie die Praxis betreten hatte, aber wieder zurückkehrten, wenn sie ging. Im Traum ist insofern recht klar dargestellt, was hier in den Stunden in der Patientin geschah, wie sie sich von ihren Wünschen, Ängsten und Konflikten zurückzog in eine kühle, einsame Art und Weise des Sprechens, das von Rationalisierungen und Isolierungen geprägt war. Eine Bearbeitung dieses Widerstands ermöglichte es der Patientin, allmählich mehr Gefühle mit mir zu teilen und sich den beängstigenden Wünschen ihres Traums anzunähern. Ohne ein aktives Ansprechen des Widerstandes durch mich hätte sie wahrscheinlich noch viele Stunden zurückgezogen, kühl und ohne Gefühle gesprochen, ohne dass sich etwas geändert hätte. Im schlimmsten Fall wäre das Fenster die ganze Therapie lang verschlossen geblieben und die Patientin hätte nichts erreicht. ◄

Fazit

Reich (1933) betonte deshalb, dass ein Ansprechen von Widerständen immer Vorrang hat vor dem Ansprechen von Inhalten.

1.6 Widerstand: Definition, Entstehung und Entwicklung des Begriffes

▶ Unter Widerstand verstehen wir Abwehroperationen, die sich im Verlauf der Behandlung einstellen und diese behindern, wenn sie nicht erkannt, besprochen und reduziert werden (vgl. Thomä & Kächele, 2006).

In psychodynamischen Ansätzen gibt es die Annahme vom Unbewussten und dem Bewussten als Spitze des Eisbergs. Kognitionswissenschaftler sprechen nicht vom Unbewussten, sondern von impliziten mentalen Prozessen. Beides meint, dass die Patientin die Abwehroperationen meist nicht absichtlich und gezielt ausführt, sie oft sogar nicht einmal weiß und spürt, was sie gerade zu umgehen versucht.

Die Patientin sucht in erster Linie Hilfe bei der Therapeutin. Der Widerstand ist sekundär, und zwar die Folge einer gravierenden Beunruhigung: Das erreichte Gleichgewicht garantiert der Patientin Sicherheit und Stabilität. Der Widerstand soll es aufrechterhalten. Eine Psychotherapie bedeutet einen Eingriff in die psychische Homöostase. Das ruft Unsicherheit, Selbstzweifel und Angst hervor und gefährdet das bisherige Selbstverständnis. Die gefundene Anpassung war immerhin die bestmögliche Lösung der Konflikte. Sie ist nun bedroht.

Bereits im Wort „Psychoanalyse" bildet sich die Arbeit am Widerstand ab: Das griechische Wort „lyse" oder „lysis" bedeutet Zerfall oder Lösung im Sinne von Aufgelöstsein. „Alyse" ist die Verneinung davon, die Bändigung des Durcheinanders, bei uns die Beherrschung des psychischen Chaos durch die Abwehrmechanismen. Ein „An" vor „alyse" ist eine zweite Verneinung. „An" ist das Gegenteil von „A", nämlich die systematische Zergliederung des Zusammenhaltenden, dessen, was das Chaos bändigt, also der Abwehr, die das unstrukturierte Psychische der Lyse vorher noch mühsam zusammengehalten hat. Aus Angst vor dem Chaos der Lyse setzt das „A" dem „An" etwas entgegen. Die Abwehrmechanismen lassen sich nicht einfach so zersetzen, sondern begegnen uns als Widerstand gegen unsere systematischen Zergliederungsversuche in der Psychotherapie.

Freud befasste sich bereits 1895 in den *Studien zur Hysterie* mit dem Phänomen des Widerstandes. Zuerst benutzte er den Begriff Widerstand in der Schilderung der Behandlung seiner Patientin Elisabeth von R. aus dem Jahre 1892. Ihr Nichtwissen verstand er als ein Nicht-wissen-wollen von inneren, unerträglichen Vorstellungen. Später führte er aus, dass sich der Erinnerung eine Kraft entgegenstellt, die der Kraft entspricht, die ursprünglich zur Verdrängung führte, also auch zur Symptombildung. Diese Kraft soll das Verdrängte jetzt weiter unbewusst halten. Abwehr und Widerstand sind insofern verwandte Phänomene: Der Widerstand ist die Abwehr, wie sie sich uns im therapeutischen Prozess zeigt. Letztlich führte die Entdeckung des Widerstandes zur Aufgabe der Hypnose, da Freud feststellte, dass die Mitteilung der unter der Hypnose zutage geförderten Erinnerungen von den Patientinnen nach der Aufhebung der Hypnose oft nicht akzeptiert werden konnte und den Widerstand zumeist verstärkte. Hypnose wurde deshalb durch die Arbeit mit dem und am Widerstand ersetzt. Greenson (1973) betrachtet diesen Paradigmenwechsel als den Beginn der Psychoanalyse. Reich (1933) formulierte das technische Prinzip, dass die Bearbeitung des Widerstandes Vorrang hat vor der des Inhaltes.

▶ Zu den vier Grundpfeilern der Psychoanalyse zählen wir heute ein Verständnis vom Unbewussten, von Widerstand, Übertragung und Gegenübertragung.

Sie sind in Deutschland in § 16 der Psychotherapie-Richtlinien sogar gesetzlich verankert. Hier einige Auszüge daraus:

„§ 16a Tiefenpsychologisch fundierte Psychotherapie:
(1) Die tiefenpsychologisch fundierte Psychotherapie umfasst ätiologisch orientierte Therapieformen, mit welchen die unbewusste Psychodynamik aktuell wirksamer neurotischer Konflikte und struktureller Störungen unter Beachtung von Übertragung, Gegenübertragung und Widerstand behandelt werden. …
§ 16b Analytische Psychotherapie: Die analytische Psychotherapie umfasst jene Therapieformen, die zusammen mit der neurotischen Symptomatik den neurotischen Konfliktstoff und die zugrundeliegende neurotische Struktur der Patientin oder des Patienten behandeln und dabei das therapeutische Geschehen mit Hilfe der Übertragungs-, Gegenübertragungs- und Widerstandsanalyse unter Nutzung regressiver Prozesse in Gang setzen und fördern."

In den Regelungen zur systemischen und zur Verhaltenstherapie ist der Begriff Widerstand oder etwas Vergleichbares bisher nicht vorhanden, weil sich hier erst allmählich ein Verständnis dieses Phänomens in ersten Ansätzen entwickelt. Schulte (2014) unterscheidet aus verhaltenstherapeutischer Sicht drei Formen des Widerstandes, die Abschn. 1.7 bei den Formen des Widerstandes aufgeführt werden und sich mit strukturspezifischen Widerständen und Widerständen durch Abwehrmechanismen aus psychodynamischen Verfahren decken.

In den einzelnen Strömungen der Psychoanalyse nimmt das Widerstandskonzept einen sehr unterschiedlichen Stellenwert ein. Bei den Jungianern hat das Konzept im Grunde keinen Eingang in das Theoriegebäude gefunden. In der Individualpsychologie dienen die „Sicherungstendenzen" (Adler, 1912) der Bewahrung des neurotischen Lebensstils. Insofern hat sie ein Konzept vom Widerstand und dem Umgang damit. Bei Melanie Klein ersetzte die Projektion die Verdrängung als prototypischen Abwehrmechanismus. Der Verdrängungswiderstand verlor an Gewicht. Behandlungstechnisch wird kleinianisch hinter dem Rücken des Widerstands operiert, weil über Ängste ein direkter Zugang zu unbewussten Fantasien und Affekten möglich scheint. Sie gelangen nämlich via Projektion und projektive Identifizierung direkt ins Unbewusste des Therapeuten, der es contained und in verdauter Gestalt an den Patienten zurückgibt. Der Widerstand verschwand aus der kleinianischen Terminologie. Er kommt allenfalls als negative Übertragung vor, die früh als Angriff auf den Analytiker gedeutet wird, auf sein Denken, Wissen und Erkennen (vgl. hierzu Thomä & Kächele, 2006, S. 140, sowie Abel, 2011b). In Kohuts Selbstpsychologie ist das Ausmaß des Widerstands abhängig vom gegenwärtigen Verhalten des Analytikers. Der Widerstand dient vor allem der Vermeidung erneuter Empathieverletzungen.

▶ Für König (1995) kommt es vor allem auf ein optimales Widerstandsniveau an. Die Therapie kann durch zu viel oder zu wenig Widerstand verlangsamt, erschwert oder verunmöglicht werden.

1.7 Formen des Widerstandes

Im Gefolge der Revision der Angsttheorie und im Kontext der Strukturtheorie nahm Freud (1926) in *Hemmung, Symptom und Angst* eine Einteilung der Widerstände nach den Instanzen Ich, Es und Über-Ich vor, wobei die ersten beiden Kategorien zu den Ich-Widerständen gerechnet werden:

1. Verdrängungswiderstand
2. Übertragungswiderstand
3. Über-Ich-Widerstand
4. Es-Widerstand
5. Widerstand aufgrund eines sekundären Krankheitsgewinnes

Was Freud (1926) mit Verdrängung beschrieb, zu anderen Zeiten aber auch Abwehr nannte, differenzierte seine Tochter weiter aus. In ihrem Werk *Das Ich und die Abwehrmechanismen* beschrieb Anna Freud (1936) eine ganze Reihe von Abwehrmechanismen und die Widerstände, die sie verursachen, zum Beispiel einen Regressionswiderstand, einen Isolierungswiderstand, einen Projektionswiderstand, einen Widerstand durch Ungeschehenmachen oder durch Wendung gegen die eigene Person. Insofern ist es sinnvoll, den Begriff des Verdrängungswiderstandes zu ersetzen und von Widerständen durch Abwehrmechanismen zu sprechen.

Glover (1955) hat einige „grobe Widerstände" zusammengestellt, die wir heute zu den Rahmenwiderständen rechnen können. König (1995) hat strukturspezifische Widerstände ausdifferenziert, die mit der spezifischen Charakterstruktur eines Menschen zusammenhängen. Bei Erikson (1970) und Adler (1912, 1933) finden wir einen Identitätswiderstand, der sich allerdings mit dem Widerstand schizoider Persönlichkeitsstrukturen von König (1995) deckt und deshalb von mir darunter subsumiert wird.

Weiterhin werden Gegenübertragungswiderstände benannt, die einerseits das Wahr- und Aufnehmen dessen betreffen, was die Patientin der Therapeutin übermittelt, andererseits die Persönlichkeitsstruktur der Therapeutin. König (1993) schildert ausführlich, was Therapeutinnen mit unterschiedlichen Charakterstrukturen bei ihren Patientinnen gut wahrnehmen und verstehen können, aber auch, wo sie ihre Widerstände gegen etwas entwickeln, dass die Patientinnen vermitteln möchten. Aufgrund eigener Ängste, Bedürfnisse oder Schamgefühle der Therapeutin kann sie Wünsche oder Triebimpulse der Patientin nicht spüren und in sich aufnehmen. Sandler (1999, 2001) befasste sich mit der Rollenübernahmebereitschaft der Therapeutin: Dabei geht es um ihre Bereitschaft, Gefühle der Patientin zu übernehmen, mit denen sie projektiv identifiziert werden soll, besonders wenn diese erotisches Begehren oder zerstörerische Impulse in ihr auslösen, was ihr Ich-Ideal oder Über-Ich ablehnen könnte.

Schließlich gibt es noch spezielle Arten von Widerständen in Therapiegruppen, auf die bereits Bion (1962) hinwies, und andere nach ihm, sowie Widerstände in Paar- und Familientherapien. Diese werden in den Manualen der jeweiligen Verfahren dargestellt und können hier aus Platzgründen nicht beschrieben werden.

Zwischenzeitlich ist der Begriff Widerstand aus der Psychoanalyse auch von anderen Therapieformen übernommen und adaptiert worden. Schulte (2014) entwirft etwa eine verhaltenstherapeutische Perspektive, die sich mit der psychoanalytischen Sicht überschneidet. Er unterscheidet 3 Formen des Widerstandes:

1. Widerstand als Eigenschaft (Trait): Widerstand ist eine Persönlichkeitseigenschaft, weil sich Menschen unterschiedlich stark zu ihm provozieren lassen, wenn etwas erwartet wird, was sie sich nicht vorstellen können. Es entspricht der Persönlichkeitseigenschaft Reaktanz. In Untersuchungen hätten Männer stärkere Reaktanz gezeigt, als Frauen.
2. Widerstand als aktuelles Verhalten (State): Die Reaktanz als Persönlichkeitseigenschaft beeinflusst das Auftreten eines Widerstandes in der aktuellen Situation.
3. Störungsbedingter Widerstand: Widerstand kann die Folge der Störung selbst sein. Etwa wird sich die Inaktivität einer depressiven Patientin in einem reduzierten Engagement in der Therapie zeigen.

Ich verwende eine aus all diesen Aspekten zusammengefügte Einteilung der Widerstände, an der sich die weiteren Kapitel dieses Buches ausrichten werden:

1. Rahmenwiderstände
2. Widerstände durch Abwehrmechanismen

1.7 Formen des Widerstandes

3. Übertragungswiderstände
4. Scham und Schuld: Über-Ich-Widerstände
5. Altvertrautes: Es-Widerstände
6. Widerstände durch Krankheitsgewinne
7. Persönlichkeitsstrukturspezifische Widerstände
8. Gegenübertragungswiderstände ◄

Die Fallbeispiele in den folgenden Kapiteln sind entweder Patientinnen aus meiner Praxis oder solche, die mir Kolleginnen in Supervisionen vorgestellt hatten. Sie sind entfremdet, zumeist mit anderen, ähnlichen Patientinnen vermischt, um eine Wiedererkennung zu verhindern. Die genannten Vornamen sind natürlich Pseudonyme. Einige Passagen sind aus meiner früheren Publikation (Abel, 2013) in erweiterter und leicht veränderter Fassung übernommen.

Rahmenwiderstände 2

Es handelt sich einerseits um Widerstände gegen den äußeren Rahmen der Behandlung, wie etwa das Versäumen von Sitzungen, Zuspätkommen, Abbrechen der Therapie oder auch ein destruktiver, die Behandlung gefährdender Umgang mit Suizidalität oder Suchtmitteln. Andererseits betreffen diese Widerstände den inneren Rahmen, das Regulatorium, das der Patientin vorgibt, was sie in der Therapie tun soll und tun darf und was nicht. Neben dem Verbot von Gewaltausbrüchen im Therapieraum handelt es sich hier vor allem um Phänomene des Schweigens, Einschlafens oder Nichtbefolgens der Grundregeln wie der freien Assoziation in psychodynamischen Verfahren oder dem Umgang mit Übungen in der Verhaltenstherapie.

2.1 Äußere Rahmenwiderstände

▶ Je stärker und komplexer die Symptomatik ist, je mehr das Selbst in Richtung einer Persönlichkeitsstörung oder gar psychotischer Persönlichkeitsorganisation beeinträchtigt ist, umso mehr müssen wir mit groben Verletzungen des äußeren Rahmens der Behandlung rechnen. Deshalb sind in speziellen Behandlungsansätzen, etwa für Borderlinepatientinnen, sehr detaillierte Absprachen über den Rahmen und den Umgang mit seinen Verletzungen vorgegeben (vgl. etwa Yeomans et al., 2017). Dadurch kann der äußere Rahmen weitgehend eingehalten und seine Verletzungen klar als Widerstand gegen die Therapie benannt und besprochen werden.

Der Therapievertrag schafft einen äußeren Rahmen mit bestimmten Möglichkeiten, Bedingungen und Grenzen, in dem sich der therapeutische Prozess entfalten kann und in dem sich sowohl die Patientin als auch die Therapeutin sicher, geschützt und wohl fühlen. Die Patientin, ihre Persönlichkeitsstruktur und ihre Symptomatik bestimmen, was wir in die Vereinbarung über die Rahmenbedingungen aufnehmen. Mit allen Patientinnen müssen wir Absprachen über das Absagen von Therapiesitzungen, Ausfallhonorare oder unsere telefonische Erreichbarkeit treffen. Je nach Symptomatik und Problematik kommen andere Regelungen hinzu, die den Umgang mit Suizidalität, Gewalt, Sucht oder Essstörungen betreffen. Wir sollten uns viel Zeit dafür nehmen und die Absprachen so detailliert wie möglich ausformulieren, entweder schriftlich als Therapievertrag oder mündlich, was auch oft ausreicht. Mündlich getroffene Vereinbarungen notiere ich mir in jedem Fall in der Akte der Patientin, um sie gegebenenfalls nachlesen zu können. Den Therapievertrag verabreden wir am besten bereits in den Vorgesprächen, einerseits weil er den äußeren Rahmen der Behandlung und den Umgang mit dessen Verletzungen klarstellt. Andererseits haben die Patientinnen am Beginn der Therapie noch einen sehr hohen Leidensdruck, dadurch eine große Veränderungsmotivation, sodass sie eher bereit sind, sich auf die Regeln einzulassen, als sie es später wären.

▶ Bereits in den Vorgesprächen sollten die Therapeutinnen den äußeren Rahmen der Behandlung erklären, verbindliche Absprachen mit der Patientin treffen und die Behandlung nur dann beginnen, wenn eine beidseits akzeptable Verabredung zustande gekommen ist.

2.1.1 Versäumen von Sitzungen und Ausfallhonorare

▶ Wenn die Patientin eine Therapiesitzung kurzfristig absagt oder unentschuldigt nicht erscheint, kann die Therapeutin den Termin weder anders vergeben noch gegenüber einer Krankenkasse oder bei Selbstzahlenden gegenüber der Patientin abrechnen. Ihr entsteht dadurch eine finanzielle Einbuße.

Deshalb wird vor dem Beginn jeder Therapie eine Ausfallregelung ausgehandelt. Danach verpflichtet sich die Patientin, ein Ausfallhonorar zu bezahlen, falls sie die Therapiestunde nicht rechtzeitig abgesagt hat, zum Beispiel 48 h vor dem Beginn der Sitzung. Diese Zeitspanne wird häufig genutzt, weil sie juristisch abgesichert ist. Andere Fristen sind deshalb nicht rechtswidrig, sondern bisher nur noch nicht durch die Instanzen geklagt worden. Ich würde allerdings auch kein Ausfallhonorar einklagen, sondern die Behandlung beenden, wenn die Patientin sich weigern sollte, das verabredete Ausfallhonorar zu bezahlen. 48 h ist teilweise auch eine ungünstige Frist: Wenn die Therapiesitzung etwa am Montagmorgen um 9 Uhr terminiert ist, könnte die Patientin sie bis Samstag um 8:59 Uhr absagen. Falls die Therapeutin die Nachricht am Wochenende überhaupt erhält, wird sie den Termin am Montagmorgen nicht mehr anders vergeben können und hat einen finanziellen Verlust. Insofern sollten wir dann lieber zwei Werktage vereinbaren, sodass sie bis Donnerstag um 8:59 Uhr absagen müsste. Teilweise verhandle ich auch längere Absagefristen, etwa von einer Woche oder von 14 Tagen. Dadurch kann verhindert werden, dass eine Patientin, die sich in einer Therapiestunde über mich ärgert, die nächste Stunde absagt, was bei Borderlinepatientinnen sonst des Öfteren passieren würde, weil sie sehr schnell wütend auf die Therapeutin werden und ihre Wutgefühle agierend ausdrücken, etwa durch das Absagen von Stunden. Besprochen werden sollte ebenfalls, ob ein Ausfallhonorar anfällt, falls die Patientin oder ihr Kind erkranken und sie deshalb nicht erscheinen kann. Bei einem kranken Kind könnte eine Onlinesitzung erwogen werden, sodass die Patientin einerseits in der Nähe des kranken Kindes sein und andererseits ihre Therapiesitzung durchführen kann. Wenn die Patientin selbst nur leicht erkrankt ist, könnte sie trotzdem zur Stunde kommen, sodass die Sitzung nur bei schwereren Erkrankungen ausfallen müsste. In diesen Fällen verzichten einige Therapeutinnen auf das Ausfallhonorar. Sollten sich derartige Absagen häufen, müsste die Patientin die Schwere ihrer Erkrankung durch ein ärztliches Attest belegen, weil sie sich dann ohnehin ärztlich untersuchen, behandeln und krankschreiben lassen wird.

Knifflig wird es bei Migränepatientinnen. Sie argumentieren, dass sie ihre regelmäßig auftretenden Migräneanfälle kennen, sich dann einen halben Tag in ein abgedunkeltes Zimmer legen müssen und deshalb nicht extra zu ihrer Ärztin gehen würden und während eines Migräneanfalles im Übrigen auch gar nicht aus dem Haus gehen könnten. Außerdem würden sich diese Anfälle erst kurz vorher ankündigen, sodass sie nicht zwei Werktage vorher die Stunden absagen könnten. Sollten wir dieser Argumentation folgen und für solche Fälle kein Ausfallhonorar verabreden, öffnen wir den Rahmenwiderständen Tür und Tor, weil die Patientin dann ganz beliebig jede Stunde mit der Begründung, einen Migräneanfall gehabt zu haben, absagen kann, egal, ob sie nun wirklich einen hatte oder nicht. Es empfiehlt sich, in diesen Fällen nicht auf das Ausfallhonorar zu verzichten, weil die Patientin dann nur absagt, wenn sie wirklich einen Migräneanfall hat, und manchmal sogar trotz Migräneanfall zur Stunde kommt, wenn dieser nicht so schwer ist. Das eröffnet uns die Möglichkeit, psychosomatische Aspekte der Migräne zu besprechen, etwa was der Patientin zum gegenwärtigen Zeitpunkt Kopfschmerzen in der Therapie macht, welche Einsichten oder Veränderungen der Migräneanfall verhindert oder erschwert. Eine Besprechung dieses Widerstandes führt oft dazu, dass der Migräneanfall sich reduziert oder manchmal ganz abklingt, weil die Patientin aussprechen kann, was ihr in der Therapie Angst macht und an welche Themen sie sich im Moment noch nicht heranwagt. Wenn sie nicht kommt, sondern die Stunde wegen der Migräne absagt, müssen wir diese Aspekte in der darauffolgenden Sitzung besprechen. Das Ausfallhonorar ist insofern förderlich, weil sich die Patientinnen darüber ärgern, dass sie es bezahlen müssen, selbst wenn sie sonst jede Form von Aggression schnell abwehren. Das, was im Kopfschmerz an somatisierter Wut enthalten ist, kann sich an dieser Stelle zeigen und wird besprechbar. Ein Teil der psychischen Entstehungsbedingungen der psychosomatischen Erkrankung Migräne wird durch das Ausfallhonorar und die Gefühle, die es auslöst, in die Therapie gebracht und verändert, anstatt weiterhin somatisierend abgewehrt draußen zu bleiben und zu häufigen

Ausfällen von Therapiestunden und bei uns zu finanziellen Einbußen und Ärger zu führen. Unser Ärger ist erwähnenswert, weil er zu einem Gegenübertragungswiderstand werden kann, auch und gerade, wenn wir ihn abwehren und nicht spüren. Wenn wir den Ärger zulassen, ist es nicht leicht, ihn der Patientin gegenüber anzusprechen, weil sie argumentieren wird, dass sie ja nichts für ihren Migräneanfall kann, ja sogar sehr darunter leiden und lieber zur Therapiestunde kommen würde. Deshalb kann sie nicht verstehen, dass wir uns ärgern. Indem wir ein Ausfallhonorar nehmen und dadurch keine finanziellen Verluste haben, wird sich unser Ärger sehr stark reduzieren. Was dann vielleicht noch an Ärger in uns bleibt, sollten wir uns bewusst machen, damit es nicht zu einem Gegenübertragungswiderstand wird, und als den Ärger der Patientin verstehen, den sie uns unterschwellig, unbewusst vermittelt, d. h., mit dem sie uns projektiv identifiziert. Im Abschn. 3.2.5 über projektive Identifizierungen beschreibe ich, wie wir diesen Ärger contained und markiert gespiegelt in die therapeutische Beziehung zurückgeben können, sodass er uns nicht länger als Widerstand lähmt, sondern der Bearbeitung zugänglich wird.

Die Höhe des Ausfallhonorares sollte sich leicht unterhalb der Vergütung einer Therapiesitzung bewegen. In Deutschland haben die gesetzlichen Krankenkassen im Januar 2025 116,62 € für eine Therapiestunde bezahlt, sodass ein Ausfallhonorar bis 115,00 € möglich wäre. Tiefer gehe ich auch zumeist nicht. Sollten die Patientinnen nur sehr geringe Einkünfte haben, können sie das Ausfallhonorar auch in kleinen Raten abzahlen. Im Hinterkopf haben wir in den Verhandlungen, dass das Ausfallhonorar eigentlich in der gesamten Therapie nie anfallen soll, wenn die Patientin gut und gewissenhaft mit den Terminen umgeht und wenn die Höhe des Ausfallhonorares dazu beiträgt, dass sich der Widerstand nicht durch ein Versäumen der Stunden zeigt, sondern auf anderem Wege, etwa durch Zuspätkommen. In den 30 Jahren meiner ambulanten psychotherapeutischen Tätigkeit habe ich nur sehr selten ein Ausfallhonorar berechnen müssen, weil die Sitzungen sehr regelmäßig wahrgenommen wurden und sich der Widerstand vom Rahmen nach innen ins Geschehen verlagerte. Trotzdem ist das Thema natürlich heikel. Wie heißt es: „Beim Geld hört die Freundschaft auf!" Viele Therapeutinnen besprechen dieses Thema ungern, zumal es in den Vorgesprächen geklärt werden muss, wo wir unsere Patientinnen kaum kennen und oft noch keine sehr tragfähige Arbeitsbeziehung entstanden ist. Den Therapeutinnen fällt es schwer, nicht fürsorglich und helfend in Erscheinung zu treten, sondern etwas zu fordern, für sich zu beanspruchen, streng zu wirken, zu offenbaren, dass sie nicht nur aus Warmherzigkeit mit ihren Patientinnen sprechen, sondern sich damit auch ihren Lebensunterhalt verdienen. Aus Supervisionen weiß ich, dass manche sehr niedrige Ausfallhonorare von 30 oder 40 € verabreden und die ausgehandelten Bedingungen sehr nachsichtig oder teils gar nicht umsetzen. Die Hauptlernform des Menschen ist die Identifizierung, die Nachahmung. Wie sollen Patientinnen lernen, sich im Leben den ihnen zustehenden Teil zu holen, wenn ihre Therapeutin, die sie verinnerlichen und zu einem Teil zu ihrem Vorbild werden lassen, sehr nachgiebig in Erscheinung tritt, berechtigte finanzielle Ansprüche nicht benennen und sich selbst vom Gegenüber nichts nehmen kann? Wenn das Modelllernen an der Therapeutin nicht funktioniert, können wir 100 h Verhaltensübungen veranlassen, bei Bezugspersonen Ansprüche zu formulieren oder etwas einzufordern, oder wir können über die rationalen, emotionalen und ätiologischen Gründe der Patientin sprechen, warum sie sich nichts nehmen kann, ohne irgendetwas zu erreichen. Stellen wir uns jedoch dem Prozess des Aushandelns der Ausfallregelung, geraten wir manchmal in den Vorgesprächen bereits in emotionale Strudel, die aber meiner Erfahrung nach dazu führen, Wichtiges zu klären und gerade durch gegenseitige Ehrlichkeit und Offenheit die Arbeitsbeziehung zu den Patientinnen zu vertiefen. Wenn wir für unsere Interessen als Therapeutin eintreten, werden wir zu Identifikationsfiguren, zu Vorbildern, die der Patientin helfen, schuldfrei auch für ihre Interessen zu verhandeln. In keinem einzigen Fall habe ich erlebt, dass durch solche Besprechungen eine Behandlung nicht zustande kam. Es dürfte auch dazu beigetragen haben, dass ich nur sehr selten mit Therapieabbrüchen konfrontiert war, denn durch klare und differenzierte Rahmenbedingungen und ein Verhandeln über ihre Umsetzung verlagert sich das Widerstandsgeschehen mehr in die Therapie hinein, wo es besser besprechbar ist.

Beispiel

Ein Beispiel soll veranschaulichen, wie schnell wir in tiefen Abgründen landen können, wenn wir über die Ausfallregelung verhandeln. Lilly, eine 30-jährige, sehr freundliche und traurige Patientin, lachte im dritten Vorgespräch sehr verächtlich über mich, als ich 110 € als Ausfallhonorar ansprach, und sagte: „So wenig wollen Sie? Ich arbeite als Edelprostituierte und nehme 400 € die Stunde. Meine Freier reden meistens 55 min mit mir über all ihre Probleme in ihrer Firma und mit ihrer Frau. Dann fällt ihnen ein, dass sie ja offiziell wegen etwas anderem hier sind und wir haben schnell noch Sex. Eigentlich mache ich dasselbe wie sie, verdiene aber viel, viel mehr als Sie! Ich kann Ihnen gern 200 oder 300 € zahlen, sonst käme ich mir ja vor, wie beim Aldi." Hass, Ekel, Entwertung und Beschämung, die die Patientin sonst mit sich und ihrem Leben verband, richtete sie nun auf mich. Die Parallelen zwischen psychotherapeutischer Arbeit und Prostitution verwirrten und beschämten mich im ersten Moment sehr, ehe mir innere Identifikationsfiguren zu Hilfe kamen, wie Joseph Sandler (1999, 2001) mit seinem Konzept von den vertauschten Rollen. Nun war ich in der Rolle der benutzten und beschmutzten Prostituierten und die Patientin in der des entwertenden Freiers, der so tut, als sei es ihm egal, dass er nur für horrende Summen Geldes drängende, sonst unerfüllte Bedürfnisse befriedigen und Triebhaftes abreagieren kann. Da sie meine Verwirrung bemerkt hatte, spiegelte ich ihr in sehr abgeschwächter, markierter Form, dass sie mich gerade in die Rolle der Prostituierten gebracht hatte, in der sie sonst in ihrer Arbeit ist, sodass ich mich ein bisschen so beschämt gefühlt hatte, wie sie sich vermutlich sehr oft und viel stärker an jedem Tag erlebt. Wir konnten emotional tief ins Gespräch kommen darüber, wie schnell sie eigentlich gern ihren aktuellen Beruf aufgeben würde, dass sie in der Therapie gern einen anderen Platz im Leben finden würde und wie schwer ihr das gleichzeitig aus unterschiedlichen Gründen fiel. Schließlich sprachen wir auch über die Unterschiede zwischen unseren Berufen, etwa dass es in der Psychotherapie nur zu einem kleineren Teil um die Erfüllung von Wünschen nach Geborgenheit, Vertrautsein und Angenommenwerden geht, viel mehr aber um das Bewusstwerden von Sehnsüchten, Bedürfnissen und Intentionen, die dann aber nicht in der Therapie, sondern in ihren Beziehungen außerhalb erfüllt oder in Einzelfällen als unerfüllbar betrauert werden sollen. Am Ende wollen wir erreichen, dass sie mich nicht mehr braucht, woran sie bei ihren Freiern nicht interessiert sein kann. Auch beim Geld fanden wir Unterschiede, weil ich, abgesehen vom Ausfallhonorar, von der Krankenkasse bezahlt werde. Diese wiederum wird vom Großteil unserer Gesellschaft finanziert, einer Gemeinschaft, in der es viel Gutes, aber auch dunkle Bereiche gibt, in denen die Art an psychischen Problemen entstehen, derentwegen sie zu mir gekommen ist, in ihrem Fall sexueller Missbrauch und emotionale Vernachlässigung durch ihre Eltern, die weder von ihrer Familie noch dem von Nachbarn dazugeholten Jugendamt verhindert oder beendet wurden. Wir alle bezahlen Geld dafür, dass Menschen geholfen werden kann, die manchmal direkt neben uns, in den dunklen Bereichen unserer Gesellschaft Schreckliches erleiden müssen und deshalb zu den 27,8 % unserer Bevölkerung gehören, die psychische Krankheiten entwickeln. Vielleicht ist es eine Wiedergutmachung für das, was wir nicht früh genug bemerkt haben oder nicht verhindern konnten. In jedem Fall macht es einen Unterschied, ob ein Freier für etwas bezahlt, oder eine Gemeinschaft, die etwas nicht verhindern konnte. Die sehr kluge und belesene Patientin diskutierte sehr interessiert mit mir über diese Zusammenhänge und konnte schließlich akzeptieren, dass sie selbst nur dann 110 € bezahlen müsste, wenn sie zu spät oder gar nicht mitteilen würde, dass sie einen Termin ausfallen lässt. ◄

Zur Entlastung des Therapeutinnengewissens sei gesagt, dass es im medizinischen Bereich inzwischen bei immer mehr Bestellpraxen Ausfallregelungen gibt. Bei einigen Onlinereservierungen von Restaurants wurde ich ebenfalls darauf aufmerksam gemacht, dass ich etwas weniger als den Menüpreis bezahlen müsste, sollte ich nicht 24 h vorher absagen. Flugbuchungen müssen zum Teil mehrere Wochen vorher abgesagt werden, um den Preis storniert zu bekommen. Selbst mein Friseur erzählte, dass in seiner Branche in den USA und auch in Deutschland Ausfallhonorare Einzug halten, was ich sehr unterstützte. Vielleicht nimmt das mancher Psychotherapeutin das ungute Gefühl, wir würden etwas ganz Außergewöhnliches tun, wenn wir Ausfallhonorare verlangen.

Fazit

Nicht immer, aber auch nicht so selten stürzen wir und unsere Patientinnen in derartige psychische Abgründe. Ein Umgehen dieser Abgründe durch den Verzicht auf eine Ausfallregelung oder durch sehr schwammige Absprachen, durch sehr niedrige Ausfallhonorare oder ein Nichteinfordern des Ausgehandelten führt aber dazu, dass Wichtiges aus der Therapie herausgehalten wird und dass sich das Versäumen von Therapiesitzungen für die Patientinnen als Ausdruck für ihren Widerstand anbietet.

2.1.2 Verspätungen als Widerstand

▶ Verspätungen unserer Patientinnen sind manchmal eine Folge von Problemen im Straßenverkehr oder bei öffentlichen Verkehrsmitteln, meistens aber Ausdruck des Widerstandes. Je mehr die psychische Erkrankung in Richtung einer Persönlichkeitsstörung oder einer Psychose geht, um so drastischer sind die Verspätungen, weil die Patientinnen darüber auch ihre Näheängste regulieren.

Verspätungen von 20 oder 25 Minuten kommen bei Frühstörungen in der Anfangsphase der Therapie öfter vor. Selten kommen Patientinnen auch einmal 45 Minuten zu spät, sodass nur noch 5 Minuten für die Therapiesitzung übrig bleiben. Auch wenn in dieser verkürzten Zeit oft Wichtiges und Brisantes besprochen wird, sollten wir jedes Mal die Verspätung ansprechen und klären, welchen Themen die Patientin in der Therapie gerade ausweichen möchte. Oft kommt es gerade nach emotional sehr intensiven Stunden beim nächsten Termin zu Verspätungen, aus Angst, das begonnene Thema fortzusetzen oder gar zu vertiefen. Wenn die Patientinnen lernen, diese Ängste am Beginn der Sitzung mit Worten auszudrücken und gemeinsam mit der Therapeutin abzuwägen, wie tief sie in dieser Therapiestunde in die Gefühle und Konflikte einsteigen wollen, müssen die Patientinnen diesen Widerstand nicht mehr über Verspätungen regulieren. Manche Therapeutinnen hängen am Ende der Sitzung einige Minuten an, um die Verspätung ein bisschen auszugleichen, was aber nicht hilft, den Hintergrund des Widerstandes zu verstehen.

Beispiel

Aufmerksam machen möchte ich auf leicht übersehbare, minimale Verspätungen, wie bei Bea, einer magersüchtigen Patientin, deren Termin um 17:00 Uhr begann, die aber immer erst um 17:02 Uhr klingelte, obwohl sie immer schon eine halbe Stunde vor dem Termin in der Nähe meiner Praxis war. Nachdem ich einige Male gedacht hatte, ich sollte nicht so kleinlich sein, sprach ich sie auf diese Verspätungen an. Sie erzählte mir sehr aufgewühlt, wie wütend ihre Mutter reagierte, wenn sie zu früh zu ihr kam, weil sie dann noch nicht fertig wäre mit den Vorbereitungen auf das Treffen. Aber auch, wenn sie pünktlich kam, würde ihre Mutter sie sehr genervt anschauen, was Bea mit großer Scham erlebte, nicht gewollt zu sein, einem Grundgefühl ihres Lebens, sowie einem existentiellen Schuldgefühl, dem anderen, allen voran ihren Eltern, für die sie ein „Unfall" war, Zeit zu rauben und zur Last zu fallen. Sie wollte auf keinen Fall erleben müssen, dass ich genervt wirken könnte, wenn sie zur Stunde kommt. Ich interpretierte den Widerstand, damit befürchteten, unangenehmen Gefühlen aus dem Weg zu gehen. Sie war überrascht, als ich den Widerstand gegen das Erleben positiver Gefühle ansprach, etwa sich willkommen zu fühlen, mich erfreut zu erleben, falls ich um 17:00 lächeln würde, wenn sie in die Praxis kommt. Derartige Gefühle kannte sie aus ihren Beziehungen nicht, sodass sie das grundsätzliche Erleben hatte, sich durch ihr Leben zu mogeln, hindurchzuschleichen, sich „dünn zu machen", um nur nicht unangenehm aufzufallen und wieder einmal zu stören. Erst als sie riskierte, um 17:00 Uhr, später sogar wie die meisten anderen Patientinnen um 16:57 zu kommen, mich nicht genervt, sondern erfreut vorzufinden, konnte sie den Widerstand gegen das Erleben dieser schönen Gefühle des Angenommenseins aufgeben, aber auch gegen die damit verbundene starke Trauer, viele Jahre im engsten Familienkreis immer nur zu viel gewesen zu sein. ◄

▶ Große, aber auch minimale Verspätungen stellen zumeist einen Widerstand gegen das Bewusstwerden und Verändern wichtiger emotionaler Haltungen zum Leben und zu anderen Menschen dar und sollten deshalb frühzeitig angesprochen werden.

2.1.3 Telefonkontakte und Nachrichten zwischen den Therapiestunden

▶ Ob und in welchen Fällen die Therapeutin zwischen den Therapiesitzungen für die Patientin telefonisch oder per E-Mail erreichbar ist, sollte ebenfalls im Therapievertrag verabredet werden.

Manche Therapeutinnen sind außerhalb der Therapiesitzungen für ihre Patientinnen gar nicht erreichbar, aus Angst, das könnte ausgenutzt werden oder die Patientinnen brächen dadurch in ihr Privatleben ein. Besonders am Anfang der Therapie, wo die Patientinnen erst lernen müssen, mit Konflikten und stärkeren Gefühlen umzugehen, kann das zu Krisen führen, auf die sie mit Suchtmitteln, absichtlichen oder unabsichtlichen Selbstverletzungen, psychosomatischen Störungen und vielem mehr reagieren. Für mich hat es sich bewährt, den Patientinnen in den Vorgesprächen anzubieten, dass sie mich in einem Notfall auf einer Mobiltelefonnummer von 9 bis 21 Uhr anrufen können, auch an Wochenenden oder in meinem Urlaub. Dies gilt nicht für akute Suizidalität, was im nächsten Kapitel dargestellt wird. Jenseits davon entscheiden die Patientinnen selbst, was sie als einen Notfall verstehen. Schon das Nachdenken darüber, ob sie gerade in einem Notfall sind oder nicht, und falls ja, was sie mir denn sagen würden, falls sie mich anriefen, bringt in den allermeisten Fällen eine Reflexion in Gang, eine Innenschau, was gerade los ist, sodass sie eine Stunde mit dem Telefon in der Hand in der Küche sitzen, meistens nicht anrufen, sondern den Notfall selbst klären. Wir vertiefen es dann in der nächsten Therapiesitzung. Deshalb werde ich letztlich sehr selten angerufen, maximal einmal pro Jahr bezogen auf alle Patientinnen meiner Praxis. Dann kann es sein, dass ich nicht sofort telefonieren kann, sondern wir uns für eine bestimmte Uhrzeit verabreden. Da ich die Patientin kenne und sie mir nicht erst ihre ganze Geschichte erzählen muss, wie dem Krisendienst, dauern die Telefonate oft nicht lange, helfen aber dabei, Eskalationen mit geringem Aufwand zu verhindern, Symptomverstärkungen, Unfälle oder Klinikaufnahmen zu vermeiden, die die Patientin und das Gesundheitswesen sonst teuer zu stehen kämen, aber auch den psychotherapeutischen Prozess negativ beeinflussen oder unterbrechen würden.

Andere Möglichkeiten für die Patientin, mit ihrer Therapeutin in Kontakt zu treten, wären E-Mails oder Sprachnachrichten, wobei ich dazu einschränkend sage, dass ich darauf nicht antworte, es sei denn, die Patientin stellt eine konkrete Frage. Längere Nachrichten lese oder höre ich zumeist erst in der nächsten Therapiesitzung. Das akute Geschehen im Notfall wäre dann in der E-Mail zwischengelagert, wie in einem Container. Es gibt uns einen sehr unmittelbaren Eindruck über eine konflikthafte Situation, vielleicht direkter und offener, als es die Patientin einige Stunden oder Tage später in der nächsten Therapiesitzung könnte, wo sich die Abwehr wieder stabilisiert hat und vieles weniger gut zugänglich ist. Auf diese Weise kann brisantes Material unter Umgehung des Widerstandes in die Therapie kommen. Einmal in der Not abgeschickte E-Mails lassen sich nicht mehr zurücknehmen. Natürlich können sich hier ganz eigene Widerstände entwickeln, die wir bei Bedarf ansprechen müssten, etwa wenn uns Patientinnen einmal so mit E-Mails überschütten würden, dass wir gar nicht mehr zum Lesen aller Texte in den Therapiestunden kämen, geschweige denn zum Besprechen und Bearbeiten. Diesen Widerstand durch Überflutung müssten wir dann ansprechen und klären, was von dem übersandten Material besonders wichtig ist, womit wir uns beschäftigen wollen. Besonders bei Persönlichkeitsgestörten kann diese Variation des klassischen Settings, in dem alles nur in der Therapiesitzung selbst angesprochen werden soll, sehr hilfreich sein, weil diese Patientinnen anfangs oft nicht in der Lage sind, brisantes Material bis zur nächsten Stunde in sich zu bewahren, sondern mit Agieren oder Symptomverstärkungen reagieren.

> **Beispiel**
>
> Kai begab sich wegen einer Borderlinestörung zu mir in Behandlung, sodass es ihm in der Anfangszeit der Therapie schwerfiel, starke Ängste, etwa vor dem Alleinsein, Gefühle von Ohnmacht oder Wut bis zur nächsten Therapiestunde in sich zu bewahren. Insbesondere dann, wenn es in seiner On-off-Beziehung zu Auseinandersetzungen kam, aber auch bei Konflikten im Beruf oder mit Freunden war er oft drauf und dran, mich anzurufen. Mit seinem Mobiltelefon in der Hand saß er dann in seiner Küche, überlegte, was er mir sagen möchte, was ich wohl vermutlich fragen würde, was ich sagen könnte, was wiederum Nachdenken und Nachfühlen bei ihm in Gang brachte. Oft saß er eine Stunde so da, anstatt wie früher die Wohnung zu verlassen, durch die Stadt zu irren, Clubs aufzusuchen oder Drogen zu nehmen. Die inneren Zwiegespräche mit mir wurden immer leichter zu führen, immer differenzierter, mit einem immer deutlicher erkennbaren inneren Bild, wie ich ihm gegenüber sitze, ihn nachdenklich oder freundlich anschaue. Irgendwann verglich er es mit dem Film „Sieger sein" der Regisseurin Soleen Yusef, in dem es um die elfjährige Mona geht, die mit ihrer siebenköpfigen kurdischen Familie aus Syrien nach Berlin-Wedding geflüchtet ist und sich, anfänglich kaum deutsch sprechend, in einer ganz neuen, oft gar nicht einfachen Welt zurechtfinden muss. In besonders konflikthaften Situationen taucht Mona innerlich kurz in Erinnerungen an ihre Tante Helin ab, die in ihrer kurdischen Heimat auf sie zugelaufen kommt, ihr zuwinkt, sie anlacht, manchmal in den Arm nimmt oder etwas

Ermutigendes sagt. Das gibt Mona Kraft und Zuversicht, in die reale, äußere Situation zurückzukehren und sich Auseinandersetzungen und anderen schwierigen Situationen zu stellen. Das was Kohut (2016) als Selbstobjekt bezeichnet hat, etwas, das bei vielen Menschen aus einer frühen, haltgebenden Beziehung zu Mutter, Vater oder den Großeltern lebenslang ermutigend in uns zurückbleibt, bei Mona aus ihrer Beziehung zu Tante Helin, was in ihrer frühen Entwicklung beeinträchtigten Menschen aber zumeist fehlt, ist in diesem Film so berührend und anschaulich dargestellt, wie kaum sonst irgendwo. Bei der Premiere des Films auf der Berlinale 2024 sagte die Regisseurin, dass er ihre Geschichte abbildet und dass Mona der reale Name ihrer Tante ist, die für sie die Bedeutung von Tante Helin hat. Kai empfand es so, dass ich durch unsere Gespräche, aber auch seine inneren Dialoge mit mir auf dem Küchenstuhl zu seiner Tante Helin geworden bin, einem Selbstobjekt, das ihn auch nach dem Ende der Therapie durch sein weiteres Leben begleiten wird. Real rief er mich in den vier Jahren unserer Therapie nur einmal an, als er an einem Samstag an einem See saß, wo plötzlich eine Frau umkippte und leblos im Gras lag. Als Arzt in Weiterbildung konnte er sie erfolgreich reanimieren, während andere einen Krankenwagen riefen. Die Gefühle von Todesangst, Todesnähe, Ohnmacht und Verzweiflung, die er in seiner Kliniktätigkeit bei Reanimationen nie so stark erlebt hatte, überforderten ihn so sehr, dass auch ein inneres Gespräch mit mir nicht half und er mich deshalb anrief. Ich hatte einige Minuten Zeit für ihn, sodass ich sein Erleben anhören und seine Gefühle teilen konnte. Zuhören und Sympathie (übersetzt Mitgefühl), mehr war nicht nötig. Statt in Panik zu geraten und in eine Eskalation zu rutschen, beruhigte er sich und wir konnten alles Weitere in der nächsten Sitzung bearbeiten. ◄

Fazit

Letztlich wird jede Therapeutin für sich selbst entscheiden, ob ihre Patientinnen sie anrufen oder auf anderem Wege zwischen den Stunden kontaktieren dürfen. Mir ist wichtig, darüber in den probatorischen Sitzungen zu sprechen und eine gemeinsame Absprache in den Therapievertrag aufzunehmen. Meiner Erfahrung nach erspart es uns oft Umwege und Eskalationen und wird real kaum in Anspruch genommen. Sollten wir doch einmal den Eindruck bekommen, eine Patientin nutzt es aus und ruft uns ständig wegen jeder Kleinigkeit an, müssten wir es in der Therapie besprechen und begrenzen.

2.1.4 Suizidalität als Widerstand

▶ Gehören Suizidgedanken, Suizidfantasien oder Suizidversuche zum Beschwerdebild der Patientin, werden sie sich in der Anfangsphase der Therapie verstärken, weil das viele Neue, das Sprechen über Probleme und die Erhebung

2.1 Äußere Rahmenwiderstände

der Anamnese das innere Gleichgewicht destabilisiert. Aber auch danach wird dieser Teil der Symptomatik noch länger vorhanden sein und zum Widerstand werden, wenn wir keine hilfreichen Rahmenvereinbarungen ausgehandelt haben.

Auch hier gilt wieder, dass die in den Vorgesprächen getroffenen Absprachen zum Umgang mit Suizidalität umso klarer und detaillierter sein sollten, je stärker die Persönlichkeitsorganisation der Patientin in Richtung von Borderline oder Psychose geht. Suizidgedanken oder -fantasien müssen am Beginn der Stunde mitgeteilt werden, damit geklärt werden kann, in welcher Situation mit welchem emotionalen Konflikt sie aufgetreten sind. Werden sie erst am Ende der Sitzung angesprochen, ist das ein Widerstand, weil existenzielle Themen aus der Behandlung herausgehalten worden sind, die vermutlich hinter der Suizidalität stehen, wie starker Hass, der gegen das eigene Selbst gerichtet wird, als unerträglich empfundene Angstzustände, Trennungen oder zu große Nähe, die nicht ertragen werden, und vieles mehr. Über das Ansprechen von Suizidalität können sie ins Bewusstsein und ins Gespräch kommen, aber nur dann, wenn sie nicht erst kurz vor dem Stundenende mitgeteilt werden. Deshalb sollten Suizidimpulse, die nicht am Beginn der Sitzung angesprochen werden, als Widerstand benannt und dessen Hintergründe erkundet werden.

Suizidversuche dürfen während der gesamten Therapie nicht unternommen werden. Die Patientin hat sich für das Leben entschieden, indem sie eine Therapie begonnen hat, um Wichtiges für und in ihrem Leben zu verstehen und zu ändern. Sie macht keine Therapie, um zu sterben, sondern sie ist für ihr Überleben verantwortlich, nicht die Therapeutin. Bewährt hat sich eine Vereinbarung, die auf Yeomans, Clarkin und Kernberg (2017) zurückgeht. Sie beinhaltet, dass sich die Patientin entweder direkt in die Notaufnahme einer Klinik begibt oder telefonisch an den Krisendienst oder den Notarzt wendet, wenn sie bemerkt, dass sie ihre Suizidalität bald nicht mehr kontrollieren kann und deshalb gefährdet ist, einen Suizidversuch zu verüben. Sollte der Krisendienst das im Gespräch nicht auflösen können, wird er die Patientin in eine Klinik einweisen. Vorteilhaft beim Krisendienst ist, dass ihn die Patientin rund um die Uhr niedrigschwellig über ihr Telefon erreichen und schnell Hilfe bekommen kann. Nachteilig ist, dass sie zum Teil viel gefragt wird, über Schwieriges in der aktuellen Situation und ihrer Lebensgeschichte, was eher aufwühlend und die Suizidalität verstärkend als beruhigend sein kann. Insofern erwägen wir, ob es nicht besser wäre, dass sich die Patientin in derartigen Situationen direkt in die Klinik begibt. Sollte die Patientin bereits einmal in einer psychiatrischen Klinik gewesen sein, können wir sie bitten, mit der damals für sie zuständigen Oberärztin zu sprechen, auf Wunsch mit einem kurzen Schreiben oder Anruf von uns als Unterstützung des Anliegens. In diesem Gespräch soll verabredet werden, dass sich die Patientin bei nicht mehr kontrollierbarer Suizidalität in der Notaufnahme der Klinik vorstellt. Zumeist machen die Oberärztinnen in solchen Fällen eine deutliche Markierung vorn in die Akte der Patientin. Darin vermerken sie, dass sie auf eine bestimmte Station aufgenommen werden soll, wenn sie sich wegen Suizidalität vorstellt. Dieser Vermerk soll die diensthabende Ärztin veranlassen, die Patientin auf die vorgesehene Station zu schicken, ohne eingehender über die aktuelle Symptomatik mit ihr zu sprechen, was sie nur weiter destabilisieren und die Suizidalität weiter verstärken würde. Ebenso wird bei der Aufnahme keine Aktualanamnese erhoben, erst recht natürlich keine biografische Anamnese. Meiner Erfahrung nach kommen die Patientinnen dann wenige Minuten nach ihrer Meldung in der Notaufnahme auf die zuständige Station, wo dann am nächsten Tag geschaut wird, wie viel Unterstützung sie dort noch brauchen oder ob es ambulant weitergehen kann. Den oft übernächtigten und mit diesen Patientinnen unerfahrenen Assistenzärztinnen wird viel Aufwand erspart, den Patientinnen aufwühlende und ihre Suizidalität weiter verstärkende Gespräche und Warterei. Wichtige Telefonnummern und Adressen sollte die Patientin mehrmals bei sich tragen, nicht nur einmal im Mobiltelefon, das oft in einem kritischen Moment kaputtgeht oder keinen Strom mehr hat, sondern außerdem noch auf einem Zettelchen in ihrer Geldbörse und einem weiteren Zettel in ihrem Skillsbeutel, den sie immer bei sich hat. Therapeutin und Patientin sollten sich für diese Überlegungen so viel Zeit in den Vorgesprächen nehmen, bis sie beide angesichts der bisherigen Erfahrungen der Patientin ein gutes und sicheres Gefühl haben, dass diese Mittel einen Suizidversuch verhindern werden.

▶ Im letzten Schritt wird vereinbart, dass sich die Patientin an diese Absprachen halten muss. Unternimmt sie doch einen Suizidversuch, ist die Therapie damit beendet.

> **Beispiel**
>
> Bei meinen Patientinnen kam es durch diese Vereinbarung bisher zu keinem Suizidversuch, sodass ich auch keine Behandlung beenden musste. Häufig kam es dazu, dass Patientinnen abends zu Hause ihre Zettel aus der Tasche holten und das Telefon zur Hand nahmen, dann aber innehielten und nachdachten, ob sie wirklich bald keine Kontrolle mehr über ihre Suizidalität hätten, ob es wirklich keine andere Hilfe gäbe, als die vereinbarte Nummer anzuwählen, und was denn überhaupt gerade passiert ist, das sie in so eine Not bringen konnte. Dadurch kam ein Nachdenken und -fühlen in Gang, unterschiedliche Gefühle und Konflikte wurden deutlicher. Statt den Krisendienst oder die Klinik riefen die Patientinnen dann des Öfteren lieber eine Freundin an und weinten oder schimpften sich dort kurz aus, sodass sie bis zur nächsten Therapiestunde durchhalten konnten. Manchmal war aber auch eine Aufnahme in der Klinik nötig, aus der die Patientin dann nach ein oder zwei Tagen wieder entlassen werden konnte, weil die Suizidalität an dem sicheren, vertrauten Ort rasch abgeklungen war.
>
> Eine Supervisandin von mir hatte mit einer Patientin keine Suizidabsprache getroffen, sodass diese öfter beim Gehen davon sprach, sie werde sich vielleicht umbringen, wenn sie zu Hause sei. Immer wieder unternahm sie tatsächlich Suizidversuche unterschiedlichen Schweregrades, nach denen sie manchmal nur kurz in der Notaufnahme verarztet wurde, manchmal einige Tage in der Klinik bleiben musste. In der Klinik kannte man die Patientin schon von ihren vielen, kurzen Aufenthalten. Sie löste viel

Ärger beim Personal aus, weil sie auch dort versuchte, alles über Suizidalität zu regulieren. Nach ihrer Klinikentlassung setzte die Patientin ihre Therapie fort. Allerdings fürchtete sich die Therapeutin immer mehr, heikle Themen anzusprechen, weil die Patientin immer rascher Anspielungen auf ihre Suizidalität machte, die sich einstellen könnte, sollte ein bestimmtes Thema angesprochen oder vertieft werden. Anspielungen erfolgten durch einen Blick, eine Geste, durch Worte, durch Drohungen am Stundenende. Irgendwann war gar nichts Konflikthaftes mehr besprechbar, weil die drohende Suizidalität zu einem Widerstand geworden war. Die Therapeutin formulierte die Angst: „Wenn sich die Patientin heute nun doch nach der Stunde wirklich umbringt, werde ich mein Leben lang Schuldgefühle haben und mich fragen, hätte ich diese Thematik wirklich ansprechen müssen, oder hätte ich es nicht lieber lassen sollen. Dann würde sie sicher noch leben. Vielleicht werde ich nach einem Suizid auch von ihrer Mutter verklagt, die Suizidalität ihrer Tochter unterschätzt zu haben, wie meine Kollegin, und habe jahrelang damit zu tun." Erst nach einer Bearbeitung in der Supervision deutete die Therapeutin ihrer Patientin den massiven Widerstand, was der Patientin auch nachvollziehbar war. Sie konnten nach emotionalen Verhandlungen die oben benannte Suizidabsprache einführen, sodass sich der Widerstand von der Suizidalität weg in mildere Bereiche verlagerte und es keine weiteren Suizidandrohungen oder -versuche mehr gab. ◄

2.1.5 Selbstverletzendes Verhalten

▶ Beim selbstverletzenden Verhalten, abgekürzt SVV, kommt es zu einer bewussten, freiwilligen und direkten Zerstörung von Körpergewebe, vor allem der Haut, allerdings ohne suizidale Absichten.

Es gibt verschiedene Varianten:

- Aufschneiden, Aufkratzen oder Ritzen der Haut mit scharfen oder spitzen Gegenständen, vor allem an Armen und Beinen mit Rasierklingen, Messern, Scheren oder Scherben
- Mit den Händen an den Kopf oder den Kopf an die Wand schlagen
- Faustschläge gegen harte Gegenstände
- Schlagen des eigenen Körpers mit Armen, Beinen oder Gegenständen
- Ausreißen von Haaren
- Beißen in erreichbare Körperpartien, inklusive der Innenseiten von Wangen und Lippen
- Verbrennungen oder Verbrühungen, indem die Hand auf eine Herdplatte oder in eine Kerze gehalten wird oder auf der Haut Zigaretten ausgedrückt werden
- Verätzung des Körpers durch Chemikalien
- Schwerere Formen des Fingernägelkauens mit schmerzhaften Nagelverletzungen oder Ausreißen von Nägeln
- Abschnüren von Körperteilen

Diagnostisch ist das SSV im ICD-10 verschlüsselt unter R45.88, in der ICD-11 unter den Störungen, wo es am häufigsten auftritt, etwa unter 6A06.1 Stereotypische Bewegungsstörung mit Selbstverletzungen, 6D11.5 Borderline-Muster, oder 6B65 Partielle dissoziative Identitätsstörung. Ferner wurde in der ICD-11 die eigenständige Diagnose der nicht suizidalen Selbstverletzung unter MB23.E aufgenommen. In früheren Fassungen des Diagnostic and Statistical Manual der amerikanischen psychiatrischen Gesellschaft (APA) wurde es, ähnlich wie in der ICD, als Symptom verschiedener Störungen benannt. 2013 wurde „nonsuicidal self-injury" (NSSI) in die 5. Auflage des DSM-5 in der Sektion 3 erstmals als eigene, diagnostische Kategorie aufgenommen und erschien 2018 in der deutschen Fassung als Nicht-suizidales selbstverletzendes Verhalten (NSSV). Besonders interessant ist hier Kategorie B:

„Das Individuum unternimmt das selbstverletzende Verhalten mit einer oder mehreren der folgenden Erwartungen:

1. um Erleichterung von einem negativen Gefühl oder kognitiven Zustand zu bekommen
2. um eine interpersonelle Schwierigkeit zu lösen
3. um einen positiven Gefühlszustand herbeizuführen

Beachte: Die erwünschte Erleichterung oder Reaktion tritt während oder kurz nach der Selbstverletzung auf und das Individuum zeigt evtl. Muster von Verhaltensweisen, die eine Abhängigkeit im Sinne eines repetitiven Auftretens nahelegen."

Psychisch schmerzhafte Gefühle und Gedanken durch einen körperlichen Schmerz zu ersetzen (Punkt 1) oder andere Menschen durch offen sichtbare Selbstverletzungen vom eigenen Leid zu überzeugen oder sie zu manipulieren (Punkt 2) ist allgemein sicher am bekanntesten.

Der dritte Punkt, dass Verletzungen gute Gefühle auslösen, mag überraschen. Es hängt damit zusammen, dass insbesondere durch Hautverletzungen im Gehirn Endorphine ausgeschüttet werden. Das sind endogene Morphine, also vom Körper selbst hergestellte Opioide, die bei allen Wirbeltieren in der Hypophyse und im Hypothalamus produziert werden. Sie bieten den evolutionären Vorteil, Angst zu lindern und euphorische, mutige, kraftvolle Gefühle auszulösen, wenn Tiere auf der Flucht sind und sich an Ästen oder Steinen Hautverletzungen zuziehen oder ein Mensch im Abwehrkampf gegen ein verfolgendes Raubtier Kratzer an Armen und Beinen abbekommt. Statt voll Schrecken über die Wunde, das Blut und die Todesnähe zu erstarren, lösen die Opioide Entspannung und Mut aus, tilgen die Panik und ermöglichen es uns, weiter zu kämpfen oder zu flüchten. Patientinnen aus den oben erwähnten Störungsgruppen haben oft heftige Angstzustände. Statt äußere Morphine in Gestalt von Medikamenten oder Drogen einzunehmen, fügen sie sich Selbstverletzungen zu, sodass körpereigene Opioide ausgeschüttet werden und derselbe Effekt eintritt. Deshalb bittet uns die DSM-5 in der Anmerkung, zu beachten, dass auch hier eine Gefahr von Abhängigkeit besteht. Einige Patientinnen ritzen sich über Jahre sehr regelmäßig und oft, sodass Arme und Beine mit alten und neuen Narben übersät sind.

2.1 Äußere Rahmenwiderstände

▶ Während einer Psychotherapie kann SVV zu einem erheblichen Widerstand werden, weil es leichter ist, inneren, psychischen Schmerz und zwischenmenschliche Probleme durch äußeren, körperlichen Schmerz zu lindern oder aufzuheben, statt die inneren Konflikte zu spüren und in der Therapie zu bearbeiten. Deshalb ist es wichtig, in den Therapievertrag bereits am Beginn der Behandlung aufzunehmen, dass das SSV sich schnell reduzieren soll, indem die Patientin immer wieder versucht, es aufzuschieben und unterschiedlichsten Ersatz dafür zu finden, sodass sie die schmerzlichen Gefühle in die Therapie mitbringen kann, wo sie sie gleich am Beginn der Stunde ansprechen soll.

Im Skillstraining werden den Patientinnen beispielsweise verschiedene Ersatzmöglichkeiten angeboten. Statt sich mit der Rasierklinge in den Unterarm zu schneiden, können sie einen Igelball kneten, mit einem Gummi ans Handgelenk schnipsen, Chilipulver auf die Zunge tun, Chilibonbons lutschen, Erbsen in die Schuhe legen und damit Treppen hoch und runter laufen, Eisbeutel auf die Stirn legen oder anderes tun, was starke Reize oder leichte Schmerzen auslöst, ohne aber dauerhafte Narben zu hinterlassen. Im weiteren Verlauf bietet das Skillstraining noch viele andere Varianten, sodass die Patientinnen Fähigkeiten entwickeln, um innerlich immer besser mit den schmerzlichen Gefühlen, Ängsten und Selbstzweifeln zurechtzukommen, sodass sie sie bis zur nächsten Therapiestunde ohne SSV in sich bewahren können.

Beispiel

Lena fügte sich meist mehrmals wöchentlich mit einer Rasierklinge Schnittverletzungen an Armen und Beinen zu, manchmal auch Brandverletzungen mit einem Feuerzeug. Mindestens zweimal im Monat waren die Wunden so stark, dass sie sich in der Notaufnahme einer Klinik vorstellte, um sie dort verbinden zu lassen. Sie trug im Sommer trotzdem kurze Kleider, sodass ihre Narben offen zu sehen waren. Sie fügte sich die Selbstverletzungen zu, wenn sie dissoziiert war, um wieder in die Welt zurückzukommen, wenn sie wütend auf sich selbst war, aber auch wenn sie wütend auf jemand anders war, es aber nicht sagen wollte oder konnte, aber auch oft, wenn sie sehr traurig, einsam oder voll Angst war. Dann kehrte innerer Frieden ein, Wut, Angst oder Traurigkeit verschwanden, ersetzt von einem warmen, entspannten, geborgenen Gefühl. In Therapiesitzungen bei mir dissoziierte sie bei heiklen Themen am Anfang häufiger, konnte kaum noch sprechen oder denken und hätte sich am liebsten geritzt. Manchmal versuchte sie, sich mit den Fingernägeln am Arm zu kratzen, bekam dann aber von mir einen Eisbeutel, den sie sich an die Stirn hielt, oder ein Ammoniakfläschchen, an dem sie riechen konnte. Im Skillstraining, das sie parallel zur Einzeltherapie bei mir machte, lernte sie noch viel mehr Techniken, um das SVV schrittweise zu reduzieren und zu ersetzen. Chilibonbons, eine Ammoniakflasche, einen Igelball und ein Gummi hatte sie immer in einem Skillsbeutel bei sich, um in schwierigen Situationen skillen zu können, statt sich zu ritzen. Das intensive und oft übertriebene Schrubben ihrer Küche hatte sie selbst als hilfreich für sich entdeckt, später auch Lesen, Malen, mit einer Freundin aus ihrer Selbsthilfegruppe oder mit mir im Geiste sprechen. Öfter teilte sie aber auch traurig mit, dass früher das Ritzen schneller und intensiver gegen alles mögliche gewirkt habe, während sie sich nun immer etwas überlegen müsse, was mehr Aufwand verlange und oft länger brauche, um dann etwas weniger intensiv zu wirken als früher das SVV. Ehe die Patientinnen nach ein oder zwei Jahren Therapie reifere Abwehrmechanismen erworben haben und ihre Konflikte innerlich erleben und bewältigen können, sind sie in diesem Zwischenstadium. Sie brauchen unser Verständnis und viel Ermutigung, um diesen schwierigen Veränderungsprozess mit diesen Hilfsmitteln durchzuhalten, statt wieder auf das altbewährte SVV zurückzugreifen. ◄

Fazit

Selbstverletzendes Verhalten hilft Patientinnen auf pathologische Weise, ein schmerzliches inneres Erleben durch äußeren Schmerz, Manipulation anderer und die Aktivierung körpereigener Opioide zu lindern oder zu beseitigen, sodass es aus der Therapie herausgehalten wird. Damit SVV sich nicht zu einem Widerstand auswächst, sollten wir der Patientin helfen, es stufenweise zu reduzieren, nicht durch ein Verbot, sondern indem sie Ersatz dafür findet, zunächst in Skills, später im Gespräch mit uns, noch später im inneren Dialog mit sich allein.

2.1.6 Skarifizierungen, Tattoos, Piercings

▶ Durch verschiedene Modifikationen ihrer Körper möchten die Patientinnen einerseits etwas ausdrücken, durch den damit verbundenen Schmerz aber auch etwas anderes übertönen und beruhigen. Beides wird zu einem Widerstand, wenn die psychischen Inhalte, die auf der Haut dargestellt oder gedämpft werden sollen, nicht in die Therapie gelangen, sondern eine Körpermodifikation nach der anderen entsteht.

Als Skarifizierung oder Skarifikation, das vom lateinischen „scarificatio" abstammt – übersetzt Ritzen, Schröpfen oder Narbentatauierung –, wird das Einbringen von Ziernarben in die Haut bezeichnet. Es ist eine seit Jahrhunderten tief in den Traditionen einiger Völker verankerte Körpermodifikation. Sie wird zur Clanzuordnung und als Körperschmuck vor allem von Ethnien mit dunkler Hautfarbe verwendet, weil bei ihnen Tätowierungen nicht gut sichtbar sind, teilweise auch zur Initiation von Mädchen und Jungen an der Grenze zum heiratsfähigen Alter. In westlichen Ländern hat die Skarifizierung in einigen Subkulturen Einzug gehalten, als eine Form der Abgrenzung zu anderen Gruppen und als Schmuck. Beim Cutting wird mit einem Skalpell geschnitten, beim Branding mit einem Elektrokauter gebrannt, wobei eine langsame und immer wieder gestörte Wundheilung wichtig ist, je nachdem, wie dick die erzeugten Narben werden sollen. Die Prozedur ist sehr schmerzhaft, auch wenn sie zumeist in professionellen Studios durchgeführt wird, ebenso wie die Wundheilung.

Ein Tattoo, eine Tätowierung, ist ein Bild, Zeichen, Muster oder Text, die mit Tinte, Pigment oder anderen Farbmitteln mit einer oder mehreren Nadeln in die zweite Hautschicht gestochen werden. Es ist eine uralte Tradition in allen Kulturen auf allen Kontinenten. Bereits die 5300 Jahre alte Gletschermumie Ötzi hat 61 Tätowierungen, vor allem Punkte, Linien und Figuren. Kreuzritter trugen teilweise Kreuze auf der Stirn. In der Gegenwart dienen Tattoos vor allem dem Schmuck, der Attraktivität, dem Protest oder der Abgrenzung.

Bei einem Piercing, das vom englischen „to pierce" für durchbohren, durchstechen abstammt, wird Schmuck in Gestalt von Ringen oder Stäben durch die Haut und darunterliegendes Fett- oder Knorpelgewebe angebracht, etwa an Lippen, Ohren, Brustwarzen, dem Bauchnabel oder im Genitalbereich. Älteste Belege für das Piercing sind 7000 Jahre alt. Es dient ebenso wie eine Skarifizierung oder ein Tattoo zum Schmuck, zum Ausdruck für etwas oder zur Abgrenzung einer Subkultur.

All diese und andere Körpermodifikationen werden zumeist nicht selbst, sondern in darauf spezialisierten Studios mehr oder weniger professionell ausgeführt. Die Eingriffe selbst, aber auch die Woche danach sind mit stärkeren Schmerzen verbunden. Im westlichen Kulturkreis sind sie trotzdem mittlerweile sehr verbreitet.

Während einer laufenden Psychotherapie sind Körpermodifikationen aus mehreren Gründen ein Widerstand:

1. Ähnlich wie beim selbstverletzenden Verhalten löst der starke und länger anhaltende Schmerz beim Stechen der Körpermodifikationen im Gehirn eine Ausschüttung von Endorphinen aus, die eine analgetische, schmerzlindernde Wirkung haben, darüber hinaus aber auch psychisch beruhigend, tröstend, bisweilen euphorisierend sind. Patientinnen, die sich während einer laufenden Therapie häufig skarifizieren, piercen oder Tattoos stechen lassen, können dadurch versuchen, in der Therapie aufkommende schmerzliche Gefühle zu lindern oder zu unterdrücken, um sie nicht spüren zu müssen. Dadurch können Sie aber auch in der Therapie nicht oder nicht ausreichend bewusst und bearbeitet werden.
2. Körpermodifikationen drücken symbolisch immer etwas vom Erleben der Patientinnen aus, das sie in ihren Körper stechen oder brennen lassen, anstatt es zunächst einmal in der Therapie anzusprechen und anzuschauen, um es vielleicht am Ende der Behandlung als etwas wichtig Gewordenes, als Erkenntnis und durchfühlte Aussage ihrem Körper einzuschreiben.
3. Das Erleben der Patientinnen ändert sich im Laufe der Psychotherapie oft sehr stark. Etwas, was in einem bestimmten Stadium der Behandlung emotional wichtig ist, unter die Haut geht und unter sie gestochen wird, kann einige Monate später schon ganz anders wahrgenommen werden. Piercings lassen sich herausnehmen, Tattoos und Skarifizierungen bleiben aber ein Leben lang auf dem Körper sichtbar, auch wenn sie ein längst vergangenes Erleben abbilden. Viele Patientinnen bereuen am Ende der Thera-

pie, dass sie sich an deren Beginn etwas haben tätowieren oder skarifizieren lassen, was nun gar nicht mehr zu ihnen passt. Deshalb sollten wir am Beginn der Behandlung darüber ins Gespräch kommen und die Patientinnen bitten, Wünsche nach einer Körpermodifikation möglichst vorher in der Therapie durchzusprechen.

▶ Erwünschten oder durchgeführten Körpermodifikationen sollten wir nicht achselzuckend zuschauen, sondern zeitnah ansprechen, welchen Themen die Patientinnen damit aus dem Wege gehen wollen, aber auch welche Folgen sie haben können.

Beispiel

Cindy ist 21 und hat bereits zahlreiche Piercings in den Ohren, der Zunge, der Nase, zwischen den Augenbrauen, an den Brustwarzen, dem Nabel und in der Vagina, als sie sich zur Therapie meldet. Ebenso hat sie Tattoos, etwa von einer Schlange, die sich über ihren ganzen Rücken zieht, von dort über den Bauch bis unter den Nabel, und zahlreiche kleinere an Armen und Beinen, wie den Namen ihres ersten Freundes, das Bild von einem Reh, das einen Kinderfuß im Mund hat oder eines von einem brennenden, sinkenden Schiff. In der zweiten Therapiesitzung spricht sie unserer Absprache folgend an, dass sie sich in nächster Zeit gern Skarifizierungen stechen lassen würde. Im Gespräch darüber wurde sie sehr traurig und weinte. Jemand hätte diesen Geist in diesen Körper gesteckt. Das Leben fühle sich nicht richtig an. Ihr Körper sei hybrid, weil ihr Vater Asiate, ihre Mutter Deutsche sei. Er sei schön, solle aber noch schöner werden. Wichtiger sei aber noch die Frage, ob es da etwas in ihr gebe, eine verborgene Seele, eine Identität. Es fühle sich an wie ein graues, leeres, unbeschriebenes Blatt, auf das sie etwas malen wolle. Sie entscheide sich für ihre Seele, nicht die für sie. Sie entscheide, ob sie ein guter Mensch sei oder nicht. Ich entgegnete, dass sie hier in der Therapie ist, um ihre Identität zu entdecken, die sie aber nicht finden wird, so viel sie auch an ihrem Körper verändert. Diese Intervention ärgerte sie, machte sie aber auch nachdenklich. Einige Zeit später begann sie, in einem Buchladen zu arbeiten, viel zu lesen, viel zu malen und darüber viel über sich herauszufinden, was sie in der Therapie vertiefte und weiter klärte, sodass sie auf Körperveränderungen verzichten konnte. ◀

2.1.7 Suchtmittelgebrauch und -abhängigkeit

▶ Der Missbrauch oder die Abhängigkeit von stoffgebundenen oder stoffungebundenen Suchtmitteln stellt einen erheblichen Widerstand dar, weil die Patientinnen dazu greifen, um sich zu trösten, zu beruhigen, zu ermutigen, anstatt in der Therapie den Zugang zu den damit verbundenen Gefühlen zu finden oder sich mit der Frage zu beschäftigen, was ihnen den Zugang erschwert.

2.1 Äußere Rahmenwiderstände

Ein bewegender und sensibel recherchierter Fallbericht über Max, der mit 19 an einer Überdosis Heroin gestorben ist, erschien in der Zeitschrift *Der Spiegel* (32/2024). Über die erste stationäre Entwöhnungsbehandlung heißt es dort:

„Aus dem Entlassungsbericht, Ende Mai 2020: ‚Die bewilligte Maßnahme wurde auf ärztliche Veranlassung vorzeitig beendet.' Max H. habe Drogen organisiert und in der Klinik an Mitpatienten weitergegeben. Außerdem habe er wieder Benzodiazepine, das Narkosemittel Ketamin und Alkohol zu sich genommen. Seine Motivation zur Therapie habe er ‚nicht ausreichend festigen können'." (Klovert, 2024, S. 36)

Einerseits wollte er in der stationären Therapie abstinent werden und in seinem Leben ohne Drogen zurechtkommen. Andererseits setzte offenbar bald nach Beginn der Behandlung der Widerstand ein, indem er heimlich selbst Drogen konsumierte und diese sogar noch an andere weitergab. Im selben Artikel wird veranschaulicht, wie viel schneller und intensiver Drogen zu einem ersehnten Zustand führen, als es eine Psychotherapie jemals könnte: „Heroin zu nehmen sei wie ein warmer Mantel, der dich von hinten umarme, sagt Max' Freund. ‚Auf einmal ist alles okay, du bist mit dir selbst völlig zufrieden und brauchst nichts anderes.'" (Klovert, 2024, S. 37). In einer Therapie an sich selbst, seinen Beziehungen zu anderen und dem inneren Umgang mit den eigenen Gefühlen zu arbeiten, um mit sich zufrieden zu sein, gute hilfreiche Beziehungen zu fürsorglichen, haltgebenden Menschen als warmen Mantel zu verinnerlichen, der uns von hinten umarmt und durchs Leben trägt, ist viel langwieriger und komplexer, als Drogen zu konsumieren. Wir müssen Neues in Beziehungen wagen, uns innerlich zu Riskantem überwinden, Enttäuschungen hinnehmen und verarbeiten, ehe wir diesen Prozess durchlaufen haben. Die Ratlosigkeit darüber, wie es möglich sein kann, zu einer emotional tiefen, wechselseitigen Liebesbeziehung zu kommen, drücken Capital Bra und Samra in einem Song in den Worten aus: „Alles, was ich weiß: Liebe kann man sich nicht kaufen und das Leben ist zu kurz, um nicht zu rauchen."

Das Wort Trauung wurde im Mittelhochdeutschen von trauen abgeleitet, weil es viel Mut kostet, sich auf eine Liebesbeziehung einzulassen, in der wir uns einem anderen Menschen anver-trauen und mit dessen Ver-Trauen sorgsam umgehen sollten. Ich würde die tiefe Bedeutung des Wortes Trauung erweitern, weil nicht nur eine Heirat oder Verpartnerung ein Wagnis ist, sondern jede Liebesbeziehung, jede Freundschaft und natürlich auch jede Beziehung zu einer Therapeutin, der sich die Patientin mit vielen Hoffnungen und Wünschen öffnet und anver-traut. Dieser Prozess ist immer mit großen Ängsten verbunden. Deshalb ist die Versuchung immer sehr groß, zu Drogen zu greifen, statt sich zu trauen, sich durch den Veränderungsprozess hindurchzukämpfen. Die Gefahr, dass sich hier ein Widerstand gegen eine Psychotherapie entwickelt, ist permanent gegeben, sodass wir ihn ständig im Blick behalten und ansprechen müssen.

▶ In Deutschland ist es sinnvollerweise durch die Psychotherapie-Richtlinien verboten, bei einer akuten Suchterkrankung eine Psychotherapie durchzuführen, solange die Patientin noch nicht abstinent lebt. Wenn eine Abhängigkeit von Alkohol, Drogen, Medikamenten oder von Spielen auf dem Computer, im Smartphone oder in Spielhallen diagnostiziert wurde, aber auch eine Arbeitssucht, muss die Patientin vor Aufnahme einer Psychotherapie eine Suchtbehandlung absolvieren. Diese kann stationär, teilstationär oder ambulant erfolgen. Danach muss sie sich einer Selbsthilfegruppe in ihrem Suchtbereich anschließen und diese regelmäßig besuchen. Teilweise werden in den Suchtbehandlungen auch längere ambulante Nachsorgeprogramme vorgeschlagen, wie ambulante Suchttherapiegruppen, die in Deutschland in der Regel von Rentenversicherungsträgern finanziert werden, sodass die Patientin sie parallel zur ambulanten Psychotherapie besuchen kann, die von den Krankenkassen bezahlt wird.

Wir sollten uns in der Therapie regelmäßig danach erkundigen, ob die Selbsthilfegruppen und die Nachsorge wirklich regelmäßig besucht werden. Sollte die Patientin dort nur noch unregelmäßig oder gar nicht mehr hingehen, ist sie rückfallgefährdet. Wir sollten in den Vorgesprächen vereinbaren, dass die Psychotherapie in solchen Fällen so lange unterbrochen wird, bis die Patientin wieder regelmäßig daran teilnimmt. Ebenso sollten wir in den Therapievertrag aufnehmen, dass die Patientin uns sofort über erfolgte oder gerade noch verhinderte Rückfälle informiert, damit die Auslöser und die mit ihnen verbundenen Gefühle und Fantasien in der Therapie besprochen und andere Wege des Umgangs mit diesen Konflikten gefunden werden können. Bei stoffgebundenen Süchten kann nach einem Rückfall auch eine stationäre Entgiftung nötig sein, ehe die ambulante Psychotherapie fortgesetzt und der Rückfall aufgearbeitet werden kann. Auch das sollten wir im schriftlichen oder mündlichen Therapievertrag miteinander verabreden. Bei stoffgebundenen Süchten empfehle ich eine Absprache, nach der die Therapeutin die Patientin jederzeit ohne Begründung bitten kann, bis zur nächsten Sitzung ihren Hausarzt aufzusuchen, um dort einen Blut- oder Urintest durchführen zu lassen, und den Befund mit zur Behandlung zu bringen. Wenn im Befund der Konsum des Suchtmittels aufgezeigt wird, die Patientin aber vorher behauptet hatte, nicht konsumiert zu haben, würden wir die Psychotherapie sofort beenden, weil wir nicht mit Patientinnen arbeiten können, die uns in so gravierender Weise belügen. Mithilfe dieser Absprachen kommt es bei Süchtigen nur sehr selten zu Rückfällen. Sonst würden wir riskieren, dass die Patientinnen im Sinne eines Widerstandes heimlich konsumieren, anstatt die anstehenden, aktualisierten Konflikte und Probleme in der Therapie zu be- und verarbeiten.

Schwieriger ist es bei stoffungebundenen Süchten, wo sich Rückfälle nicht in Blut- oder Harntests nachweisen lassen und die Entzugssymptome deutlich unspezifischer sind. In diesen Fällen können wir mit der Patientin besprechen, welche Möglichkeiten ihr einfallen würden, uns den Nichtkonsum zu belegen. Ich bin immer wieder überrascht, wozu die Patientinnen bereit sind und was ihnen so einfällt. Manches lässt sich über einen Einblick in die Bildschirmzeiten im Smartphone überprüfen, wo aufgeführt wird, wann und wie oft eine App genutzt wird, etwa ein mit der Sucht verbundenes Spiel. Ein Patient von mir übergab seine Spielekonsole seinem Onkel und brachte mir eine schriftliche Bestätigung von ihm mit, ebenso einen Kaufbeleg für einen älteren, gebraucht gekauften Laptop, mit dem er für seine Ausbildung Texte erstellen, E-Mails beantworten, aber keine Spiele installieren könnte. Hundertprozentige Sicherheit bekommen wir mit diesen Absprachen natürlich nicht. Sie zeigen aber der Patientin, wie wichtig uns die Einhaltung oder Verletzung der Abstinenz ist, und sie zeigen uns, wie ernsthaft die Patientin über diese Problematik nachdenkt und wie bereit sie ist, im Sinne der Psychotherapie und der Veränderung an sich und mit uns zusammen zu arbeiten.

Bei Arbeitssüchtigkeit können wir keine Abstinenz verlangen, sondern wir sind ähnlich wie bei Essstörungen auf Protokolle angewiesen, wie viele Stunden an welchem Tag gearbeitet wurde. Aber auch bei diesen Suchtformen ist vor Beginn der Psychotherapie eine Suchtbehandlung nötig und parallel zur Psychotherapie der Besuch einer Selbsthilfegruppe. Diese Gruppen entlasten und bereichern die Psychotherapie sehr. Sie haben Regeln zum Umgang mit der Sucht und zum Sprechen darüber, die abgefragt und überprüft werden, sodass sich die Patientinnen weniger entziehen können. Teilnehmerinnen an diesen Gruppen erkennen untereinander sehr sensibel, wenn sie schummeln oder lügen, um abgesprochene Regeln zu umschiffen, oft besser, als es Nichtsüchtige könnten, etwa Therapeutinnen, weil sie sehr einfühlsam im Gegenüber eigene Tendenzen zur Suchtverharmlosung oder zum Verschweigen erkennen.

Sollte keine Abhängigkeit vorliegen, sondern nur ein Missbrauch von Suchtmitteln, etwa von Alkohol oder Cannabis, oder ein schädlicher Gebrauch von Spielen oder Arbeit, sollten wir mit der Patientin in den Vorgesprächen vereinbaren, dass sie ein Tagebuch über den Abusus führt und diesen am Beginn jeder Therapiestunde anspricht. Außerdem verabreden wir, dass die Patientin den Abusus in einem überschaubaren Zeitraum deutlich reduziert, andernfalls würden wir die Psychotherapie beenden. So könnte sich die Patientin zum Beispiel vornehmen, innerhalb eines halben Jahres nicht mehr drei oder viermal pro Woche drei Gläser Wein abends zu trinken, sondern maximal zweimal die Woche zwei Gläser. Wenn irgend möglich, wäre es natürlich am besten, wenn sich die Patientin für die Zeit der Psychotherapie vornehmen könnte, komplett auf das Suchtmittel zu verzichten und einen seltenen Konsum, der sich trotz allen Bemühens nicht vermeiden ließ, der Therapeutin mitzuteilen und mit ihr zu besprechen.

Wenn wir nicht sicher sind, ob ein Abusus oder bereits eine Abhängigkeit vorliegt, können wir Suchtberatungsstellen oder Angebote von Kliniken zur diagnostischen Unterstützung einbeziehen. Verzichtet die Patientin auf ein Suchtmittel, dürfen wir die große Gefahr der Suchtverlagerung im Therapieverlauf nicht aus den Augen verlieren. Die starken Gefühle und Beunruhigungen, die früher das Suchtmittel eingedämmt hat, können nun via Verschiebung durch einen anderen Abusus oder eine andere Sucht gelindert werden.

Beispiel

Florian, ein Patient von mir, war von Tavor®, einem Benzodiazepin, abhängig, das die Wirkung des hemmenden Neurotransmitters Gamma-Aminobuttersäure verstärkt, sodass Angstsignale von den Rezeptoren weniger stark oder gar nicht mehr wahrgenommen und die Nervenzellen weniger empfänglich gegenüber ankommenden Reizen werden. Dadurch führt das Medikament bereits nach wenigen Minuten zu einem Gefühl tiefer Entspannung und Geborgenheit, ohne Angst oder Aggressivität. Wegen des hohen Abhängigkeitspotenzials sollten Tavor®-Tabletten nicht länger als drei Wochen eingenommen werden. Florian nahm es aber schon seit 3 Jahren täglich ein, inzwischen 10 mg, das Doppelte der Höchstdosis. Er wollte eine Psychotherapie machen, da er angesichts einer jahrelangen sexuellen Traumatisierung durch seine Mutter trotz des Medikaments zeitweise unter Ängsten und Flashbacks litt. Durch die Therapie wollte er seine traumatischen Erfahrungen aufarbeiten, dadurch keine Ängste mehr erleiden müssen und danach allmählich das Tavor® absetzen. Ich sagte ihm, dass ich ihn nur behandeln könnte, wenn er vorher eine stationäre Entwöhnungsbehandlung machen, im weiteren Leben abstinent von Tavor® leben und sich hinterher einer Selbsthilfegruppe für Medikamentenabhängige anschließen würde. Ich bot ihm an, dass unsere Psychotherapie sofort nach seiner Entlassung aus der Entwöhnungsklinik mit 4 Wochenstunden beginnen würde, um ausreichend Raum zur Be- und Verarbeitung der heftigen Ängste zu haben, mit denen wir nach dem Absetzen des Medikamentes rechnen mussten. In den probatorischen Sitzungen vermittelte ich ihm erste Skills und imaginative Techniken zur Angstreduktion, um ihm zu zeigen, dass auch etwas anderes als Medikamente Ängste vermindern könnte. Das half ihm, den Mut für eine stationäre Entwöhnung aufzubringen. Wir arrangierten alles so, dass nach seiner Klinikentlassung die Kostenübernahme seiner Krankenkasse für die Psychotherapie vorlag und die 4 Termine bei mir frei waren. Da die verschiedenen supportiven Elemente der Traumatherapie zu einer schnellen Reduzierung des Angstniveaus führten, konnten wir die Stundenzahl auf drei, später auf zwei Wochenstunden senken. Zu Rückfällen kam es nicht, was ich durch zwei erbetene Laboruntersuchungen auch überprüfen ließ. Eine Verlagerung der Süchtigkeit zum Alkohol fand kurz und in geringem Ausmaß statt, da wir sie schnell über Trinktagebücher und eine Aufarbeitung der Hintergründe des Alkoholkonsums abbauen konnten. Florian lernte immer besser, seine Ängste zu regulieren, und arbeitete seine Traumatisierungen auf, sodass er auch mehrere Jahre nach dem Ende der Psychotherapie ein erfülltes Leben mit liebevollen Beziehungen führte und kein Tavor® mehr konsumierte. ◄

▶ Bei gut durchdachten und mit der Patientin differenziert und klar ausgehandelten Rahmenbedingungen werden Sucht oder Abusus nicht oder nur in sehr geringem Ausmaß zum Widerstand in der Psychotherapie.

2.1.8 Psychopharmaka und Widerstand

▶ Psychopharmaka beeinflussen bestimmte Stoffwechselprozesse im Gehirn, sodass sie einen erheblichen Einfluss auf Gefühle, Denkprozesse und unsere Verarbeitung des Erlebten haben.

Von den sieben Gruppen sind Antidepressiva, Antipsychotika (Neuroleptika) und Stimmungsstabilisierer (Phasenprophylaktika) besonders wichtig. Ihre Entwicklung und Einführung in der zweiten Hälfte des 20. Jahrhunderts war ein Segen insbesondere für die Behandlung schwerer psychischer Erkrankungen, wie bipolarer, manisch-depressiver Störungen, affektiver, schizoaffektiver und schizophrener Psychosen. Auch bei der Behandlung mittlerer psychischer Erkrankungen (Persönlichkeitsstörungen) und leichter (neurotischer) Störungen können sie phasenweise sehr hilfreich sein. Sie gehören mittlerweile zu den am häufigsten gegebenen Medikamenten. Leider werden sie nicht nur von Psychiaterinnen und Nervenärztinnen verordnet, sondern von Fachärztinnen aller Richtungen, die oft nicht über ausreichende Kenntnisse über Wirkungen und Nebenwirkungen verfügen. Befreundete Psychiaterinnen, die sich regelmäßig und intensiv fortbilden, berichten mir immer wieder davon, wie schwierig es ist, bei den Psychopharmaka den aktuellen Überblick über diese sich in ständiger und schneller Veränderung befindliche Medikamentengruppe zu behalten. Psychologische Psychotherapeutinnen, die nicht selbst Psychopharmaka verordnen können, sollten Patientinnen, denen von ihrer Allgemeinärztin oder Gynäkologin solche Medikamente verschrieben wurden, bitten, sie sich künftig von einer Psychiaterin auswählen zu lassen, und mit dieser in regelmäßigem Austausch stehen.

Die Psychotherapeutin sollte beispielsweise vorher wissen, wenn einer seit Längerem depressiven Patientin von ihrer Ärztin ein Antidepressivum verordnet wird. Zum Teil verbessern diese Medikamente in den ersten Tagen bereits den Antrieb, aber noch nicht die Stimmung. Die Patientinnen fühlen sich dadurch weiterhin bedrückt und traurig, haben aber nun plötzlich die Energie, sich zu suizidieren, wovon die Antriebsminderung sie vorher abgehalten hatte. Wir müssen deshalb sehr achtsam sein, wenn ein Antidepressivum angesetzt wird, und der Patientin in den ersten zwei Wochen einen häufigeren Kontakt anbieten, persönlich oder telefonisch.

In den letzten Jahren hat sich eine zweite Variante zur Einnahme entwickelt und scheint sich immer mehr auszubreiten. Laut der Bundeszentrale für gesundheitliche Aufklärung ist der Konsum illegaler Drogen bei 12- bis 17-Jährigen von 6 % im Jahr 1997 erfreulicherweise auf 1 % im Jahr 2019 zurückgegangen. Im Gegenzug hat sich leider der Konsum angstlösender und schmerzstillender Medikamente, die auf dem illegalen Drogenmarkt gekauft werden, beunruhigend verstärkt, wie etwa Tilidin, Codein, Tramadol und Benzodiazepine. Es ist wichtig, dass wir über diesen Konsum informiert sind und ihn aufmerksam verfolgen, weil diese Medikamente gerade zu dem eingesetzt werden, wozu ja eigentlich die Psychotherapie dienen sollte.

Neben ihrer oft sehr unterstützenden Funktion können Psychopharmaka durch ihre die Gefühle dämpfende Wirkung in zweierlei Hinsicht zum Widerstand werden:

1. Angst, Trauer, Depressivität und Wut werden durch Psychopharmaka in unterschiedlicher Stärke gedämpft. Das ist in einer Krise sehr hilfreich, in einer längeren ambulanten Psychotherapie aber teilweise auch hinderlich, weil die Patientin diese Gefühle dann gar nicht mehr oder sehr stark vermindert spürt, sodass sie sich in der Therapie nicht damit befassen kann, was sie in ihrem täglichen Leben ängstigt, traurig oder wütend

macht. Sie kann nicht erkunden, warum sie diese Gefühle hat, in Momenten, die andere Menschen viel weniger beunruhigen. Ebenso wenig kann sie daran arbeiten, wie sie mit den konflikthaften Situationen besser umgehen könnte, innerlich und äußerlich. Sie wird ihnen nach dem Ende der Psychotherapie genauso hilflos ausgeliefert sein, wenn sie die Medikamente reduziert oder deren Wirkung nachlässt, sodass sie ihr Leben lang darauf angewiesen bliebe. Deshalb sollten wir möglichst früh in der Psychotherapie mit der Patientin und ihrer Psychiaterin eine schrittweise Reduzierung der Medikation erwägen. Schritt für Schritt werden dann die gedämpften Gefühle spürbar, und ein neuer, anderer Umgang mit ihnen und ihren Auslösern kann gefunden werden.
2. Ebenso werden Gefühle von Freude, Euphorie, Glück, Liebe, Freundschaft sowie sexuelles Begehren unterdrückt, weil Psychopharmaka Affekte nach oben und unten dämpfen. Libidoverlust wird bei vielen dieser Medikamente als Nebenwirkung erwähnt, gleichfalls Gewichtszunahme. Letztere hat teilweise somatische Hintergründe, hängt teilweise aber auch damit zusammen, dass fehlende Freude und Lust am Leben durch Essen ersetzt werden. In der Psychotherapie können sich die Patientinnen über erreichte Veränderungen nicht freuen, nicht den Mut aufbringen, neue Schritte zu wagen, schwerer herausfinden, was ihnen im Leben lieb ist und sie stolz auf sich machen würde. Deshalb ist auch in Bezug auf diese Gefühle eine schrittweise Reduzierung von Psychopharmaka oft sehr wichtig.

Beispiel

Der 54-jährige Bauingenieur Uwe kam wegen einer als psychosomatisch diagnostizierten Hypertonie zu mir in Behandlung, nachdem es angesichts von Ärger und Stress auf seiner Arbeit zu einer weiteren Blutdruckerhöhung gekommen war. Als es ihm in der ersten Phase der Therapie möglich war, Ärger auf Kolleginnen und Kollegen auf seiner Arbeit besser zuzulassen und Konflikte auszutragen, verringerte sich der Blutdruck bereits etwas. Im zweiten Schritt befasste er sich mit seiner Ehe, die er als unbefriedigend empfand. Kam er um 18 Uhr nach Hause, schlief seine Frau, die erst gegen 22 Uhr aufstand, wenn Uwe schlafen ging, um sich als Lehrerin auf den Unterricht am nächsten Tag vorzubereiten. Auch morgens begegneten sie sich kaum, weil sie zu unterschiedlichen Zeiten aufstanden und die Wohnung verließen. In der Therapie wurde Uwe bewusst, dass ihn dieses Nebeneinanderherleben ärgerte und unzufrieden machte, sodass er begann, seine Frau darauf anzusprechen und mehr Kontakt zu ihr zu erbitten. Weil ihr das gar nicht recht war, vereinbarte sie für ihn einen Termin bei einem Psychiater, wo vor allem sie über seine Veränderungen sprach, die sie als plötzliches Fordern und Aggressivwerden schilderte. Er war dorthin mitgegangen, weil sie mit Scheidung gedroht hatte, falls er dazu nicht bereit wäre. Der Psychiater vermutete angesichts der geschilderten, scheinbar wie aus dem Nichts aufgetauchten Aggressivität eine manische Reaktion und verordnete Uwe Amitriptylin, ein verbreitetes Antidepressivum, vermutlich, weil es auch eine sedierende, einschläfernde Wirkung hat, zusätzlich Citalopram, ein weiteres Antidepressivum. Da ich gerade im Urlaub war, erfuhr ich erst vier

2.1 Äußere Rahmenwiderstände

Wochen später, dass Uwe durch die Medikamente und die Drohung seiner Frau alle Bemühungen eingestellt hatte, an der Ehe etwas zu ändern, was die häusliche Situation beruhigt, seinen Blutdruck aber wieder hatte steigen lassen. Alle Entwicklung war zurückgefahren, sodass ich das Geschehene als Widerstand gegen die begonnene Veränderung interpretierte. Nach einem Paargespräch mit Uwe und seiner Frau und einer Rücksprache mit dem Psychiater konnten wir uns einigen, die Medikamente allmählich zu reduzieren und schließlich ganz abzusetzen. Mithilfe einiger weiterer Paargespräche bei mir gelang es den Eheleuten, offener miteinander ins Gespräch zu kommen, Konflikte konstruktiv-aggressiv auszutragen und Kompromisse über für sie beide akzeptable Veränderungen herbeizuführen, sodass sein Blutdruck sich wieder besserte und sie mehr Zeit miteinander verbrachten. ◀

Fazit

In vielen anderen Fällen kamen Patientinnen, die länger nach einer Psychotherapie hatten suchen müssen, oder solche, die sich ihren inneren Problemen nicht hatten stellen wollen, zu mir in Behandlung, die auf Antidepressiva oder Neuroleptika eingestellt waren, teils in höheren Dosierungen. Eine schrittweise Reduzierung und sehr oft schließlich ein Absetzen der Medikation machte ihnen die gedämpften Gefühle wieder zugänglich und ermöglichte, zu lernen, anders mit ihnen umzugehen. Ohne diese Veränderungen der Medikation wäre vieles in der Psychotherapie nicht bearbeitbar und veränderbar gewesen, sodass die Psychopharmaka zu einem Widerstand beigetragen hätten.

2.1.9 Essstörungen und Rahmenwiderstände

▶ Im Unterschied zu Süchtigen können wir von Essgestörten nicht erwarten, auf ihr „Suchtmittel", die Nahrung, zu verzichten, im Gegenteil: Sie sollen lernen, sich gesund zu ernähren. Damit die Symptomatik der Essstörung nicht zu einem zu starken Widerstand wird, müssen wir einerseits begrenzende Rahmen setzen, andererseits die Symptomatik im Blick behalten.

Bei Binge-Eating-Störungen, einer psychisch bedingten Adipositas, sollten wir in den Vorgesprächen einen Body-Mass-Index (BMI) verabreden, der nicht überschritten werden darf, etwa von 45. Falls doch, müsste sich die Patientin in eine Klinik begeben, um abzunehmen, bis sie wieder unterhalb dieses Wertes ist. Ebenso sollten wir bei Magersucht, bei Anorexie, eine Untergrenze etwa von 15 festlegen, bei deren Unterschreitung sich die Patientin in eine Klinik begeben muss, bis sie wieder mehr wiegt und einen BMI größer als 15 hat. Bei einer 160 cm großen Patientin liegt die Untergrenze von 15 dann beispielsweise bei 38,5 kg, die Obergrenze von 45 bei 115 kg. Wird ein BMI von 15 unterschritten, gerät die Patientin in einen psychisch sehr eingeengten, bisweilen euphorisierten Zustand, in dem es um das pure Überleben geht, in dem aber keine Befassung mit inneren Konflikten mehr möglich ist. Ruge (2012) beschreibt seine Zeit in stalinistischen Arbeitslagern, wo er und die anderen Internierten von 600–800 g Brot am Tag leben mussten, bei schweren Holzfällerarbeiten. Alle Libido, alles Aufbegehren, alle Wut, aber auch Suizide gab es bei ihnen nicht mehr, weil alles vom ständigen Hunger und dem Überlebenskampf dominiert war. Erst als sie wieder mehr Essen zugeteilt bekamen, zeigten sich sexuelle und aggressive Impulse, entsprechend auch Suizidfantasien als Wendung der Wut gegen das eigene Selbst. Aus diesen Extremerfahrungen können wir schließen, wie stark ein anorektischer Zustand alle Gefühle innerlich abtötet, sodass er einen unüberwindlichen Widerstand gegen eine Psychotherapie bildet. Die Patientin befindet sich überdies körperlich in Lebensgefahr und muss deshalb stationär behandelt werden. Über einem BMI von 45 besteht keine unmittelbare Lebensgefahr, etwas längerfristig wird jedoch die Lebenserwartung massiv verkürzt, da Krankheiten wie Diabetes mellitus Typ 2, Hypertonie und viele andere Folgeerkrankungen den Körper schädigen und dauerhaft gesehen zerstören. Psychisch finden wir jenseits der 45 häufig eine Einschläferung der Gefühle und des inneren Erlebens, aber auch des Denkens, sodass die therapeutische Arbeit zunehmend verunmöglicht wird. In den Vorgesprächen sollten wir regelmäßige Gewichtsmessungen vereinbaren, die umso häufiger notwendig sind, je näher die Patientin der Ober- oder Untergrenze kommt, zum Beispiel einmal im Quartal, im Monat oder in der Woche. Da Essgestörte aufgrund der mit der Erkrankung verbundenen massiven Körperschamgefühle meist unehrlich in Bezug auf ihr Gewicht sind, können wir uns nicht darauf verlassen, dass sie sich allein zu Hause wiegen und uns den Wert mitteilen. Sinnvoller ist es, dass sie sich von einer Angestellten ihrer Hausärztin wiegen lassen. Anorektische Patientinnen verstecken oft schwere Gegenstände in der Kleidung, damit die Waage ein höheres Gewicht abbildet, sodass sie sich nur in Unterwäsche wiegen lassen sollten. Auch dann werden sie vorher viel Wasser trinken, um schwerer zu wirken, aber das können wir nur im Gespräch herausfinden. Übergewichtige sind interessiert, weniger zu wiegen, und werden deshalb solche Tricks nicht anwenden. Das Ergebnis des Wiegens bringen uns die Patientinnen dann als Attest von ihrer Hausärztin mit oder diese übermittelt es uns über die Telematikinfrastruktur. Auf diese Weise haben wir einen Überblick über die Gewichtsentwicklung und können Veränderungen als Fortschritt der Therapie oder als Widerstand dagegen interpretieren.

Bei allen Essstörungen empfiehlt es sich, die Patientinnen Esstagebücher führen zu lassen. Bei Bulimie sollte zusätzlich das Erbrechen notiert werden, oder exzessiver Sport bei einer Sportbulimie. Wie etwa Reich (2015, 2017, 2024) beschreibt, rankt sich das gestörte Essverhalten um die aktuell wirksamen Konflikte, sodass wir daran gut ablesen können, welche Gefühle jemand gerade herunterschluckt oder was jemand zum Kotzen findet. Würden wir der Scham der Patientinnen nachgeben und das Essen nicht benennen und messen lassen, würden sie ihre Konflikte heimlich zu Hause über die Nahrung regulieren, anstatt sie in der Therapie zu besprechen.

> **Beispiel**
>
> Mit der adipösen Hannah hatte ich eine Obergrenze von 125 kg verabredet. Als sie diese überschritt, unterbrachen wir die ambulante Therapie und sie begab sich in eine Klinik mit einer Station für Essgestörte. Bei der Aufnahme wurde ihr Koffer durchsucht, wo sich diverse Süßigkeiten zum heimlichen Naschen befanden, die man ihr wegnahm. Durch sehr reglementiertes Essen und Ernährungsberatung reduzierte sich das Gewicht auf 120 kg, sodass sie entlassen wurde und wir die Therapie fortsetzen konnten. Nach zwei Wochen hatte sie einen Konflikt mit ihrer Mutter, was dazu führte, dass sie sich Unmengen von Süßigkeiten kaufte, die für mehrere Essanfälle ausreichten. Ein Essanfall hatte stattgefunden, den wir ausführlich besprachen. Zunächst versuchte sie es so darzustellen, dass am Abend, nachdem sie ihre Kinder ins Bett gebracht hatte, plötzlich sehr viele Gefühle von Wut, Trauer und Enttäuschung in Bezug auf ihre Mutter hochgekommen wären, sodass sie nicht anders gekonnt hätte, als mehrere Tafeln Schokolade und mehrere Packungen Pralinen zu essen. Ich machte sie darauf aufmerksam, dass die Entscheidung für den Essanfall viel früher gefallen sein musste, nämlich als sie am frühen Nachmittag die Süßigkeiten einkaufte. Sie konnte zugeben, sich bereits zu diesem Zeitpunkt auf den Abend und den Essanfall eingestellt zu haben, und das, obwohl sie am Vormittag des nächsten Tages ihre Therapiesitzung bei mir hatte. Besser wäre gewesen, die Gefühle zu spüren, zu ertragen, sie aufzuschreiben, aufzumalen und sie dann in der Therapiesitzung anzusprechen. Stattdessen hatte sie sie mit den Süßigkeiten zusammen heruntergeschluckt und konnte sie in der Therapie nur noch vage benennen. Auf diese Weise werden Essanfälle von einem zu behandelnden Symptom zum Widerstand gegen Einsicht und Veränderung, was ich ansprach. Schweren Herzens entschloss sich Hannah, die restlichen Süßigkeiten auf einem Schulfest ihrer Kinder zu verschenken. Zwei Wochen später kam es zu einem erneuten Essanfall, nachdem sie nachmittags wieder Süßigkeiten gekauft hatte, diesmal allerdings ohne einen äußeren Konflikt benennen zu können. Der Abend mit ihrem Mann sei sogar sehr schön gewesen. Sie fühlte sich glücklich, was sie einerseits steigern wollte, andererseits spürte sie eine vage Angst, das Glück könnte ihr aus den Händen gleiten. Deshalb fragte sie ihren normalgewichtigen Mann, ob er gern Süßigkeiten essen möchte, was er bejahte, sodass sie alles herbeiholte. Hätte er abgelehnt, hätte sie für sich allein nichts geholt. Auch hier sprach ich an, dass sie sich bereits beim Einkauf am Nachmittag für einen Essanfall entschieden hatte. Statt zu schauen, wie viel glückliche und freudige Gefühle, wie viel Erotik sie ertragen könnte, erfüllte sie zum Schein den Wunsch ihres Mannes. Statt zu Sexualität verführte sie ihn zum gemeinsamen Naschen, sodass sie alle ihre schönen Gefühle wegfutterte und am Ende träge mit vollem Bauch und Schuldgefühlen dasaß. Die freudvollen Gefühle waren dadurch in der nächsten Therapiestunde kaum noch zugänglich, sodass ich den Widerstand ansprach. Hannah wurde dadurch recht wütend auf mich. Ihr kamen einige Schimpfwörter zu mir in den Sinn: „Sie verstehen mich nicht! Sie sind ein Arsch ohne jegliche Empathie, ein Sadist, eine

schleimige Gewürzgurke, ein abgelutschter Käsekuchen, eine Nachgeburt eines Wildschweines. Sie mögen mich nicht. Ich hasse Sie." Dadurch konnten lange abgewehrte aggressive Gefühle gespürt, ausgesprochen und innerhalb unserer therapeutischen Beziehung bearbeitet werden, wobei die Schimpfwörter natürlich besonders interessant waren, die sich auf ungenießbare Nahrungsmittel bezogen. Im Gegensatz zu Süßigkeiten half ich ihr nicht, Gefühle nicht spüren zu müssen. Wie ein Wildschwein erschnüffelte ich Vergrabenes und buddelte es aus, wobei auch sie in sich ein Wildschwein fand, das sehr schlau war, Süßigkeiten besorgte und Essanfälle einfädelte. ◄

Fazit

Trotz oder gerade weil Scham ein dominierender Affekt bei allen Essstörungen ist, müssen wir in der Psychotherapie die Symptomatik genau beobachten und begrenzen, wenn sie nicht zu einem erheblichen Widerstand gegen Veränderung und Einsicht werden soll.

2.1.10 Esoterik, Religiosität und Paralleltherapien

▶ Esoterik, Religiosität und Therapien, die parallel zu einer laufenden Psychotherapie im Leben der Patientin eine wichtige Rolle spielen, können sie stabilisieren, ihr Halt und Trost geben, Erkenntnisse über sich und ihre Beziehungen zu anderen Menschen bringen, aber sie können auch zu einem Widerstand in der Psychotherapie werden, wenn Gefühle, Beruhigung und Einsichten vor allem dort statt in der Therapie gesucht werden.

Esoterik stammt vom altgriechischen „esoterikos" ab, was dem inneren Bereich zugehörig, von innen her verstehbar bedeutet. Ursprünglich eine philosophische Lehre, stellt sie in der Neuzeit eine Gegenbewegung gegen dogmatische Religionen, Wissenschaftsgläubigkeit und die Entzauberung der Welt durch den Materialismus dar. Sie verkörpert heute eine Fülle sehr unterschiedlicher Ideen und Ansätze, die dem Verstehen des eigenen Lebens und gesellschaftlicher Abläufe dienen sollen. Sie kann deshalb dem, was Fonagy und Target (2015) mit Mentalisierung bezeichnet haben, sehr förderlich sein, weil sie gut verständliche Einsichten darüber vermittelt, wie wir selbst und andere psychisch funktionieren. Sie wird der Mentalisierung allerdings dann hinderlich, wenn die vertretenen Theorien sehr vereinseitigend sind und alles, was geschieht, auf eine einzige Ursache zurückführen. Manche Methoden, wie die Familienaufstellungen nach Bert Hellinger, bringen Patientinnen zum Teil auch in erhebliche Destabilisierungen oder sogar Dekompensationen, weil es nach Haas (2005) oder Reuter (2005) der Aufstellungsarbeit an einer Konfliktverarbeitung und einer tragenden therapeutischen Beziehung mangelt. In ungefähr 20-minütigen Szenen spielt die Protagonistin sich selbst, während andere Gruppenmitglieder, die sie vorher nicht kennt, als „Stellvertreterinnen" die Rolle ihrer

Eltern oder Geschwister übernehmen. Je nachdem, wen die Protagonistin hier grade als Spielpartnerinnen erwischt, führt das zu häufig sehr starken Affektentladungen, die für einige Teilnehmende entlastend, für andere verstörend sind, bis hin zu psychotischen Dekompensationen, wie bei einigen Patientinnen, die ich in der Klinik behandelt habe. Für die Leiterinnen solcher Aufstellungen gibt es keine vorgesehenen Interventionen oder Regeln, außer solche, die sie von Hellinger selbst kennen, wie zum Beispiel die Aufforderung an die Protagonistin: „Eine Verbeugung vor deinen Eltern ist jetzt endlich fällig!" Von Familienaufstellungen nach Hellinger rate ich meinen Patientinnen deshalb ab.

> **Beispiel**
>
> Laura spürte in einer Stunde sehr mutig und selbstkritisch ihrem Erleben in Beziehungen zu ihrem Partner, aber auch zu anderen Menschen nach und gelangte zu dem Schluss: „Mein Partner wird in Gruppen immer sehr gemocht und bewundert, während ich mich dort oft unwohl fühle und am liebsten mit ihm allein bin. Wenn ich in den Spiegel schaue, ist da keine Frau, die ich lieb habe, die ich auf ihre Weise schön und klug finde. Deshalb muss ich wohl durch Manipulationen und Schuldzuweisungen immer wieder andere dazu bringen, mir zu sagen, was ich mir selbst vorm Spiegel nicht anerkennen kann." Ich war etwas erschrocken über dieses Ausmaß an Selbsteinsicht und fragte mich, ob ich zu diesem Zeitpunkt gewagt hätte, ihr so eine heikle Interpretation ihres Erlebens zu geben, weil sie vorher schon auf manch eine viel harmlosere Deutung sehr irritiert oder gekränkt reagiert hatte. Oft geht es in der Therapie zwei Schritte voran, danach wieder einen zurück. In der nächsten Stunde zeigte sie eine esoterische Variante von Widerstand. Sie habe im spirituellen Buch von Welwood (2014) etwas darüber gelesen, wie Männer und Frauen sind, das ihr offenbart hätte, worin eigentlich wirklich alle ihre Beziehungsprobleme bestünden. Männern fehle genetisch bedingt jegliche Konnektivität zu ihren Gefühlen, während Frauen viel zu viel und zu intensiv fühlen. Nicht nur ihr ginge es so, sondern überall auf der Welt sei es für alle Frauen dasselbe, was ihr Druck nähme und ihr Frieden bringe. Ich war verblüfft, dass eine Patientin, der gendern und Gleichberechtigung von Frauen und Männern sonst so wichtig waren, mit solchen Klischees daherkam, auch wenn ich die Erleichterung nachempfinden konnte, die ihr das brachte. Statt in eigene Abgründe blicken zu müssen, gibt es eine alles erfassende Erklärung, die für alle Menschen gilt. Sie hatte die wichtigsten Buchseiten fotografiert und ihrem Partner über ihr Smartphone geschickt, was auch für ihn eine Erleuchtung und Beruhigung war. Ich sagte, dass ich das Entlastende an dieser Theorie nachfühlen könne, gerade angesichts der verstörenden Selbsteinsichten der letzten Stunde, dass sie damit aber auch einen weißen Deckel auf die Abgründe lege, in die sie begonnen hatte hineinzusehen. Außerdem sei auch ich ein Mann. Wie wolle sie weiter mit mir arbeiten, wenn mir jegliche Konnektivität zu Gefühlen fehlt? Wütend entgegnete sie mir, dass ich nicht mitbekommen hätte, dass sie nach der vorigen Stunde sehr unglücklich gewesen sei und geweint hätte, während sie die Lektüre des Buches

sehr beruhigt hatte, wie es eigentlich doch die Therapie tun sollte. Mir wurde klar, dass mein Erschrecken aus der letzten Stunde über die Schnelligkeit und Tiefe ihrer Selbsteinsicht auch ein Gefühl der Patientin selbst war, ein Anzeichen, dass in der vorigen Stunde etwas zu wenig Widerstand da war und deshalb in dieser Stunde zu viel davon da ist. Hätte sie in der letzten Stunde nicht zwei, sondern nur einen Schritt voran gemacht, hätte sie heute vielleicht keinen oder nur einen halben zurück machen müssen. ◄

Neben den theistischen, durch den Glauben an einen allmächtigen Gott geprägten Religionen, wie dem Christentum, dem weltweit 2,1 Mrd. Menschen angehören, dem Islam mit 1,3 Mrd. und dem jüdischen Glauben mit 13,5 Mio. Gläubigen gibt es etwa mit dem Buddhismus mit 450 Mio. Anhängern auch viele Menschen, die einer Religion zugehörig sind, in der kein Gott, sondern eher das eigene Handeln im Vordergrund steht. Beim Karma geht es sehr um Gedanken, Gefühle und Handlungen sowie die Wirkungen der Taten, die aus Gier, Hass oder Ich-Sucht heraus erfolgen, für andere und für das eigene Selbst. Ein schlechtes Karma führt zu einer Bestrafung im nächsten Leben nach der Reinkarnation, während bei theistischen Religionen eher die Hölle oder Verdammnis droht. Das Leben bekommt durch Religionen einen Sinn, moralische Grenzen und Werte. Sie liefern Verständnis für die komplizierten menschlichen Beziehungen und geben Halt, Hoffnung und Trost. Wie der allmächtige Gott, so umhüllt und beschützt der jüdische Gebetsmantel, der Tallit, den Gläubigen im Gebet. Das Bild von Jesus am Kreuz vermittelt die Hoffnung, dass der eigene Tod und der geliebter Personen nicht das Ende von allem ist, und nimmt den Menschen dadurch existenzielle Ängste. Problematisch für eine psychische Weiterentwicklung in einer Therapie können verschiedene Aspekte werden, allen voran natürlich schuldbesetzte Verbote von sexuellen und aggressiven Impulsen, die das Leben und die Beziehungsgestaltung sehr einengen können, ferner von Wünschen nach Anerkennung, Trost und Zuneigung durch andere, die schnell als selbstsüchtig interpretiert werden und deshalb verboten sind.

Freud scheint religiöse Themen aus seinen Analysen sehr herausgehalten zu haben. „Zu den unhaltbaren Illusionen zählt Freud die Religion. Er hielt, in jeglicher Gestalt und Auswirkung, nichts von ihr" (Stroeken, 1992, S. 31). Religiöse Vorstellungen waren für ihn „Illusionen, Erfüllungen der ältesten, stärksten, dringendsten Wünsche der Menschheit; das Geheimnis ihrer Stärke ist die Stärke dieser Wünsche" (Freud, 1927, S. 352). Katharina Adler (2020), die Urenkelin von Freuds Patientin Dora, mit richtigem Namen Ida Bauer, später Ida Adler, schildert, dass Dora 1905 vom jüdischen Glauben zum Christentum konvertiert ist, zusammen mit ihrem Mann, um ihren im April 1905 geborenen Sohn taufen zu lassen. Von ihren Zweifeln an ihrem Glauben und ihren Ängsten vor Antisemitismus ist in der Falldarstellung von Freud (1905) nichts zu lesen, weil es dort keine Rolle spielte. Ich selbst bin Atheist und stehe Religionen mit Interesse und Wohlwollen gegenüber, ohne eine zu bevorzugen oder zurückzustellen. Insofern konnte ich mit Patientinnen sehr unterschiedlicher Glaubensrichtungen bisher gut arbeiten, indem ich versuche zu verstehen, was ihnen darin Halt gibt, aber auch, wann der Glaube zu einem Widerstand wird. Wer als Therapeutin selbst gläubig ist, sollte innerlich für sich klären, ob und welchen Einfluss der eigene

Glaube auf Therapien hat, einerseits mit Patientinnen desselben Glaubens, andererseits mit Patientinnen, die atheistisch sind oder einer anderen Religion angehören.

> **Beispiel**
>
> Eine junge, katholische Patientin beichtete wöchentlich, dass sie erotische Fantasien einem Kollegen gegenüber hatte, mit dem sie nicht verheiratet war, wofür ihr der Priester mehrere Rosenkranzgebete als Buße auferlegte, womit die Sünde getilgt war. In der Therapie war sie anfänglich nicht bereit, auch nur in Ansätzen über die erotischen Fantasien zu sprechen, weil sie sie dazu hätte aufrufen müssen, sich also versündigt hätte. Dadurch wurden religiöse Gebote zu einem Widerstand in der Therapie, den ich ansprach und den sie schließlich reduzieren konnte. Heute ist sie mit dem Kollegen verheiratet, hat mit ihm Kinder bekommen und kann eine erfüllte, vielfältige Sexualität mit ihm leben, die sie mit ihrem Glauben in Übereinstimmung bringen kann. Eine buddhistische Patientin wollte sich anfänglich nicht mit wichtigen, konflikthaften Aspekten ihrer Weiblichkeit befassen, weil sie es als Bestrafung für ein schlechtes Karma im vorigen Leben ansah, dass sie als Frau und nicht als Mann auf diese Welt in dieses Leben gekommen sei. Wenn sie nur genug positives Karma sammle, würde sie sicherlich im nächsten Leben wieder als Mann geboren werden. Gefühle von Ohnmacht, keinen Einfluss darauf zu haben, mit welchem Geschlecht wir geboren, ob wir einen gesunden oder kranken, schönen oder unansehnlichen Körper für unseren Lebensweg bekommen haben, waren ihr nicht zugänglich, ebenso wenig wie die Traurigkeit und Wut darüber, dass ihre Eltern sich sehr innig einen Jungen gewünscht und sie als Mädchen quasi vom ersten Tag ihres Lebens an abgelehnt hatten. Ihr Glaube gab ihr selbst die Schuld an dieser Entwertung ihrer Eltern, die sie früh als Minderwertigkeitsgefühl verinnerlichte. Die einzige Hoffnung richtete sich auf das nächste Leben. Eine therapeutische Arbeit war nur möglich, weil ich diesen Widerstand ansprach, indem ich einerseits ihre Religion akzeptierte, andererseits aber die Frage aufwarf, ob sie sich mit Aspekten und Konflikten ihres jetzigen Lebens befassen und daran etwas ändern wolle. Mit der Idee, dass eine Befassung mit dem eigenen Handeln und Denken sicherlich positives Karma ansammeln könnte, ließ sie sich schließlich darauf ein und konnte ein sehr anderes Verhältnis zu ihrer Weiblichkeit und ihrem Körper finden, natürlich auch zu ihren Eltern. ◄

Parallele Behandlungen können ebenso bereichernd und haltgebend sein wie Esoterik und Religiosität. Einzel- und Gruppentherapien können gleichzeitig nebeneinander ablaufen. Häufig wird eine Psychotherapie auch mit einer psychiatrischen Behandlung oder Paar- und Familientherapie kombiniert, ferner mit Besuchen in speziellen Therapie- oder Selbsthilfegruppen für Essgestörte, Borderline-, Angst-, Depressions-, PTBS- oder Suchtpatientinnen. Bei beruflichen Umorientierungen bietet sich manchmal Coaching an. Dadurch kann die Psychotherapie von vielerlei Aspekten und Details entlastet werden, sodass wir mehr Zeit für unsere Hauptaufgaben haben, in psychodynamischen Therapien die Bearbeitung des Fokus, in Verhaltenstherapien für die störungsspezifische Umsetzung der

Lernziele. In der Psychotherapie könnten wir Widerstände im Parallelsetting bearbeiten, sodass die Patientin sich traut, in der Paartherapie offen über ihre Sicht der Dinge zu sprechen oder warum es ihr schwerfällt, im Skillstraining bestimmte Fertigkeiten zu erlernen. Wir sollten jedoch am Beginn der Therapie oder der Parallelbehandlung klären, was genau wo passieren soll. Sonst würde die Patientin in der Einzeltherapie über Konflikte und Probleme mit anderen Mitgliedern ihrer Gruppentherapie sprechen, dort über Ängste vor dem, was ihre Einzeltherapeutin fragen oder über sie denken könnte. Oder sie würde bei der Psychiaterin über ihre inneren Konflikte oder ihre Verhaltensübungen sprechen, bei ihrer Psychotherapeutin jedoch, wie gut die Medikamente sie beruhigen und welche Nebenwirkungen sie haben. Auf diese Weise würden überall Widerstände entstehen und Veränderungsprozesse aufhalten oder ganz blockieren. Insofern ist es wichtig, immer wieder nachzufragen, was die Patientin wo anspricht und bearbeitet, und aus der Psychotherapie das Material als Widerstand zu verweisen, was anderswohin gehört.

> **Beispiel**
>
> Kai, über den ich bereits im Zusammenhang mit Telefonkontakten geschrieben hatte, hatte vor unserer Therapie einen Suizidversuch verübt, wegen dem er in einer psychiatrischen Universitätsklinik behandelt wurde. Dort lief ein zweijähriges Nachsorgeprojekt für chronisch Suizidale, das ihm die Möglichkeit bot, rund um die Uhr Kontakt zu Psychologinnen der Klinik aufzunehmen, wenn er seine Suizidalität nicht mehr kontrollieren konnte, um dann entweder durch ein Gespräch aufgefangen oder auf eine Station aufgenommen zu werden. Soweit hatte ich der Absprache zugestimmt, weil er mich nicht rund um die Uhr, sondern nur von 9 bis 21 Uhr anrufen durfte, dies aber nicht bei akuter Suizidalität. Er rief dort dann aber auch in Situationen tagsüber an, in denen er gar nicht suizidal war, ihm die Zeit bis zu unserer nächsten Therapiesitzung aber zu lange vorkam. Es gelang ihm, mit den meist jungen, unerfahrenen Psychologinnen in längere Gespräche einzusteigen, in denen sie sich nach seiner Lebensgeschichte erkundigten und sich Details des sexuellen Missbrauchs durch einen Nachbarn oder der aggressiven Übergriffe seiner Mutter schildern ließen, sodass er aufgelöst, voll Angst, mit Flashbacks oder völlig dissoziiert aus den Gesprächen ging und manchmal nicht erinnerte, wie er überhaupt nach Hause kam. In den nächsten Therapiesitzungen mussten wir den entstandenen Schaden erst einmal wieder einrenken und ihn stabilisieren. Gleichzeitig sprach ich an, dass er ein Parallelsetting, das ihm eigentlich helfen sollte, dafür nutzte, etwas zu besprechen, was eher in die Psychotherapie bei mir gehören würde, und dadurch am Ende ein Stück Stabilität und Selbststeuerung verlor, was wir beide hier mühsam aufgebaut hatten. Dadurch drohte das Parallelsetting zu einem Widerstand zu werden, anstatt unterstützend zu sein. Er konnte seine Wut ausdrücken, dass ich ihm bei Bedarf nicht mehr als die vereinbarten zwei Therapiestunden pro Woche zur Verfügung stellte, abgesehen von möglichen Anrufen in Notfällen. Zu den Psychologinnen konnte er gehen, auch wenn er gar nicht suizidal war, und über Themen sprechen, die dort gar nicht hingehörten. Durch das Aussprechen und Bearbeiten seiner

Wut auf unser Setting und mein Festhalten daran, aber auch durch die schweren Einbrüche, zu denen die Gespräche mit den Krisenpsychologinnen öfter führten, konnte er seinen Widerstand reduzieren und zu der verabredeten Aufteilung der Themen in den einzelnen Settings zurückkehren.

Mit seinem Psychiater entwickelte sich eine andere Art von Problematik. Der nahm sich viel Zeit für den Patienten, weil der Patient Arzt ist und der Psychiater ihn einerseits als Patienten, andererseits als Kollegen ansah. Immer mehr erzählte der Psychiater auch aus seinem Privatleben, inklusive erotischer Wünsche und Enttäuschungen. Vor der Facharztprüfung erzählte ihm der Psychiater von seiner eigenen Prüfung, nach der einer der Prüfer seinen damaligen Chefarzt angerufen hätte, um ihm zu sagen, dass er nur einen anderen Prüfling erlebt habe, der so dumm war wie er. Er fügte hinzu, dass er sich umbringen würde, wenn er eine andere, schwierigere Facharztprüfung machen müsste als Psychiatrie, was für den Patienten als angehenden Internisten zutraf. Alle diese Gespräche, besonders das letzte, hatten den Patienten sehr verstört. Statt die Ermutigungen seiner ihn menschlich und fachlich sehr anerkennenden Vorgesetzten und Kollegen weiter in sich zu spüren und mit Zuversicht für die Prüfung zu lernen, geriet er in Angst und lange überwundene suizidale Impulse kehrten zurück. Ich hatte schon vorher infrage gestellt, dass er immer wieder zu diesem Psychiater ging, der ihm offenbar nicht half, sondern das in unserer Therapie Erreichte beeinträchtigte. Nun forderte ich ihn auf, dort nicht mehr hinzugehen, weil ich das Verhalten des Psychiaters als nicht mehr vertretbar ansah, und empfahl, berufsethische Schritte gegen ihn einzuleiten. Das erleichterte den Patienten spürbar, weil er in mir nun einen Vater sah, der ihm verbot, zum Nachbarn zu gehen, der ihn als Kind sexuell missbraucht hatte, und juristische Schritte für sinnvoll hielt, statt wie sein Vater achselzuckend wegzuschauen. Würden wir in solchen Fällen nicht aktiv werden, weil wir uns nicht vorstellen könnten, dass ein Kollege so etwas tut, oder weil wir nichts gegen einen Kollegen sagen wollen, weil bekanntlich eine Krähe der anderen kein Auge aushackt, dann würde die Parallelbehandlung unsere Psychotherapie immer wieder beeinträchtigen. Und ich hätte meinen Patienten im Stich gelassen, statt ihn zu schützen, so wie sein Vater, was sein Vertrauen in helfende Personen vielleicht endgültig zerstört, die Therapie bei mir und alle weiteren Therapien verunmöglicht hätte. ◄

Fazit

Esoterik, Religiosität und Parallelbehandlungen sind oft sehr unterstützend und haltgebend für unsere Patientinnen. Wir sollten mit ihnen genau absprechen, welche Aufgaben, Themen und Konflikte wohin gehören, und im Therapieverlauf ansprechen, wenn sich Widerstände dadurch entwickeln, dass die Patientinnen sich nicht daran halten, sondern Dinge an Orten bearbeiten, wo sie nicht hingehören. Wenn möglich ist es sinnvoll, etwa mit Kolleginnen aus Parallelbehandlungen regelmäßig im Kontakt zu sein, um sich über den Verlauf der Arbeit mit der gemeinsamen Patientin abzustimmen.

2.1.11 Modediagnosen: ADHS, Hypersensibilität und Autismus

▶ Angesichts der besseren Akzeptanz psychischer Erkrankungen und der Zugänglichkeit von Informationen über sie, etwa im Internet oder sozialen Netzwerken, stellen Patientinnen zunehmend häufiger sich selbst eine Diagnose, vor allem Autismus, ADHS oder Hypersensibilität. Das können wichtige Hinweise sein, denn vielleicht haben wir etwas übersehen, wenn wir diese Diagnosen nicht gestellt hatten, etwa leichtere Ausprägungen von Autismus. Häufig dienen solche Diagnosen aber auch dem Widerstand, weil sie als einzige und alleinige Erklärung aller Probleme und Symptome dienen sollen, sodass die Patientin gar nicht mehr weiter suchen muss, sondern ein Medikament braucht statt therapeutische Gespräche.

Haible-Baer und Kirsch (2024, S. 159 ff.) konstatieren in einem aktuellen Beitrag über ADHS:

„Nicht selten stellen sich Menschen in psychotherapeutischen Praxen vor, die über Probleme mit ihrer Aufmerksamkeit und/oder Impulsivität klagen. Häufig haben diese Personen auch schon gleich eine Verdachtsdiagnose ‚im Gepäck': Sie vermuten, unter einer Aufmerksamkeitsdefizit-/Hyperaktivitätsstörung (ADHS) zu leiden. Sei es, dass sie zuvor im Internet einen der verfügbaren Selbsttests gemacht haben (welche als Screening-Verfahren oft eine hohe Falschpositivrate aufweisen) oder dass sie die Symptomatik aus ihrer Familie bzw. ihrem sozialen Umfeld kennen … So erreichen uns nicht wenige Anfragen von Personen, die einfach einen sehr hohen Leistungsanspruch haben. Diese sind oft nur mit sich selbst ungeduldig, etwa wenn sie nicht acht bis zehn Stunden am Stück konzentriert lernen oder arbeiten können."

Neben den diagnostischen Kriterien, die für ADHS erfüllt sein müssen, werden in der Arbeit verschiedene Erkrankungen benannt, die zu phasenweisen Symptomen von Konzentrationsstörungen und Unruhe führen, wie Depressionen, Angsterkrankungen, Borderline oder posttraumatische Belastungsstörungen, auf die dann die Behandlung auszurichten ist. Schließlich steht der letzte Buchstabe von ADHS für Syndrom, d. h. eine Ansammlung von Symptomen, von Krankheitszeichen sehr verschiedener Störungen.

Einige Patientinnen, die sich diese Diagnose stellen, möchten gern ein Medikament verordnet bekommen, einige lassen sich Methylphenidat verordnen, oft von nichtpsychiatrischen Fachärztinnen. Die konzentrationsverbessernde und beruhigende Wirkung tritt meist relativ rasch ein, sodass in der Psychotherapie nicht geklärt werden kann, was die Patientin so beunruhigt. Sie bleibt dann unter Umständen lebenslang auf das Medikament angewiesen. Die vermeintliche Diagnose und die Medikation sind dann ein Widerstand gegen das therapeutische Verstehen und Verändern des inneren Erlebens.

2.1 Äußere Rahmenwiderstände

Beispiel

Daniela, eine Patientin von mir, hatte im Internet einen dieser Selbsttests gemacht und war überzeugt, ADHS zu haben. Sie meinte, das erkläre alle ihre Probleme, sowohl die mit ihren Eltern, mit denen sie in der Therapie gerade begonnen hatte, sich zu befassen, aber auch die mit ihren beiden Kindern, die wegen psychischer Störungen in Behandlung waren, wofür sie sich sehr schuldig fühlte. Nun wisse sie, dass ihre Ungeduld und Inkonsequenz mit ihren Kindern an ihrer ADHS-Erkrankung läge, sodass sie sich nicht mehr schuldig fühlen müsse. Sie verstand ADHS als angeborene Krankheit, von der ihre Eltern nichts wussten, sodass sie nicht damit umgehen konnten, sondern sie häufig hart maßregelten und streng bestraften. In der Anamnese hatte sie sich als stilles, braves und fleißiges Kind beschrieben, als das sie auch von anderen Familienangehörigen erlebt wurde. Entsprechend machte ich sie darauf aufmerksam, dass vor dem 12. Lebensjahr keine ADHS-Anzeichen vorgelegen haben, sodass ein Hauptkriterium dieser Diagnose nicht erfüllt wäre. Ich vermutete, dass sie sich und ihre Eltern mit ihrer selbstgestellten Diagnose schützen wollte, um sich nicht weiter mit den Problemen befassen zu müssen, die bei uns im therapeutischen Prozess gerade deutlicher geworden waren. Verständlicherweise machte sie diese Widerstandsdeutung zunächst sehr ärgerlich auf mich, was ihr aber den Weg ebnete, zunächst auf mich wütend zu sein und sich mit mir auseinanderzusetzen, später auch mit ihren Eltern und mit sich selbst als Mutter. ◂

Ähnlich wie ADHS ist auch Hypersensibilität lediglich eine Beschreibung eines Erlebens von zu großer Durchlässigkeit, zu dünner oder brüchiger Außengrenzen des Ichs. Sie hängt oft mit Angst zusammen, die unsere Wahrnehmung schärft, damit wir auch die kleinste, verborgenste Gefahr in der unscheinbarsten Ecke erkennen. Borderlinepatientinnen oder Traumatisierte sind beispielsweise häufig sehr sensibel und nehmen etwas wahr, das anderen verborgen bleibt.

Etwas anders ist es mit Autismus: Als eine seit 25 Jahren auf autistische Störungen spezialisierte Psychotherapeutin fragt Wilczek (2015, S. 120 f.), ob wir es mittlerweile mit einer Modediagnose zu tun haben:

„In den letzten Jahren wächst ganz offenbar das öffentliche und mediale Interesse am Phänomen des Autismus, insbesondere an den hochfunktionalen Formen. Es häufen sich Fernsehdokumentationen, aber auch Spielfilme zum Thema und Serien, die mit eingängigen (Klischee-) Bildern des vielleicht schrulligen oder soziopathischen, aber irgendwie genialen Asperger-Autisten spielen. Darüber hinaus erscheinen populärwissenschaftliche Artikel, Internetbeiträge unterschiedlichster Quellen und Qualität, aber auch wertvolle Fach- und Betroffenenliteratur, die das Phänomen des hochfunktionalen Autismus ins Bewusstsein der Öffentlichkeit rücken. Kann man das „Asperger-Syndrom" daher also mittlerweile als so etwas wie eine Modewelle bezeichnen? … Nicht jede Auffälligkeit, die nach außen „autistisch" wirkt, hat auch ihre Wurzeln in einer entsprechenden tiefgreifenden Entwicklungsstörung! Es gibt eine Vielzahl von Störungsbildern, die Teilaspekte des Autismus beinhalten, jedoch einer anderen Ätiologie entspringen und entsprechend anders behandelt werden müssen und können."

Falsch positive Diagnosen können zu einem Widerstand werden, indem sie dazu führen, dass Patientinnen nicht behandelt werden, weil einige Patientinnen und leider auch einige Therapeutinnen Autismus für psychotherapeutisch nicht veränderbar halten. Das ist tragisch, weil bei einer falschen Positivdiagnose gar kein Autismus vorliegt und eine Therapie gut möglich gewesen wäre. Falls sich die Autismusdiagnose nach gründlicher Prüfung bestätigt, sollte trotzdem eine Psychotherapie gemacht werden, weil wir heute von einem sehr breiten Spektrum autistischer Störungen ausgehen (vgl. etwa Nissen, 2015), von denen sehr viele gut behandelbar sind, beispielsweise durch eine MBT, eine mentalisierungsbasierte Therapie. Fonagy (2003) oder Fonagy et al. (2004) beschreiben detailliert die frühen fünf Phasen der Entwicklung der Mentalisierung. Durch das Fehlen von Spiegelungen und ein mangelhaftes Containing der Gefühle des Babys erreichen Autisten meiner Erfahrung nach oft nur die dritte, die teleologische Phase, in der sie äußere Handlungen von sich selbst und anderen wahrnehmen können, aber keine Repräsentation des eigenen Erlebens oder das des Gegenübers entwickelt haben. Da sie weder wissen, was sie von anderen brauchen und wünschen, noch, was diese ihnen gegenüber empfinden und wollen, ziehen sie sich aus der Welt in einen autistischen Zustand zurück. Sich und ihre Mitmenschen spüren sie nur über körperliche, motorische Handlungen. Eine MBT kann sehr hilfreich sein, um das Gedächtnis nicht nur mit Zahlen zu füllen, sondern mit Abbildungen des Fühlens und Erlebens von sich selbst und anderen Menschen sowie von Beziehungen zu ihnen. So lange die Phasen vier und fünf der Mentalisierungsentwicklung nicht erreicht sind, können uns autistische Patientinnen nicht sagen, was sie selbst und andere innerlich erleben, meist verstehen sie die Frage danach nicht einmal. Von einer klassisch geführten Psychotherapie können sie deshalb nicht profitieren, was wie ein Widerstand wirkt, aber eigentlich mit der frühen Störung der mentalen Entwicklung zusammenhängt. Ehe wir diese Entwicklung nicht in der Therapie nachgeholt haben, können wir keine Psychotherapie im herkömmlichen Sinne durchführen, danach aber schon.

> **Beispiel**
>
> Die 23-jährige Antonia kam mit einer langen Vorgeschichte von ambulanten psychodynamischen und verhaltenstherapeutischen Behandlungen zu mir, die ihr alle kein bisschen weiter geholfen hatten, ebenso wenig wie mehrere Klinikbehandlungen oder unterschiedlichste Psychopharmaka. Antidepressiva dämpfen starke Gefühle von Traurigkeit, Neuroleptika eher starke Ängste, nebenbei auch Gefühle von Freude, Liebe und sexuelles Begehren. An der diffusen, wabernden, unverständlichen Leere in ihr konnten sie nichts ändern, weil keine Gefühle gedämpft werden können, die sie nicht erlebt. Selbst eine Infusionsbehandlung in einer Klinik mit Ketamin löste bei ihr nichts aus, glücklicherweise auch keine Halluzinationen oder Dissoziationen. In ihrer autistischen Welt war sie unerreichbar für therapeutische Interaktionen und Substanzen aller Art. Erst durch eine mentalisierungsbasierte Therapie entwickelte sie allmählich innere Repräsentanzen von sich, ihren Wünschen, Intentionen, Gefühlen und Gedanken und dem Erleben anderer Menschen. Dadurch entstanden Beziehungen und die mit ihnen verbundenen Konflikte im inneren Erleben, was eine psychodynamische Therapie über-

haupt erst ermöglichte. Das Bild vom Wachküssen, vom Beleben des Dornröschens, an dessen autistischer Dornenhecke vorher viele andere gescheitert sind, empfand die Patientin am Ende der Behandlung als ein treffendes Bild für ihre Entwicklung. ◂

Fazit

ADHS oder Hypersensibilität, ob nun vorhanden oder nur vermutet, und eine falsch positive Autismusdiagnose können zu massiven Widerständen gegen eine Psychotherapie werden. Tatsächlich vorhandener Autismus macht eine Therapie fast unmöglich, solange nicht mentale Grundfunktionen bei der Patientin nachentwickelt wurden.

2.2 Innere Rahmenwiderstände

Wenn der äußere Rahmen geregelt ist und eingehalten wird, erscheint die Patientin regelmäßig und pünktlich zu ihren Sitzungen. Nun ist die Frage, ob sie den geschützten Raum auch nutzen, vor allem, ob sie sich innerhalb der Therapiesitzungen an ihre Aufgabe und Rolle halten kann. In psychodynamischen Therapien ist die Grundregel die Hauptaufgabe der Patientin, die freie Assoziation. Ein Abweichen davon ist ein Widerstand, ebenso wie bestimmte Formen des Schweigens oder der Trennungsvermeidung. Die Hauptaufgabe der Therapeutin ist die gleichschwebende Aufmerksamkeit. Verstöße dagegen werden bei den Gegenübertragungswiderständen abgehandelt.

2.2.1 Widerstand gegen die freie Assoziation

▶ In psychodynamischen Therapien soll die Patientin keinen geordneten Wochenbericht abliefern oder sortiert über ihre Symptome sprechen. Ebenso wenig ist es nützlich, wenn sie ihre Erzählungen danach ausrichtet, was die Therapeutin scheinbar gern hören möchte, etwa indem sie sich an ihrem Blick, ihrem Gesichtsausdruck, ihrem Nicken oder an ihren verbalen Reaktionen ausrichtet. Deshalb ist die Grundregel dieser Therapien die freie Assoziation, die eigentlich leicht zu erlernen ist, aber auch immer wieder aufgegeben wird, weil sie manchmal schneller als gedacht, rascher als eine systematische, rationale Problemannäherung, zum Kern eines Problems führt. Deshalb fassen wir ein Aufgeben der freien Assoziation als Widerstand auf.

Freud (1913, S. 469) schlägt folgende anschauliche Instruktion zur freien Assoziation vor, die wir unseren Patientinnen am Beginn der Therapie geben könnten:

> „Noch eines, ehe Sie beginnen. Ihre Erzählung soll sich doch in einem Punkte von einer gewöhnlichen Konversation unterscheiden. Während Sie sonst mit Recht versuchen, in Ihrer Darstellung den Faden des Zusammenhanges festzuhalten und alle störenden Einfälle und

Nebengedanken abweisen, um nicht, wie man sagt, aus dem Hundertsten ins Tausendste zu kommen, sollen Sie hier anders vorgehen. Sie werden beobachten, dass Ihnen während Ihrer Erzählung verschiedene Gedanken kommen, welche Sie mit gewissen kritischen Einwendungen zurückweisen möchten. Sie werden versucht sein, sich zu sagen: Dies oder jenes gehört nicht hierher, oder es ist ganz unwichtig, oder es ist unsinnig, man braucht es darum nicht zu sagen. Geben Sie dieser Kritik niemals nach und sagen Sie es trotzdem, ja gerade darum, weil Sie eine Abneigung dagegen verspüren. Den Grund für diese Vorschrift – eigentlich die einzige, die Sie befolgen sollen – werden Sie später erfahren und einsehen lernen. Sagen Sie also alles, was Ihnen durch den Sinn geht. Benehmen Sie sich so, wie zum Beispiel ein Reisender, der am Fensterplatz des Eisenbahnwagens sitzt und dem im Inneren Untergebrachten beschreibt, wie sich vor seinen Blicken die Aussicht verändert. Endlich vergessen Sie nie daran, dass Sie volle Aufrichtigkeit versprochen haben, und gehen Sie nie über etwas hinweg, weil Ihnen dessen Mitteilung aus irgendeinem Grunde unangenehm ist."

Frei bedeutet also für die Patientin, nichts mit Absicht oder bewusst von der Mitteilung auszuschließen. In der Psychotherapie führen wir keine normale Konversation, wie mit einem Freund oder einer Freundin, der wir von uns emotional wichtigen Themen erzählen, darauf bedacht, nicht zu schnell das Thema zu wechseln und auf die Reaktionen des Gegenübers einzugehen. In der psychodynamischen Therapie soll die Patientin herkömmliche Konversationsregeln außer Kraft setzen. Stattdessen soll sie spontan und ungefiltert ihre Einfälle mitteilen, egal, ob sie ihr wichtig oder unwichtig, bedeutsam oder nebensächlich, rational oder emotional, schambesetzt oder erfreulich vorkommen mögen. Freuds Zugmetapher aus dem obigen Zitat ist ein schönes Bild dafür: Die aus dem Fenster schauende Person kann der Mitreisenden sagen, was sie draußen sieht, einen Wald, ein Haus, eine Kuh. Kaum benannt, ist das Gesehene aber schon wieder verschwunden. Es kann mit dem Blick nicht festgehalten werden, weil etwas anderes auftaucht, was wiederum vorbeigleitet, kaum dass es erwähnt wurde. Ganz ähnlich sollen wir nicht aus dem Zugfenster, sondern nach innen schauen und beschreiben, was dort vorübergleitet, an Gedanken, Gefühlen, inneren Bildern, Erinnerungen, Körperwahrnehmungen und Sinneseindrücken. Diese sechs Ebenen können wir der Patientin am Beginn aufzählen, damit sie weiß, dass Eindrücke aus all diesen Bereichen wichtig und erwähnenswert sind. Oft dauert es nur zwei oder drei Stunden, bis die Patientinnen diese Grundregel verstanden und verinnerlicht haben, es kommt aber im gesamten Behandlungsverlauf immer wieder dazu, dass sie die Grundregel der freien Assoziation aufgeben. Ein Grund kann sein, dass die Patientin mit einem aktuellen, sie sehr bewegenden Erlebnis in die Stunde kommt und es besprechen möchte, worauf wir natürlich eingehen, um erst nach der Bearbeitung zur freien Assoziation zurückzukehren. In diesem Zusammenhang wurde das mehrstündige Setting von zwei bis sechs Therapiesitzungen pro Woche eingeführt. Die Erfahrung zeigt, dass es bei einer Frequenz von drei oder mehr Wochenstunden vielen Patientinnen nicht mehr gelingt, die gesamte Zeit mit tagesaktuellen Themen zu füllen, sondern dass sie, wenn diese auserzählt sind, zur freien Assoziation übergehen. Ebenso soll das Hinlegen auf die Couch die freie Assoziation unterstützen, weil die Patientin entspannter ist, den Unterschied zu einer normalen Alltagskonversation besser spürt und weil sie das Gesicht der Therapeutin, die hinter dem Kopfende der Couch sitzt, nicht sehen kann. Dadurch kann sie sich weniger stark danach ausrichten, was die Therapeutin vermutlich hören möchte und was nicht. Das sind

2.2 Innere Rahmenwiderstände

alles förderliche Settingänderungen. Allerdings habe ich auch Patientinnen erlebt, die fünfmal in der Woche auf der Couch lagen und die gesamte Zeit mit tagesaktuellen Dramen füllten, anstatt frei zu assoziieren. Was am besten hilft, das ist, den Widerstand gegen die freie Assoziation anzusprechen, indem wir fragen, was es so schwer macht, ins innere Zugfenster zu schauen und einfach nur zu beschreiben, was sich dort zeigt und verschwindet. Meist können die Patientinnen schnell mitteilen, wie schwer es ist, die Kontrolle darüber aufzugeben, worüber sie uns erzählen, was in ihnen hochkommt und was sie dann mit uns besprechen. Manche machen sich vor der Stunde lieber Notizen, was sie in welcher Reihenfolge ansprechen wollen. Eine Patientin spielte im Geist vorher durch, was sie sagen würde, welche vier Möglichkeiten ich dann hätte, darauf zu antworten, wie sie auf jede der vier Varianten reagieren könnte und mit welchen Bemerkungen sie dann rechnen müsste. Sie konnte mir am Ende genau sagen, dass wir heute die Abzweigungen 3B1C genommen hatten. Natürlich hat ihr diese Stunde keinerlei Erkenntnisgewinn gebracht, allerdings auch keine unerwarteten Bilder oder Gefühle hervorgerufen, die sie hätten verunsichern oder irritieren können. Erst durch eine Besprechung ihrer Ängste vor dem Ungewissen im Gesprächsverlauf konnte sie ihren Widerstand gegen die freie Assoziation durch ein sehr hohes Kontrollbedürfnis allmählich reduzieren. Manchmal genügt auch ein Erinnern an die freie Assoziation, damit die Patientin ihren Widerstand dagegen aufgeben kann, wie im folgenden Beispiel.

Beispiel

Aus der Behandlung von Alexandra möchte ich einen kurzen Ausschnitt wiedergeben. Sie war unter anderem deshalb zur tiefenpsychologisch fundierten Therapie gekommen, weil sie nach zwei Töchtern einen Sohn bekommen hatte, diesen aber nicht so innig annehmen und lieben konnte wie die Mädchen, was sie sehr traurig machte und was sie gern verstehen und ändern wollte. In der achten Therapiestunde entspann sich folgender Dialog zwischen uns:

- Alexandra erzählt zunächst ohne jeden Affekt von einem beruflichen Ereignis, bei dem sie ein praktisches Problem recht gut lösen konnte. Dann schweigt sie eine Minute, um dann langsam und gedehnt zu sagen: „Ja, das war diese Geschichte. Und sonst habe ich viel gelesen. Mir fällt sonst nichts ein, was ich erzählen könnte." Sie gähnt.
- Ich empfinde die Szene als einen Widerstand gegen die freie Assoziation und erinnere sie an die Grundregel: „Vielleicht erinnern Sie sich an die freie Assoziation, die wir in der ersten Therapiestunde besprochen hatten, die Bitte, dass sie hier alle Gedanken, Gefühle, Bilder, Erinnerungen, Körperwahrnehmungen und Sinneseindrücke ohne Wertung, ob sie wichtig oder unwichtig sind, aussprechen."
- Alexandra: „Ach ja, Sie meinen sicher das mit dem Zugfenster. Mal schauen. Vor dem Fenster draußen sehe ich gerade die drei Bäume. Mein Sohn, der Jan, der lernt ja gerade sprechen. Er würde bestimmt sagen, drei Beine, obwohl er drei Bäume meint. Er bringt die Worte oft noch durcheinander." Sie lacht liebevoll und amüsiert.

- Mir fällt auf, dass sie seit Längerem plötzlich bei ihrem Sohn gelandet ist, der ja ein Hauptgrund für die Therapie war. Beim dritten Bein muss ich mit etwas Scham an den Penis denken, als ob sich in diesem Bild etwas über das Geschlecht ihres Sohnes ausdrückt. Ich vermute, dass sich hier die Scham der Patientin in mir abbildet. Deshalb frage ich erst einmal vorsichtig nach ihrem Sohn: „Da taucht ganz plötzlich Jan bei uns hier auf, wegen dem Sie ja eigentlich einmal hergekommen sind."
- Alexandra: „Eigentlich geht es mir ganz gut mit Jan im Moment. Nur dieses Geschlechterding, was mir so peinlich ist, das ich nicht haben will und doch habe, das verschwindet nicht. Er hängt sehr an mir. Ich hänge auch an ihm, aber anders als an den Mädchen, zu denen ich irgendwie eine stärkere Beziehung habe, eine andere Verbindung. Das mit dem Sprechenlernen bei Jan ist total süß. Er lernt gerade viele Wörter und sagt Fischlein oder Fröschlein, Verkleinerungsformen, von denen er bestimmt gar nicht weiß, dass es Verkleinerungen sind. Und er konnte auch schon immer ohne Sprache kommunizieren, mitteilen, was er will. Als er laufen konnte, hat er sich selbst geholt, was er trinken wollte, oder den Teller, den er haben wollte. Jetzt kann er es mit der Sprache ausdrücken."
- Ich bin berührt und entgegne: „Sie sprechen sehr liebevoll von ihm, aber sagen, dass irgendwas fehlt."
- Alexandra: „Ich bin schon drauf und dran, über ein viertes Kind nachzudenken. Mein Freund rastet total aus, wenn ich das nur andeute, weil ihm die drei Kinder schon genug sind. Aber ich denke ständig daran. Andererseits ist das eine gedankliche Sache, wenn ich mit Jan zusammen bin, bin ich ganz lieb mit ihm. Er ist schon okay!"
- Ich vermute zwar, das vierte Kind soll ein Mädchen werden, frage aber trotzdem nach: „Was soll denn das vierte Kind werden?"
- Alexandra stöhnt über so viel Einfältigkeit und prustet heraus: „Ein Mädchen natürlich! Aber das vierte Kind wird es ja nicht geben!"
- Ich: „Aber die Sehnsucht gibt es."
- Alexandra: „Ja, und wie, ich saß heute die ganze Nacht vorm Internet, lese schreckliche Foren, Kinderwunsch hört nicht auf." Sie weint und setzt dann fort: „Ich werde das Thema nicht los! Schon meine Oma hat immer gesagt, eigentlich hätte sie sich Jungs gewünscht und nur Schlitzgeigen bekommen. Meine Mutter sollte Karl heißen und ist nun eine Karla, ihre Schwester sollte Josef heißen und ist nun Josefine, na ja und ich sollte Alexander heißen und bin leider nur eine Alexandra. Uns allen fehlt etwas zwischen den Beinen, ja, wohl das dritte Bein. Jan hat es, obwohl ich eigentlich lieber eine Jana gehabt hätte."

Nicht jedes Mal gelangen Patientinnen mit so wenig Assoziationen zu ihrem Kernkonflikt, hier einem phallischen Konflikt, den sie dann assoziativ verfolgen, dann innehalten und sich etwas anschauen, dann wieder assoziieren. Ich habe das Beispiel sicher aus Platzgründen gewählt, aber auch, um zu veranschaulichen, wie schnell der Widerstand aufgegeben werden kann und die Patientin am entscheidenden Punkt ist. Wichtig ist, nicht auf die Details der vorherigen beruflichen Geschichte einzugehen oder ungeduldig nachzufragen, was sie denn zu erzählen hätte, warum sie denn heute nichts sagen wolle, sondern an die freie Assoziation zu erinnern und zu fragen, warum sie sie heute meidet. ◄

Üblicherweise dauern Therapiesitzungen heute 50 min. Manche beraumen Doppelsitzungen an, weil die Patientin erst nach 45 min zu den eigentlichen, zentralen Konflikten kommt. Sie hoffen, dass die Patientin durch eine Verdopplung der Zeit der Therapiesitzung auf 100 min, dann ab Minute 45 richtig in Fahrt kommt. Meist verschiebt sich aber der Zeitpunkt dann auf Minute 90 oder 95, wiederum so, dass das Heikle nur an-, aber nicht durchgesprochen werden kann. Besser wäre, den Widerstand anzusprechen, der die Patientin dazu bringt, sich erst in Minute 45 zu öffnen, oder bereits in Minute 5 den Widerstand gegen die freie Assoziation zu benennen. Wenn das gelingt, können wir meist bis Minute 25 oder 30 der frei schwebenden Assoziation freien Lauf lassen, begleitet von der gleichschwebenden Aufmerksamkeit bei uns. Dann sollten wir allmählich in den synthetischen Modus wechseln und zusammenfügen, was bei der freien Assoziation angefallen und aufgefallen ist. Oft wird sie mehrfach hin- und wieder weggehen von den heiklen Punkten. Wo am meisten Gefühle spürbar sind, das vertiefen und klären wir nun im zweiten Teil der Stunde, vielleicht kommen wir zur sogenannten "Konfrontation, dem Aufmerksammachen auf Widersprüchlichkeiten in den Einfällen, vielleicht sogar spätestens in Minute 35 zu einer Deutung von inneren Zusammenhängen oder interpersonellen Konflikten. Später sollten wir nicht deuten, um der Patientin genug Zeit zu geben, die Deutung auf sich wirken zu lassen und zu verarbeiten.

Fazit

Für die Patientinnen ist es nicht leicht, sich immer wieder auf die freie Assoziation einzulassen, weil sie sie schnell in gefährliches Fahrwasser bringt, weshalb sie lieber am Rande des Sees bleiben. Für uns ist es keine ganz leichte Aufgabe, immer wieder auf Widerstände gegen die Grundregel aufmerksam zu machen, die damit verbundenen Ängste zu verstehen und damit die Einfälle wieder in Gang zu bringen. Trotzdem hoffe ich, verdeutlicht zu haben, dass es sich lohnt und die Therapie sehr voranbringt.

2.2.2 Schweigen und Plaudern

▶ Es gibt viele Arten des Schweigens, nachdenkliches, verschlossenes, trotziges, dissoziiertes, abwartendes, kontrollierendes, hungriges, ängstliches entspannt-luftholendes Schweigen, sicher noch viele andere Varianten und zahlreiche Kombinationen davon. Oft ist es ein Widerstand, weil das meiste in der Therapie über Sprache und über einen Dialog passiert. Manchmal kann aber ein Schweigen erholsam und tröstlich sein, weil die Patientin die Erfahrung macht, nichts sagen, nichts leisten zu müssen und trotzdem hier sein zu dürfen und akzeptiert zu werden.

Eine spezielle Form des Schweigens sollten Therapeutinnen von allen anderen gut unterscheiden können. Steele (2017) beschreibt es als ein körperliches, geradezu animalisches Erstarren bei extremer Gefahr für Leib und Leben. Es tritt besonders bei traumatisierten Patientinnen auf, die durch für andere ganz unscheinbare Auslöser, wie eine Bewegung des Gegenübers, einen kaum wahrnehmbaren Geruch, bestimmte Lichtverhältnisse oder Worte an kindliche Traumatisierungen erinnert werden, dann nicht nur die alten Erinnerungsbilder vor sich haben, sondern sich vollkommen als Kind in der überwältigenden Situation fühlen, etwa mit dem Vater, der mit einer bestimmten Bewegung den sexuellen Missbrauch beginnt. Sie erstarren vor Angst, sodass sie weder sprechen noch sich bewegen, manchmal kaum noch atmen können. In Kap. 3 Kapitel beschreibe ich im Abschn. 3.2.2 über Dissoziationen ein solches Beispiel und einen möglichen Umgang damit. Diese Formen von Schweigen durch eine Erstarrung stellen auch einen Widerstand dar, weil die Patientin nicht über das sprechen kann, was sie einstmals zutiefst verstört und innerlich desorganisiert hatte, auch wenn sie es gern tun würde. Weder Deutungen noch ein gemeinsam schweigendes Aussitzen helfen hier weiter, sondern ein supportives, traumatherapeutisches Vorgehen, wie im erwähnten Abschn. 3.2.2 weiter unten dargestellt wird.

Für alle anderen Formen des Schweigens lässt sich sagen, dass die Zeiten des Schweigens von Patientin zu Patientin sehr unterschiedlich sind, ebenso wie in einzelnen Therapiephasen. In der Anfangs- und der Endphase wird oft weniger geschwiegen als in der Mittelphase, am Beginn der Stunde und in der Mitte häufiger als am Ende, denn alles, was die Patientin erst kurz vor Schluss der Sitzung anspricht, muss sie nicht mehr vertiefen. Aber auch unterschiedliche Therapeutinnen gehen sehr verschieden mit dem Schweigen um. Manche Therapeutinnen lassen ihre Patientin 20 min lang schweigen, ohne zu intervenieren, manche sogar die ganzen 50 min einer Therapiesitzung. Ich halte das für ethisch sehr problematisch und auch für eine Zeitverschwendung vor allem für die Patientin, denn die Therapeutin bekommt für die 50 min Schweigen zumindest noch ihr Honorar. Beide kommen keinen Schritt weiter im Prozess von Erkenntnis und Veränderung. Ich frage spätestens nach 5 min nach dem Grund des Schweigens. Oft können die Patientinnen dann etwas dazu sagen, etwa dass sie Angst davor haben, einem bestimmten Gedanken weiter nachzugehen, weil dann sehr viele starke, schreckliche Gefühle hochkommen würden. Eine Patientin meinte, sie würde sicherlich in Tränen ausbrechen, müsse aber direkt nach unserer Therapiestunde von 8 bis 9 Uhr zu ihrer Arbeit fahren, wo sie einen anstrengenden Tag vor sich hätte und nicht mit verschmierter Schminke erscheinen wolle. Ich konnte das gut nachvollziehen und wir überlegten, dass sie dieses schwierige Thema lieber in einer anderen Sitzung in der Woche ansprechen sollte, wo sie um 18 Uhr zu mir kam und danach nach Hause fahren würde. Da sie eine analytische Therapie machte, ging das. In einem einstündigen Setting hätte die Patientin nur diese eine Stunde um 8 Uhr und müsste danach immer zur Arbeit. Hier wäre es sinnvoll, die Sitzung so bald wie möglich in die Abendstunden zu verlegen, weil es sonst nie möglich wäre, ein Thema emotional zu vertiefen und sie am Ende der Behandlung vieles unbesprochen mit sich nähme.

Phobische Patientinnen sagen oft drei Worte und schauen die Therapeutin dann schweigend und erwartungsvoll an, ob das richtig war oder falsch, was sie gesagt hatten, ob sie in diese oder in jene Richtung weiterdenken und -sprechen sollten. Manchmal genügt ein Nicken oder zustimmendes „Mmh!" der Therapeutin, damit sie die nächsten drei Worte sagen. Oft schweigen sie aber so lange, bis die Therapeutin eine Frage stellt oder eine Anregung gibt, worüber die Patientin weiter sprechen könnte. Aber auch das bringt nicht mehr als drei Worte der Patientin, sodass sie sich mit der Therapeutin in ein kleinschrittiges Frage-Antwort-Hickhack hineinmanövriert oder schweigt, wenn die Therapeutin erschöpft oder genervt aufgibt und nicht mehr nachfragt. Insofern ist es wichtig, schon frühzeitig den

Widerstand dagegen anzusprechen, sich auf den unbekannten Weg in nebliges, ungewisses Terrain zu wagen, wenn die Therapeutin nicht jeden Fußschritt genau vorgibt. Wir könnten fragen, was geschehen könnte, wenn wir nicht jedes Mal nicken, Fragen stellen oder die weitere Richtung des Gespräches vorgäben. Die Patientinnen können dann meist sehr gut über ihre Ängste sprechen, wohin sie wohl geraten würden, wenn sie ihren eigenen Gedanken und Gefühlen folgen würden, nämlich gerade zu den Gefühlen, die sie am meisten abwehren müssen, wie Aggression, Trauer, sexuelle Wünsche oder Liebe. Manchmal hilft es auch, sich gemeinsam das Bild „Der Wanderer über dem Nebelmeer" von Caspar David Friedrich anzuschauen, auf dem der Wanderer den Berg sieht, zu dem er gern gelangen möchte. Der Weg durch ein tiefes Tal liegt aber im Nebel, im Ungewissen. Er weiß nicht so genau, welche Abgründe, Hürden, Gefahren ihn erwarten, welcher eiskalten Glätte oder welchen wilden Tieren er begegnen wird. Wir Therapeutinnen wissen es auch nicht so genau, haben aber Erfahrungen beim Bergsteigen und werden an schwierigen Stellen helfen. Trotzdem muss die Patientin auch einige Schritte selbst wagen und Risiken eingehen.

Andere Patientinnen füllen die Stunden mit Geschichten, die nur sehr wenig oder gar keinen emotionalen Gehalt haben und oft wenig mit den zentralen Grundkonflikten zu tun haben. Im Unterschied zu den Schweigenden füllen sie drei, vier oder auch fünf Wochenstunden mit Belanglosigkeiten, sodass es auch hier nichts hilft, die Stundenfrequenz immer mehr zu erhöhen, hoffend, irgendwann würden sie schon zum Wesentlichen kommen, weil ihnen die Ideen ausgehen, worüber sie plaudern könnten. Ein Ansprechen des Widerstandes wäre über die Frage möglich, ob die gerade erzählten Geschichten die Dinge betreffen, die die Patientin emotional beschäftigen, und mit den Problemen zu tun haben, derentwegen sie gekommen ist, oder ob es die Episoden sind, die nicht so aufwühlend und problematisch sind. Viele Patientinnen können dann einräumen, dass sie eigentlich andere Gefühle und Fantasien bewegen, die aber heikel sind und die sie sich nicht oder noch nicht trauen, anzusprechen. Das Wort trauen könnte uns zum Wort Vertrauen bringen, das es oft erst ermöglicht, den Mut aufzubringen, wirklich Brisantes einem anderen gegenüber anzusprechen. Oft verstärkt sich das Vertrauen, wenn wir vorsichtig, freundlich, aber doch klar den Widerstand ansprechen und akzeptieren, dass noch mehr Vertrauen entstehen muss, um sich weiter vorzuwagen. Sollte genug Vertrauen da sein, könnten wir nach der Angst fragen, was passieren würde, wenn die Patientin von den eigentlich brisanten Themen spräche. Meist befürchten sie, das Erzählen könnte zu viel Schmerz, Grauen, Ekel, Scham oder Schuld auslösen. Auch das akzeptiert die Therapeutin, versucht aber Mut zu machen, zumindest einige wenige, vorsichtige Schritte auf das gefährliche Terrain zu wagen, nur so viele, solange die Gefühle noch erträglich sind, für heute aber dann zu stoppen, wenn sie stärker und schlechter aushaltbar werden. Das Vorgehen ähnelt der systematischen Desensibilisierung, bei der sich die phobische Patientin der Spinne so weit nähert, wie die Angst noch in einem erträglichen Rahmen bleibt, und das jeden Tag ein paar Zentimeter weiter.

Beispiel

Bea sprach zum wiederholten Mal hastig und ohne Pause in einer Stunde mit leiser, tonloser, trockener Stimme, wobei die Themen wechselten, aber keine Gefühle spürbar waren. Als ich sie darauf ansprach, dass ich nicht spüren könne, welche Empfindungen sie mit den einzelnen Erzählungen verbindet, wurde sie nachdenklich. Zwischen unseren Sitzungen passiere viel, was sie sehr bewege. Davon stecke sie aber das meiste in eine Schublade, wenn sie den Praxisraum betrete, weil es doch nicht so wichtig sei, es mich vielleicht nicht interessieren würde oder weil ich sie kritisieren könne, etwa dass sie nichts an ihren bulimischen Ritualen ändere. Gleichzeitig sei ihr aber auch Schweigen sehr unangenehm, sodass sie irgendetwas erzählen müsse, etwas, das scheinbar ein Problem enthalte, aber kein so großes, dass sie weinen oder Angst bekommen könnte. Da ich aus ihrer Lebensgeschichte wusste, dass sie als Kind sehr einsam und emotional ohne Widerhall aufwachsen musste, es nicht kannte, ihre Gefühle mit jemandem zu teilen, sondern eher vermittelt bekam, andere mit ihrem emotionalen Erleben zu stören und zu belästigen, konnte ich verstehen, dass sie wirklich bedeutsame Themen hier lieber nicht ansprach. Ich würdigte, dass sie mir mitgeteilt hatte, Bewegendes vor der Stunde in eine Schublade zu tun. Gleichzeitig ermutigte ich sie, immer wieder einmal die Schublade ein kleines Stück aufzumachen, sodass nur so viele Gefühle herauskämen, wie sie ertragen und mit mir teilen könne. Sollte doch einmal mehr herausströmen, als für sie aushaltbar wäre, würde ich ihr helfen, es wieder hineinzustecken und die Schublade zu schließen. Durch dieses Bild erkannte ich ihre Abwehr an, benannte aber auch die Möglichkeit ihrer Veränderung. ◄

Fazit

Ohne ein Ansprechen des Widerstandes durch Plaudern über belanglose Geschichten könnten wir mit unseren Patientinnen viele Stunden verbringen, ohne irgendetwas zu verstehen oder zu verändern.

2.2.3 Quando me sinto só: Trennungswiderstände

▶ Seit Jahrtausenden beschäftigen sich Menschen mit dem Tod, durch den wir irgendwann geliebte Personen endgültig verlieren oder durch den unser eigenes Leben endet. Zentrum vieler Religionen ist, ob und wie es nach dem Tod weitergehen wird, in einer jenseitigen, paradiesischen Welt oder in einem nächsten Leben nach einer Wiedergeburt. Das eigentlich grausame Bild vom toten Jesus am Kreuz gibt Christen Hoffnung, weil sie fest daran glauben, dass er wieder auferstanden ist und bei seinem göttlichen Vater im Himmel weiterlebt. Ob Trennungen endgültig sind oder ob wir sie überstehen, hat im Denken und Fühlen der Menschen viel ausgelöst, so weit wir zurückschauen können. Umso erstaunlicher ist es, wie häufig Themen wie Trennung und Tod in Psychotherapien keine oder nur eine geringe Bedeutung bekommen. Widerstände dagegen, sich mit diesen heiklen Themen zu befassen, gehen nicht nur von den Patientinnen aus, sondern oft auch von den Therapeutinnen, die vor und nach ihren Urlauben oder bei dem absehbaren Ende der Therapie nicht nachfragen, wie es der Patientin damit geht.

2.2 Innere Rahmenwiderstände

Rank (1927) ergänzte Freuds Triebtheorie durch verschiedene andere menschliche Grundbedürfnisse und Ängste. Für ihn ist das Leben eine Serie von Trennungen, angefangen vom „Trauma der Geburt", einem grundlegenden Ereignis für das Kind, aber auch für die Mutter, gefolgt von der Trennung aus der engen Bindung an die Mutter, der Trennung des Jugendlichen von den Eltern in der Pubertät, der Trennung vom Heimatort, später von seinen eigenen Kindern, der Partnerin, dem Partner, bis hin zum Tod als letzter, ultimativer Trennung. All diese Trennungen lösen sehr verschiedene Gefühle aus, die sich in den Trennungen im Prozess der Psychotherapie widerspiegeln. Zur ersten Trennung kommt es bereits nach 7 Sitzungen, wenn ein Antrag auf Kostenübernahme für die Therapie an die Krankenkasse der Patientin gestellt wird, der zum Teil einige Wochen bis zur Genehmigung braucht. Alle Urlaube der Therapeutin und der Patientin stellen Trennungen dar, wobei Urlaube der Patientin von ihr selbst herbeigeführte Trennungen und deshalb meist leichter erträglich sind. Bei jeder Trennung schwingt die endgültige Trennung am Ende der Psychotherapie mit, nach der es kein Wiedersehen geben wird. Sie kommt zustande, weil Psychotherapie eine sehr nahe, sehr persönliche, doch aber eine professionelle Beziehung ist, weil die Therapeutin die Patientin zwar sympathisch findet, wörtlich übersetzt mit ihr mitleidet (vom altgriechischen „pathos" = Leid, Patientin = die Leidende), aber doch nur so lange mit ihr zusammen ist, wie sie dafür bezahlt wird. Manche Patientinnen entlastet das, weil sie durch dieses Wissen ihre Gefühle schuldfreier ausdrücken können, andere empfinden es als kränkend, nicht aus Freundschaft, sondern des Geldes und des Mitleides wegen behandelt zu werden.

Als ein Volk mit vielen Seefahrern, von denen man nie weiß, ob sie zurückkehren werden, haben die Portugiesen viele Trennungsgefühle im Fado abgebildet. In Marizas „Quando me sinto só" heißt es zum Beispiel:

> „Wenn ich einsam bin, weil du mich verlassen hast, bin ich einsamer, als ein Vagabund auf seiner Parkbank ist. Dann spüre ich Mitleid mit mir und andererseits hasse ich die ganze Welt, weil sie uns so trennt. Wenn ich mich allein fühle, schmeckt mein Mund nach Fado und ich klage wie jemand, der traurig den Kummer beweint, der ihn zu Boden drückt. Mein müdes Herz erinnert an ein altes Wasserrad, das vor Durst nach Wasser fast stirbt. Damit man es nicht so merkt, versuch' ich nicht zu schreien. Wenn man nachfragt, dann lüge ich, ich will nicht deren Mitleid. In einem verrückten Egoismus geh ich so weit, mir zu wünschen, dass du spürst, was ich spüre, wenn ich mich einsam fühle."

Das Lied klingt einerseits traurig, andererseits auch zupackend, entsprechend dem lateinischen Wort „aggredī, sich auf etwas oder jemanden zubewegen, heranschreiten, sich nähern oder angreifen. Die Trennungsaggression richtet sich gegen den Menschen, von dem wir uns verlassen fühlen, gibt uns aber auch den Schwung für einen Start ins Neue. In wenigen Worten enthält das Lied all das, was unsere Patientinnen mit kleinen und großen Trennungen verbinden, Gefühle von Einsamkeit, Hass, Traurigkeit, Angst und Energielosigkeit, aber auch die Ambivalenz, über ihre schrecklichen Gefühle zu sprechen oder sie zu verbergen, zu lügen, um kein Mitleid beim anderen auszulösen. Viele Patientinnen glauben besonders am Anfang der Therapie nicht, dass geteiltes Leid halbes Leid ist, dass

Trauer ein verarbeitendes Gefühl ist, wie das Freud (1917) in *Trauer und Melancholie* bereits beschrieb. Im Kern sagt er darin: Wer eine Trennung betrauert, wird nicht melancholisch, also nicht depressiv. Unsere Patientinnen befürchten, dass das Mitleid der Therapeutin ihr eigenes Leid verdoppeln wird oder dass sie damit die Therapeutin sehr belasten könnten. Deshalb lügen sie, wie es Mariza nennt, oder setzen der Mitteilung von Trennungsgefühlen aller Art von Widerstand entgegen. Je frühzeitiger wir diese Widerstände ansprechen und bearbeiten, umso besser wird uns die endgültige Verabschiedung am Ende der Therapie gelingen. Nicht nur Trauer und Angst können dann bewusst durchlebt werden, sondern auch Gefühle von Wut und Ohnmacht, ohne deren Bearbeitung am Ende der Therapie die große Gefahr besteht, dass sie alles Erreichte zerstören können, um die Trennung erträglicher zu machen: Wenn ich nichts erreicht habe in der Therapie, dann ist es auch nicht so schlimm, dass sie nun zu Ende ist. Sind hingegen alle Trennungsgefühle bewusst und besprechbar gewesen, kann die Patientin ein inneres Bild ihrer Therapeutin mitnehmen, das sie bis an ihr Lebensende in sich trägt und das ihr in schwierigen, konfliktreichen Zeiten innerlich zur Seite steht, das sie in einem inneren Dialog um Rat fragen kann, das sich aber auch mit ihr freut über Schönes und Erreichtes. Durchgearbeitete Trennungsaggression hilft der Patientin im Sinne des „aggredī", voranzuschreiten und ihr Leben nach der Therapie in Angriff zu nehmen. Der Durcharbeitung steht aber ein Widerstand entgegen, der im Lied „Primavera" von Mariza nach der Schilderung des Grauens einer zerbrochenen Liebe prägnant so benannt wird: „Ninguém fale em primavera." Niemand soll vom Frühling sprechen, dem so schwer vorstellbaren Neubeginn nach der schmerzlichen Trennung. Stattdessen endet das Lied mit den Worten: „Quem me dera, quem nos dera, Ter morrido nesse dia", übersetzt: „Wäre ich doch, wären wir doch an jenem Tag gestorben." Trennungsaggression kann zu Mord oder Suizid führen, aber auch zur Depression, zum inneren Zerstören von all dem, was mit dem Gegenüber entstanden ist, dem verinnerlichten Bild des Objektes sowie einem Selbstanteil, der damit verbunden ist. Durch eine Bearbeitung von Trennungswiderständen sollten wir das verhindern. In der Liveversion des Liedes im Concerto em Lisboa hört Mariza auf zu singen, nachdem sie zweimal sehr stockend und gedehnt, wie eine Warnung an sich selbst die Worte herausgepresst hat: „Ninguém fale" (niemand spricht). So wie das Publikum sie durch Zurufe animiert, weiterzusingen, können wir auch unsere Patientinnen ermutigen, weiterzusprechen, auch wenn es noch so schwer fällt. Bei Mariza kommt an dieser Stelle auf jeden Fall sehr viel Lebendigkeit und Aggression in das vorher eher traurige Lied, als sie „Primavera" herauspresst und damit den Frühling, den Neustart beginnt.

Frühgestörte reagieren sehr unterschiedlich darauf, ob die Therapeutin eine, zwei oder mehr Wochen in den Urlaub geht. Mit einigen Tagen kommen viele noch irgendwie zurecht. Ab der zweiten Woche verblasst oder zerfällt das innere Bild, die Objektrepräsentanz der Therapeutin zusehends. Sie erleben es, als sei sie gestorben, verbunden mit existenzieller Angst und Verlassenheit, in einem Ausmaß, das für uns Therapeutinnen und Therapeuten kaum nachzufühlen ist, falls wir früher nicht auch persönlichkeitsgestörte Zeiten durchlebt haben. Supportive Elemente können hier hilfreich sein, um es der Patientin zu erleichtern. Manche möchten ein Foto von der Therapeutin und ihrem Raum mit ihrem

Smartphone machen, um es im Urlaub anzuschauen und sich die Beziehung in Erinnerung zu rufen. Manche möchten einen kleinen Gegenstand aus der Praxis mitnehmen, eine Muschel, einen Stein oder einen anderen kleinen Gegenstand. Manche möchten anrufen dürfen, wenn sie in Not sind, oder eine Mail schicken, auf die die Therapeutin nur kurz mit einem Smiley antwortet, durch das die Patientin aber weiß, dass die Therapeutin noch existiert. All dies kann verhindern, dass die Objektrepräsentanz verloren geht und mit ihr auch das bisher in der therapeutischen Beziehung erreichte Vertrauen. Wir würden dann nach unserem Urlaub quasi beim Punkt Null anfangen. Das wäre kein Widerstand, sondern läge an einem falschen Umgang mit der Trennung.

Beispiel

Antonia sagte vor meinem dreiwöchigen Sommerurlaub, dass ihr die bevorstehende Trennung von mir nichts ausmache oder bedeute. Zunächst hielt ich das für keinen Widerstand, da sie eine Störung aus dem autistischen Spektrum hatte und ich vermutete, dass zu diesem frühen Zeitpunkt der Therapie noch kein inneres Bild von mir da wäre, von dem sie sich verabschieden müsste. Nach meinem Urlaub erzählte sie von mehreren Abenden, wo sie wach im Bett lag und in einer Ecke des Zimmers Schattenwesen gesehen hätte, durch die sich ihr Magen zusammengezogen und ihr Herz schneller geschlagen hätte. Da sie es nur körperlich erlebte, als „physischer Akteur", wie es Fonagy et al. (2004) nennen würde, spiegelte ich ihr, dass es vermutlich ein Gefühl von Angst war, das sich eingestellt hatte. Das Schattenwesen, das verschwand, wenn sie das Licht anknipste, brachten wir mit mir in Verbindung. Sie konnte während meines Urlaubes kein inneres Bild von mir aufrufen, auf dem etwa meine Gesichtszüge erkennbar gewesen wären. Das Schattenwesen war ein erster, noch ganz undifferenzierter schwarzer Fleck, der frühe Beginn einer inneren Repräsentanz von mir. So einsam und verloren, wie sich ihre autistische Welt anfühlte, so ängstigend war es auch, dass jemand anders in ihr und für sie Gestalt und Bedeutung annehmen sollte, vor allem, weil das Schattenwesen noch nichts Gutes oder Hilfreiches tat, sondern für sie unkontrolliert und beunruhigend in ihr auftauchte und herumgeisterte. Insofern war die schnelle Verneinung der Frage, ob der bevorstehende Urlaub etwas in ihr auslöst, doch ein Widerstand. Die Gestalt, die ich begann, in ihr anzunehmen, hatte sich bereits vor dem Urlaub entwickelt, sie wollte sie aber nicht gern wahrnehmen. ◄

Fazit

Zwei Wochen vor und zwei Wochen nach einer Therapieunterbrechung sollten wir darauf achten, ob die Patientin Trennungsgefühle anspricht, wie Angst, Wut, Traurigkeit, aber auch Freude über eine Zeit der Autonomie. Wenn sie es nicht tut, handelt es sich um einen Widerstand gegen das Erleben der Trennung, den wir benennen und bearbeiten sollten.

Widerstand durch Abwehrmechanismen

3

▶ Jeder Mensch verfügt über Abwehrmechanismen, die zu den Ich-Funktionen gerechnet werden. Psychisch gesunde oder nur leicht gestörte neurotische Menschen haben viele und reifere, persönlichkeitsgestörte und psychotische Personen haben eher wenige und primitive Abwehrmechanismen.

Abwehrmechanismen schützen uns vor Ängsten, mithin vor inneren oder äußeren Gefahren. Sie werden aktiviert, um Konflikte zu regulieren. Konflikte bestehen zwischen Wünschen, Bedürfnissen und Triebimpulsen auf der einen Seite und eng mit diesen verknüpften Gefühlen von Scham, Schuld, Angst, Ekel, Trauer, Kränkung, Ohnmacht, inneren Verboten oder Ich-Idealen auf der anderen Seite. Abwehrmechanismen führen dazu, dass zwischen beiden Seiten unbewusst Kompromisse gefunden werden, sodass Wünsche teilweise und entstellt erfüllt werden, gleichzeitig Scham- oder Schuldgefühle aber nicht zu groß werden. Deshalb stehen sie Prozessen der Bewusstwerdung, Einsicht und Veränderung entgegen, sodass sie uns in Therapien als Widerstände gegen den therapeutischen Fortschritt begegnen.

Wenn Menschen ihre inneren Ressourcen als nicht ausreichend erleben, um eine Situation zu bewältigen, dann kommt es zu einer Stressreaktion. Der Umgang damit wird Coping genannt. Lazarus (1991) unterschied drei Arten der Stressbewältigung: das problemorientierte, das bewertungsorientierte und das emotionsorientierte Coping, wobei sich die Abwehrmechanismen vor allem in letzterem wiederfinden. Beim emotionsorientierten Coping versuchen Menschen, die emotionale Erregung abzubauen, die in einer sie aufwühlenden Situation entsteht. Über die Copingforschung hat sich deshalb ein Verständnis von Abwehrformen auch weit außerhalb der Psychoanalyse verbreitet, auch wenn diese nicht immer als Ursprung erwähnt wird. So finden sich Abwehrmechanismen in der „Defense Functioning Scale" im Anhang B des DSM-IV-TR, also des Diagnostic and Statistical Manual der amerikanischen psychiatrischen Gesellschaft (APA). Danach sollte der Kliniker bis zu sieben der spezifischen Abwehrmechanismen oder Bewältigungsstile, beginnend mit dem auffälligsten, auflisten und dann die vorherrschende Abwehrstufe angeben, die von der Person gezeigt wird.

Haan (1977) meint, dass ein Mensch bewältigen wird, wenn er kann, abwehren, wenn er muss, und fragmentieren, wenn er dazu gezwungen ist. Seiffge-Krenke (2017) hat einige Langzeitstudien aus der Therapieforschung zusammengestellt, die aufzeigen, wie gravierend sich die Abwehr in einer Behandlung verändern kann.

3.1   Grundkonflikte, Abwehrmechanismen und Widerstand

▶ Abwehrmechanismen stellen Versuche dar, mehr oder weniger funktionale oder dysfunktionale Lösungen für innere Konflikte zu finden. Innerlich geraten unbewusste Wünsche und Bedürfnisse, die durch Fantasien, Gedanken oder äußere Situationen in Versuchung gebracht werden, in Konflikt mit antagonistischen Affekten. Abwehrmechanismen sollen einen Kompromiss finden, sodass ein Teil der Wünsche in verkleideter Form erfüllt werden kann, gleichzeitig aber Gefühle von Angst, Scham oder Schuld in Grenzen gehalten werden.

Standen für Freud vor allem Triebkonflikte im Vordergrund, hat die Objektbeziehungspsychologie, die heute den Mainstream der Psychoanalyse darstellt (vgl. Abel, 2023), die Palette der konflikthaften Wünsche und Grundbedürfnisse deutlich erweitert

„Insbesondere Freuds Annahme, daß sich der psychische Apparat im Gefolge der Frustration kindlicher Triebe herausbildet, schreibt nur einem spezifischen Typ von Objektbeziehungen (nämlich solchen, in denen die Bedürfnisse des Kindes frustriert werden) ein Mitwirken an der Erzeugung psychischer Strukturen und Funktionen zu. Von der freudianischen Theorie unterscheiden sich die Objektbeziehungstheorien grundlegend durch die größere Heterogenität der Beziehungsmuster, denen eine Relevanz für die Entwicklung psychischer Strukturen beigemessen wird. Objektbeziehungstheorien gehen davon aus, daß die Psyche des Kindes durch sämtliche frühen Erfahrungen mit der Bezugsperson geprägt wird." (Fonagy & Target, 2015, S. 157)

Ermann (2012, S. 66 ff.) formuliert es ähnlich:

„Wegweisend für das Verständnis des Menschen ist für diese Sichtweise die primäre Bezogenheit, d. h. die psychologisch wirksame-Eingebundenheit des Selbst in die Beziehung zum menschlichen Gegenüber vom Beginn des Lebens an. Damit rücken im Hinblick auf die Lebensgeschichte und die Ätiologie psychischer Störungen die frühen Entwicklungsstadien und Erfahrungen in das Zentrum der psychoanalytischen Betrachtung. Diese Betrachtung führte zu einer Neubewertung der Zeit vor dem Ödipuskomplex, d. h. der 3-4 präödipalen Lebensjahre, in denen es um grundsätzliche Fragen des Daseins, um Sicherheit und Urvertrauen, um Versorgung und Spiegelung und um die Entwicklung basaler Fähigkeiten und Fertigkeiten geht. Dahinter treten die Erforschung von Konflikten, die durch sexuelle und aggreßive Triebregungen hervorgerufen werden und die Bedeutung des Ödipuskomplexes der späteren Kindheit zurück. Zentral werden, nun die verinnerlichten Beziehungserfahrungen, d. h. die bewußten und unbewußten Vorstellungen, die ein Mensch von sich, seinen Bezugspersonen und den Beziehungen hat."

In den einzelnen Entwicklungsphasen des Selbst stehen bestimmte Wünsche im Vordergrund, denen antagonistische Gefühle entgegenstehen, sodass sie befriedigt, übererfüllt, versagt, beschämt, verboten oder mit Angst assoziiert werden. Wir unterscheiden folgende 4 frühe Phasen:

1. Symbiotische oder schizoide Phase (Bis zum 6. Lebensmonat): Es geht einerseits um Separation: die Differenzierung von Baby und Mutter, von Selbst und Objekt, um die Lösung aus der Symbiose mit der Mutter. Andererseits gibt es beim Baby Wünsche nach Verschmelzung, nach Verbleib oder Rückkehr in eine symbiotische Fusion, nach Entdifferenzierung zwischen dem Selbst und dem Objekt, zwischen dem Baby und der Mutter, um Einssein mit dem anderen. Den Wünschen stehen antagonistische Gefühle entgegen, den Separationswünschen eine existenzielle Angst, allein, unverbunden nicht überleben zu können, den Verschmelzungswünschen eine Angst, in einer sehr engen Symbiose ohne Grenzen zwischen Ich und Du jegliche eigene Identität zu verlieren.
2. Orale Phase (6. bis 12. Lebensmonat): Wünschen nach Trost, Geborgenheit, Beruhigung, Fürsorge, emotionaler Versorgung, Genährtwerden stehen als antagonistische Gefühle Scham oder Schuldgefühle entgegen, zu gierig, zu gefräßig zu sein, zu viel Geborgenheit, Trost oder Zuwendung zu brauchen, ferner Ekel vor den eigenen Wünschen sowie Angst, das Gegenüber aufzufressen oder durch die eigenen Wünsche zu zerstören.
3. Anale Phase (2. bis 4. Lebensjahr): Es gibt einerseits Wünsche nach Autonomie: Unabhängigkeit, Durchsetzung des eigenen Willens, Machtausübung, Kontrolle sowie Zeigen von Aggression, andererseits nach Abhängigkeit: dem Abgeben von Macht und Kontrolle, einem fremden Willen zu folgen und sich zu unterwerfen. Entgegen stehen diesen Wünschen Ängste vor Autonomie, Schuldgefühle, eigenständig sein zu wollen, Scham, aggressive Gefühle zu spüren oder zu zeigen, Scham, sich abhängig und ohnmächtig zu fühlen, sowie Schuldgefühle, nicht alles allein zu bewältigen
4. Phallische Phase (5. bis 7. Lebensjahr): Sie ist dominiert von Wünschen, in seiner Geschlechtlichkeit akzeptiert, für körperliche Attraktivität und Begabungen bewundert zu werden, in der Konkurrenz zu siegen, andere zu übertrumpfen, ein Objekt zu erobern und ein anderes dabei auszustechen, was die Eltern sein können (ödipal), aber auch die Geschwister betrifft. Konflikthaft entgegen stehen den Wünschen Gefühle von Scham, nicht attraktiv, kraftvoll, interessant, anziehend, oder klug genug zu sein, um akzeptiert zu werden, Scham, ein unerwünschter Junge oder ein unerwünschtes Mädchen zu sein, Schuldgefühle, mit anderen in Konkurrenz getreten zu sein, sie wegrivalisiert, ausgeschlossen, erniedrigt zu haben, Angst, nicht gemocht, nicht akzeptiert zu werden.

Die genannten Wünsche sind auch nach dem Ende der jeweiligen Phasen nicht erledigt oder bedeutungslos, sondern begleiten uns durch unser ganzes Leben. Sie treten aber zeitweise zugunsten anderer Wünsche in den Hintergrund. Werden sie versagt oder nur ungenügend befriedigt, verschärfen sich Konflikte in den späteren Phasen. Wenn etwa Separationswünsche nicht erfüllt werden können, weil eine Mutter ihr Kind sehr eng an sich bindet und jeden Versuch einer Loslösung aus der Symbiose verhindert, kann das Kind nur unzureichend zwischen sich selbst und dem Objekt unterscheiden, entsprechend auch nicht zwischen seinen eigenen Gefühlen und denen des anderen. Die Kämpfe um die Erfüllung von Autonomiewünschen in der analen Phase sind erschwert, weil das Kind nicht unterscheiden kann, was sein eigener Wille und was der von Mutter ist.

Es gibt keine perfekten Eltern, sondern allenfalls solche, die „good enough", d. h. hinlänglich gut sind (Winnicott, 1996, S. 677). Es ist unvermeidlich, bereits das Baby in einer altersangemessenen Weise zu frustrieren, weil nicht jeder Wunsch sofort erfüllt werden kann. Das Kind lernt, dass es keine unumschränkte Herrschaft über seine Eltern und seine Umgebung hat. Je stärker jedoch die Frustration in den einzelnen Phasen ausfällt, umso mehr werden die betroffenen Wünsche mit antagonistischen Gefühlen verbunden. Treffen die Wünsche immer wieder auf Verbote der Eltern, verinnerlicht das Kind diese Verbote in seiner moralischen Instanz, dem Über-Ich. Es spricht innerlich immer dann ein Verbot aus, wenn die betreffenden Wünsche unbewusst in Versuchung geraten und bewusst zu werden drohen, sodass Schuldgefühle entstehen. Beispielsweise können unbewusst Autonomiewünsche angeregt werden, den eigenen Willen zu bekunden, eine eigenständige Entscheidung zu treffen und zu vertreten, sich gegen den Willen eines anderen durchzusetzen, was aber vom Über-Ich als etwas Verbotenes markiert wird, dann entstehen Schuldgefühle, etwas Eigenes gewollt oder gar verlangt zu haben. Hingegen entstehen Schamgefühle, wenn Wünsche in Konflikt mit dem Ich-Ideal geraten, einer Instanz, die all die verinnerlichten Ideale enthält, wie wir aus der Sicht unserer Familie und unserer Gesellschaft sein sollen oder wie wir selbst sein wollen. Enthält das Ich-Ideal beispielsweise die Position, dass wir keinen eigenen Willen haben, sondern immer den Willen der Familie und der sozialen Gemeinschaft erfüllen sollten, schämen wir uns, sobald wir doch einmal etwas anderes wollen als die Menschen in unserer Umgebung. Angst verbindet sich mit unseren Wünschen, wenn wir immer wieder die Erfahrung machen mussten, dass etwas Schreckliches passiert, sobald wir einen bestimmten Wunsch spüren oder zeigen. Wenn beispielsweise ein trotziges Kind erlebt, dass seine Mutter angesichts seiner Forderungen oder Verweigerungen einen Herzanfall bekommt und scheinbar fast stirbt, wird es später im Leben mit Angst reagieren, wieder etwas Furchtbares auszulösen, wenn es Bekundungen des eigenen Willens oder Autonomiewünsche in sich wahrnimmt. Die Abwehr findet Kompromisse zwischen den Wünschen und den ihnen entgegen stehenden Gefühlen. Die Abwehr begegnet uns in der Therapie als Widerstand:

> „Abwehrmechanismen, die zu Widerstandszwecken eingesetzt werden, geben dem Patienten die Möglichkeit, die Geschwindigkeit des therapeutischen Prozesses zu beeinflussen und seinen Toleranzgrenzen anzupassen." (König, 1997, S. 16)

3.1 Grundkonflikte, Abwehrmechanismen und Widerstand

„Geht man davon aus, dass Patienten mit Hilfe ihres Widerstands die für sie selbst bestmöglichen Konfliktlösungen erreicht haben und damit ihr Gleichgewicht aufrechterhalten, wird man der therapeutischen Aufgabe, die günstigsten Bedingungen für den Abbau dieser Widerstände zu schaffen, besser gerecht." (Thomä & Kächele, 2006, S. 133)

Wir unterscheiden primitive und reife Abwehrmechanismen. In den nächsten Abschnitten sollen die verschiedenen Abwehrmechanismen im Einzelnen besprochen werden. In der Psychotherapie treten sie entweder nacheinander auf, manchmal aber auch gleichzeitig, sich gegenseitig überlagernd, ergänzend und ineinander verwoben. Die Therapeutin sollte sie gut kennen, um sie im therapeutischen Prozess identifizieren, voneinander unterscheiden und ansprechen zu können.

Anhand eines Beispiels möchte ich zeigen, wie verschiedene Abwehrmechanismen bei demselben Konflikt bei demselben Patienten auftreten können und zu Widerständen werden:

Beispiel

Sven ist bei einer Mutter aufgewachsen, die unter einer schweren Depression litt, sodass sie oft nicht aufstehen und sich um die Kinder kümmern konnte, immer wieder in eine psychiatrische Klinik kam und überdies durch Antidepressiva zwar im Antrieb gebessert, aber in ihrem emotionalen Erleben eingeengt und wenig einfühlsam war. Seine oralen Wünsche nach Trost, Geborgenheit, Beruhigung oder Befürsorgung konnte sie nur manchmal adäquat beantworten. Oft wirkte sie jedoch kraftlos, genervt oder überfordert, sobald er sich ihr näherte, sodass Sven verinnerlichte, seine eigentlich angemessenen oralen Wünsche seien zu viel für das Gegenüber. Er befürchtete, die Mutter auszusaugen, die letzte Lebensenergie zu rauben, beinahe zu zerstören, wodurch er sich erklärte, dass sie tagelang bewegungsunfähig im Bett lag oder sogar ins Krankenhaus gebracht werden musste. Er verknüpfte innerlich orale Wünsche mit Ängsten und Schuldgefühlen, zu gierig und zerstörerisch zu sein. Seine Wünsche und die damit verbundenen Ängste wurden angesichts der Schuldgefühle allmählich im Unbewussten abgelagert. Sven hätte diesen Konflikt bewusst so nicht benennen können. Als Erwachsener verliebte er sich in Yvonne, eine hübsche und fürsorgliche Kinderkrankenschwester. Diese Liebesbeziehung brachte bei ihm unbewusst die lange abgewehrten, oralen Wünsche in Versuchung. Endlich wollte auch er einmal befürsorgt, genährt, getröstet und umsorgt werden. Gleichzeitig mit diesen Wünschen entstanden unbewusst jedoch Schuldgefühle, zu gierig, zu fordernd, zu unverschämt zu sein, sowie die Angst, seine neue Partnerin durch seine gefräßigen Wünsche zu überfordern oder gar zu zerstören. Die Wünsche auf der einen, Schuld- und Angstgefühle auf der anderen Seite konstellierten einen oralen Konflikt. Da beide Seiten gleich stark sind, entsteht eine unerträgliche Konfliktspannung. Um sie zu reduzieren, kann Sven verschiedene Abwehrmechanismen einsetzen:

1. Verschiebung: Er kann seine oralen Wünsche weg von Yvonne verschieben, etwa auf Suchtmittel. Indem er exzessiv Alkohol im Sinne einer vergifteten Muttermilch trinkt, kann er sich einen Teil seiner oralen Wünsche erfüllen. Während des Konsums

fühlt er sich beruhigt, getröstet und geborgen. Gleichzeitig schützt er Yvonne vor seinen als zu gierig erlebten Wünschen, weil er sie von ihr weg, hin zum Alkohol verschoben hat. Deshalb muss er sich auch nicht schuldig oder angsterfüllt fühlen. Lediglich wegen der unzähmbaren Gier, mit der er den Alkohol „säuft", fühlt er sich ein wenig schuldig, was im weiteren Verlauf zu heimlichem Trinken führen kann.

2. Wendung gegen das Selbst: Durch die Schuld- und Angstgefühle, die mit oralen Wünschen verbunden sind, versagt sich Sven, sich seine Wünsche bewusst zu machen und zu erfüllen. Das löst jedoch Enttäuschungswut aus, weil es scheinbar wieder nicht möglich ist, so lange unerfüllt gebliebene orale Wünsche endlich einmal zu befriedigen. Diese Wut kann er nicht nach außen auf seine Partnerin richten, weil durch seine Enttäuschung für sie erkennbar würde, wie gierig, unverschämt und unerfüllbar seine Wünsche eigentlich sind. Deshalb wendet er seine Wut gegen das eigene Selbst, wodurch eine depressive Symptomatik entsteht. Diese führt dazu, dass sich seine Partnerin um ihn kümmert, ihn befürsorgt, ohne dass er sich schuldig fühlen muss, schließlich hat er sie nicht darum gebeten, sondern er ist krank und dafür kann er nichts.

3. Altruistische Wunschabtretung: Statt sich seine eigenen oralen Wünsche einzugestehen, projiziert er sie auf seine Partnerin, die er dann als sehr bedürftig und emotional hungrig erlebt, und kümmert sich aufopfernd um sie. Wenn er den Eindruck hat, dass sie die Geborgenheit, Befürsorgung und den Trost genießt, versetzt er sich in seiner Fantasie in ihre Lage und genießt es heimlich aus ihrer Sicht. Schwierig wird es, wenn die Partnerin gar nicht so befürsorgt werden möchte oder sich nicht dankbar genug zeigt, sodass dieser Versuch der Abwehr ins Leere läuft. Dann könnte Sven einen der anderen Abwehrmechanismen einsetzen oder sich trennen, weil wichtige Wünsche in der Beziehung nicht erfüllbar scheinen. Wenn Sven Arzt oder Psychotherapeut wäre, könnte er einen Teil seiner oralen Wünsche auf seine Patientinnen und Patienten projizieren und versuchen, sie in ihnen zu erfüllen. Da das meist auf Dauer unbefriedigend bleibt, könnte ein Helfersyndrom oder Burnout entstehen, mit vorwiegend depressiver Symptomatik, oder er könnte die unerfüllten Sehnsüchte auf Alkohol und Drogen verschieben, was angesichts der erhöhten Quote von Suchterkrankungen in Helferberufen oft zu geschehen scheint.

Die Abwehrmechanismen erklären Symptome und irrationales, sonst schwer verständliches Verhalten. Die meisten Menschen würden erwarten, dass Sven vielleicht nach einer Trennung süchtig oder depressiv reagiert, nicht aber in einer neuen Liebesbeziehung. Das wird aber durch Konflikt und Abwehr verständlich. Wie werden diese Abwehrmechanismen nun aber zu Widerständen in der Therapie, die Sven angesichts seiner Symptome beginnt?

1. Verschiebung: Sven erhofft sich, von der Therapeutin die lange ersehnte Befürsorgung und Geborgenheit zu bekommen, die er sich bei Yvonne nicht zu wünschen wagte. Gleichzeitig entstehen aber auch hier wiederum Schuldgefühle und Ängste,

zu gierig zu sein und die Therapeutin zu zerstören. Deshalb verschiebt er seine oralen Wünsche wiederum auf den Alkohol, sodass er nach dem Beginn der Behandlung noch mehr konsumiert als vorher. Je wohler und geborgener er sich in der sich vertiefenden therapeutischen Beziehung fühlt, umso mehr wird er trinken müssen. Statt sich zu bessern, verschlimmert sich die Symptomatik. Jeder Fortschritt in der Behandlung würde bedeuten, die Funktion der Sucht zu verstehen, damit aber auch der starken oralen Wünsche, die dahinterstehen. Weil sie mit Schuld- und Angstgefühlen verbunden sind, dürfen sie jedoch nicht bewusst werden. Sie müssen weiterhin auf den Alkohol verschoben werden. Hierdurch entsteht ein Widerstand gegen eine Veränderung, die die Therapie eigentlich erzielen sollte. Als Intervention wäre etwa folgendes möglich:

Sven: „Nach der letzten Stunde habe ich mich erleichtert gefühlt, aber auch irgendwie unruhig, hibbelig, ängstlich. Ich konnte mich gar nicht beruhigen. Plötzlich waren da die zwei Flaschen Wein in meiner Tasche, als ich aus dem Supermarkt kam. Zuerst habe ich nur ein paar Schlucke davon getrunken. Yvonne musste aber früh ins Bett, sodass ich dann den Rest trinken und die Flaschen verschwinden lassen konnte."

Therapeutin: „In der letzten Stunde haben Sie sich geöffnet, über verschiedene, schwierige Themen gesprochen und etwas Traurigkeit zeigen können, was Ihnen ja meistens schwerfällt. Offenbar fühlten Sie sich danach erleichtert. Dann scheint aber auch eine Angst hochgekommen zu sein, die Sie nicht ertragen konnten. Können Sie mir mehr darüber erzählen?"

Sven: „Für die Angst habe ich keine Worte. Es war einfach nur eine große, unangenehme Unruhe. Ich erinnere aber den Gedanken, Sie müssten abends nach der Arbeit völlig erschöpft und ausgelaugt sein, wenn Sie den ganzen Tag solche Patienten wie mich hatten. Deshalb bin ich heute mit dem Vorsatz gekommen, heute und in den nächsten Stunden nicht zu weinen."

Therapeutin: „Weil Sie befürchten, mich mit Ihren Gefühlen von Traurigkeit zu überfordern und auszulaugen, wollen Sie sie lieber nicht mehr zeigen, sondern mit Wein betäuben. Dabei sind Sie ja eigentlich hier, um sich emotional zu öffnen und sich mitzuteilen. Können Sie mir sagen, was passieren würde, wenn Sie sich hier mehr und mehr öffnen und Ihre Gefühle zeigen würden?"

Sven: „Ich glaube, Sie würden das vielleicht noch eine Zeit lang erdulden, denn es ist ja Ihr Beruf, dann aber denken, nun muss es doch einmal gut sein mit dem Heulen und ich sollte mich einfach mehr zusammen nehmen. Vielleicht würden Sie die Therapie beenden, weil ich Ihnen zu viel bin oder mir eben nicht zu helfen ist."

Die Therapeutin entscheidet sich, ihre Gefühle, die der Patient in ihr in der Gegenübertragung auslöst, partiell mitzuteilen: „Ich habe unsere letzte Sitzung nicht als anstrengend empfunden. Wenn Sie sich zeigen und emotional öffnen, kann ich mit Ihnen mitfühlen. Das erleichtert es mir, Sie besser zu verstehen, als wenn Sie emotional verschlossen sind oder über Themen sprechen, die Sie emotional nicht bewegen."

Sven: „Das überrascht mich, dass Gefühle wichtig sein sollen, um jemanden zu verstehen. Ich dachte immer, anderen sehr angenehm zu sein, weil ich nicht so viel rumjammere, sie nicht mit meinen Gefühlen behellige, sondern mich zurücknehme oder über praktische Dinge spreche."

Therapeutin: „Dann hatten Sie im Grunde keine Gelegenheit, sich einmal emotional zu erleichtern oder Trost zu finden. Das ist auf Dauer sehr anstrengend für Sie. In der Therapie ist es sehr wichtig, dass die Gefühle hier spürbar sein dürfen, damit ich Sie verstehe und damit sich in Ihnen etwas bewegen und verändern kann. Vielleicht können wir in jeder Stunde aufs Neue schauen, wie weit Sie sich öffnen können. Wenn die Angst entsteht, Sie könnten mich mit Ihren Gefühlen belasten, teilen Sie mir das bitte mit, damit Sie nicht nach der Stunde allein damit sind. Wir können dadurch gemeinsam das Tempo unserer Arbeit hier regulieren."

Es sollte immer zuerst der Widerstand angesprochen werden, ehe wir die für einzelne Therapieverfahren typischen Techniken einsetzen. Wenn es dem Patienten gelingt, allmählich seinen Widerstand zu reduzieren, sodass er mehr von seinen oralen Wünschen, Ängsten und Schuldgefühlen zeigen kann, ist es möglich, Svens offenkundige Übertragung seiner überforderten, ausgelaugten Mutter auf die Therapeutin anzusprechen, die in der obigen Szene enthalten ist. Eine zu frühe genetische Deutung der Übertragung würde allenfalls zu einer rationalen Erkenntnis führen, den Widerstand aber nicht reduzieren.

2. Wendung gegen das Selbst: Ähnlich wie bei seiner Partnerin, wird es Sven auch bei seiner Therapeutin nur selten und vorsichtig riskieren, seine oralen Wünsche bewusst werden zu lassen. Wiederum macht es ihn wütend, auch hier orale Wünsche nicht erfüllen zu können, worauf er nun schon so lange verzichten musste. Um die Wut nicht erkennbar werden zu lassen, richtet er sie gegen sich selbst, sodass die depressive Symptomatik sich weiter verschlechtert, statt sich durch die Therapie zu verbessern. Zu therapeutischen Einsichten könnte er unter diesen Umständen nicht kommen, solange ihm der Abwehrmechanismus nicht bewusst wird, der diesem Widerstand zugrunde liegt.

Sven: „Nach der letzten Therapiesitzung fühlte ich mich sehr kraftlos, bedrückt, erschöpft und deprimiert. Ich fragte mich, ob mir die Therapie wirklich helfen kann, denn nur reden verändert ja nichts. Dadurch wird meine Depression auch nicht besser."

Therapeutin: „Es klingt, als wären Sie unzufrieden gewesen mit dem, was Sie hier in der letzten Sitzung bekommen haben."

Sven bemüht sich erschrocken, den Eindruck von Ärger zu vertuschen: „Nein, nein! Ich war nicht unzufrieden mit der Sitzung, sondern, wenn überhaupt, mit mir. Ich habe mich nur gefragt, ob eine Körpertherapie, Hypnose oder ein Medikament nicht besser gegen meine Depressionen helfen würden."

Therapeutin: „Was stellen Sie sich darunter vor? Wodurch würden Ihnen diese Behandlungen helfen?"

3.1 Grundkonflikte, Abwehrmechanismen und Widerstand

Sven: „Eine Körpertherapie würde bestimmt eine schöne Massage bedeuten, sodass mein Körper weniger schwer und verspannt wäre. Hypnose hieße, endlich mal abschalten, weg sein, nicht grübeln, und wenn ich aufwache, geht es mir viel besser. Ein Medikament würde mir alle traurigen Gefühle wegnehmen."

Therapeutin: „Sie wünschen sich all das insgeheim auch hier von mir. Deshalb sind Sie unzufrieden damit, dass ich Ihnen hier nichts von ihren bedrückenden, traurigen Gefühlen und Grübeleien abnehme."

Sven: „Bei Ihnen spreche ich darüber, worüber ich nachdenke, Sie stellen ein paar Fragen. Ich versuche, die Fragen sachlich und kurz zu beantworten. Mehr ist hier eben nicht möglich."

Therapeutin: „Ich glaube, dass hier mehr möglich ist. Wenn Sie den Mut aufbringen würden, mir mehr von Ihren Gefühlen zu zeigen, könnte etwas passieren, was der Volksmund mit der Weisheit beschreibt: Geteiltes Leid ist halbes Leid."

Sven verdreht genervt die Augen: „Diesen blöden Spruch habe ich nie verstanden. Was dabei herauskommt, das ist doch am Ende verdoppeltes Leid, weil ich jemanden anders mit meinem Leid belade, zusätzlich zu dessen eigenem Leid, und weil ich mich selbst dann schuldig fühle dafür, was ich dem anderen aufgebürdet habe."

Therapeutin: „Jetzt verstehe ich durch den Hauch von Ärger bei Ihnen besser, wie Sie sich das Teilen von Gefühlen vorstellen und warum Sie es unbedingt vermeiden möchten. Gleichzeitig haben Sie mit Ihren Gedanken über Körpertherapie, Hypnose und Medikamente aber ausgedrückt, dass es Ihnen nur besser gehen könnte, wenn sich an Ihren Gefühlen etwas verändert, wenn es irgendwie ginge, Trauriges und Bedrückendes loszuwerden. Lassen Sie uns doch einmal gemeinsam vorsichtig versuchen, ob das mit dem Teilen von Leid nicht doch auch anders geht, als Sie sich das bisher vorstellen. Sie könnten damit beginnen, mir so wie heute Ihre Unzufriedenheit mit einer Sitzung mitzuteilen, wenn Sie sie empfinden. Dann können wir schauen, was Sie eigentlich gebraucht hätten, was Ihnen gut getan hätte und warum Sie es nicht ausdrücken konnten."

Es ist der Therapeutin wichtig, dass der Patient versteht und akzeptiert, worum es bei diesem Prozess geht, und dass er den Mut hat, sich darauf einzulassen. Widerstände lösen sich nicht von allein auf, oder durch eine Selbsterkenntnis des Patienten. Deshalb muss die Therapeutin den Patienten dafür gewinnen, sich darauf einzulassen, die Aggression nicht länger gegen sich zu richten, sondern sie mehr und mehr in den therapeutischen Prozess einzubringen, damit verbunden aber auch die oralen Wünsche, die dahinterstehen.

3. Altruistische Wunschabtretung: Sollte sich Sven dieses Abwehrmechanismus bedienen, wird der Beginn der Therapie besonders schwierig. Er wird versuchen, die Therapeutin zu befürsorgen, damit seine eigenen oralen Wünsche ihr gegenüber nicht erkennbar werden, sondern er sie sich heimlich erfüllen kann, indem er sich um die Therapeutin kümmert. Er wird sie am Beginn der Stunde fragen, wie es ihr denn ginge. Wenn sie sich nach dem Hintergrund der Frage erkundigt, wird er ein-

fühlsam erläutern, wie schwer ihr Beruf sicherlich sei, wie müde sie aussehe, wie viel sie vermutlich arbeite oder ob sie sehr schwierige Patienten hätte. Auch wenn sich diese Fragen am Beginn jeder Stunde wiederholen, wird Sven damit doch nicht dauerhaft die Therapiezeit füllen können. Er wird versuchen, sie aufzuheitern, mit interessanten Geschichten zu unterhalten oder zumindest ein möglichst pflegeleichter Patient zu sein und ihr nichts abzuverlangen, um ihr wenigstens auf diese Weise etwas Gutes zu tun. Dadurch wird die altruistische Wunschabtretung zu einem Widerstand gegen das Bewusstwerden von seinen eigenen oralen Wünschen und den damit verbundenen Schuld- und Angstgefühlen. Wird er von der Therapeutin nicht erkannt und ins Gespräch gebracht, wird Sven die Therapie bereits in einem sehr frühen Stadium abbrechen.

Therapeutin: „Eigentlich sind Sie hergekommen, damit ich Ihnen helfe. Mir fällt aber auf, dass Sie sich eher um mich kümmern möchten. Vielleicht ist es leichter für Sie, sich um das Wohlergehen eines anderen zu sorgen, als selbst im Mittelpunkt von Fürsorge zu stehen, weil Sie befürchten, dass das dem Gegenüber unangenehm sein oder schnell zu viel werden würde."

Sven reagiert mit einem halb erschrockenen und halb angewiderten Gesichtsausdruck: „Als Sie sagten, „im Mittelpunkt von Fürsorge zu stehen", habe ich ein unangenehmes Gefühl von Ekel empfunden. In mir tauchte das Bild eines kleinen, dicken Kindes auf, dem der Rotz aus Mund und Nase läuft, das sabbert und heult, weil es irgendwas haben will. Das ist einfach widerlich!"

Therapeutin: „Sie befürchten, ich könnte Sie so wahrnehmen wie dieses Kind, sobald Sie hier Wünsche zeigen, und mich dann angewidert abwenden. Deshalb tun Sie alles, um Ihre eigenen Wünsche nicht zuzulassen. Stattdessen beschäftigen Sie sich lieber mit meinen Bedürfnissen."

Sven wirkt traurig und erinnert: „Es gab eine Reihe von Leuten, die mir eine gewisse Zeit sehr nahe standen, denen ich ständig bei emotionalen Problemen geholfen habe. Ständig heulte sich Claudia bei mir aus, aber kaum versuchte ich ihr etwas über die Probleme mit meinem Chef zu erzählen, die mich sehr belasteten, hob sie die Hände und sagte, das könne sie jetzt nicht ertragen, dass ich ihr jetzt auch noch was aufbürden wolle, wo es ihr schon so schlecht gehe und sie so viel tragen müsse. Bei Telefonaten legte sie oft einfach auf und blockierte mich, wenn ich begann, von mir etwas zu erzählen, als wenn ich gefährlich wäre, bedrohlich, ihr den Rest geben könnte bei ihrer Last. Oder Lilly oder Judith, von denen hatte ich Ihnen ja Ähnliches erzählt. Oder meine Mutter, die ich ständig tröstete und aufheiterte. Aber jedes Mal, wenn ich nur zu ihr kam, schaute sie mich so angewidert und überfordert an, als störte ich sie. Einmal hörte ich sie zu einer Sozialarbeiterin sagen, wie anstrengend und unverschämt ich sei, weil ich ständig was von ihr wolle. Wahrscheinlich bin ich einfach jämmerlich, wenn ich emotional was will von anderen."

Therapeutin: „Diese Befürchtung hält sie vermutlich schon Ihr ganzes Leben lang davon ab, Ihre Gefühle mit anderen zu teilen. Es wäre wichtig, dass sich daran etwas ändert, damit es Ihnen besser geht. Vielleicht sollten wir hier schauen, was Sie brauchen, wenn Sie den Impuls verspüren, sich um mich zu kümmern." ◄

Fazit

Bei Erwachsenen geraten durch äußere Situationen, in zwischenmenschlichen Beziehungen oder durch innere Fantasien unbewusst bestimmte Wünsche in Versuchung. Gleichzeitig mit ihnen werden jedoch die antagonistischen Gefühle von Schuld, Scham oder Angst aktiviert, die mit diesen Wünschen verbunden sind. Dadurch entsteht ein Konflikt. Die Aufgabe der Abwehr ist es, die damit verbundene Konfliktspannung in ein erträgliches Ausmaß zu reduzieren. Das geschieht meistens durch eine Kompromissbildung: Die Wünsche werden nur zu einem kleinen Teil und in verkleideter Form bewusst, sodass nicht so starke Schuld-, Scham- oder Angstgefühle entstehen müssen. Alle Menschen verfügen über mehrere Abwehrmechanismen. Je größer die Anzahl der Abwehrmechanismen ist und je vielfältiger sie sind, umso besser kommt ein Mensch im Leben mit den unvermeidlichen Konflikten zurecht, umso vielseitiger sind seine Beziehungen, umso unterschiedlicher und verflochtener sind aber auch seine Widerstände im therapeutischen Prozess. Auf welch unterschiedliche Weise das im Einzelnen geschieht, wird in den folgenden Abschnitten beschrieben.

3.2 Widerstände durch primitive Abwehrmechanismen

▶ Primitive Abwehrmechanismen sind recht grobe Maßnahmen, um das Selbst vor dem Zerfall zu bewahren und Beziehungen zu anderen Menschen aufrechtzuerhalten.

Auf sie greifen Menschen zumeist in größter innerer Not zurück, entweder weil sie als Erwachsene in eine lebensbedrohliche oder traumatische Situation geraten oder weil sie als Kind in emotionaler Vernachlässigung oder Gewalt aufwachsen, sodass sie nie wirklich aus einem inneren Notzustand herauskommen. Für Außenstehende sind diese Abwehrmechanismen recht leicht erkennbar. Für die Therapeutin ist es aber oft schwer, sie anzusprechen, weil sie die letzte Bastion vor dem psychischen Zusammenbruch sind. Meist ist zunächst eine tragfähige Arbeitsbeziehung vonnöten, sodass die Therapeutin zu einem Selbstobjekt geworden ist, das der Patientin bei der Regulation des Selbst hilft, ehe sie die Abwehrmechanismen reduzieren oder aufgeben kann.

3.2.1 Verleugnung

Bei der Verleugnung wird einer Wahrnehmung ihr Wirklichkeitscharakter aberkannt, wenn sie für einen Menschen zu bedrohlich ist. Etwas Existentes wird als inexistent empfunden, etwas Geschehenes als ungeschehen, nach dem Motto: „Es kann nicht sein, was nicht sein darf!" Eine besondere Rolle spielt die Verleugnung bei schweren somatischen Erkrankungen, Ess- und Persönlichkeitsstörungen sowie bei Psychosen, bei denen die Realität in erheblichem Ausmaß nicht mehr wahrgenommen wird.

Verleugnung bei schweren körperlichen Erkrankungen

▶ Bei schweren körperlichen Erkrankungen spielt die Verleugnung eine große Rolle.

So kann eine Patientin bei einer Krebserkrankung sich selbst und anderen gegenüber behaupten, sie sei nicht krank oder ihre Krebsart sei eine ungefährliche Erkrankung. Selbst wenn erhebliche körperliche Auswirkungen der Krankheit oder der Behandlungen erkennbar sind, wird sie behaupten, es gehe ihr sehr gut und sie sei körperlich völlig fit. Ihren körperlichen Verfall „blendet sie aus", denn würde sie ihn anerkennen, müsste sie existenzielle Todesängste spüren und ertragen. In der Psychoonkologie wird diskutiert, wie viel Verleugnung einer Patientin belassen werden sollte, damit sie nicht zu depressiv oder panisch wird, was die Compliance, das Befolgen der Behandlungsmaßnahmen beeinträchtigen würde, und wo die Verleugnung zu stark ist, sodass sich die Patientin für gesund hält und nicht angemessen behandeln lässt.

König (1997, S. 13) schreibt dazu:

„Leugnung einer Krankheit oder ihrer Schwere kann bewirken, daß ein Patient sich nicht an die ärztlichen Verordnungen hält, sie kann aber auch das Leben verlängern, zum Beispiel durch die Vermeidung von Streß, der das Immunsystem lähmen und damit die Wahrscheinlichkeit eines Krebsrezidivs erhöhen könnte. Auch durch Abwehr verzerrte Beurteilungen, zum Beispiel das Überschätzen einer Überlebenschance, können so eine lebensverlängernde Funktion haben; zumindest können sie die Lebensqualität eines Patienten verbessern, indem sie Angst vermindern und Hoffnung ermöglichen."

Die Psychiaterin Elisabet Kübler-Ross (2014) arbeitete in den 1960er-Jahren an der University of Chicago mit Sterbenden, aber auch mit Ärzten und Pflegekräften. Dabei machte sie die Erfahrung, dass viele von ihnen der Realität des nahenden Todes ihrer Patientinnen und Patienten aus dem Weg gingen. Deshalb sprach sie sich für Ehrlichkeit in den Gesprächen mit Sterbenden aus. Sie fragte direkt nach ihren Gefühlen und Gedanken und wollte von ihnen lernen, welche Hilfe sie sich erhoffen und wie man mit ihnen umgehen sollte. Daraus leitete sie fünf Phasen des Sterbens ab, die Menschen, zumeist auch ihre Angehörigen, typischerweise durchleben müssen. Diese Phasen gelten auch für andere Verluste, etwa von geliebten Menschen, eines Arbeitsplatzes, aber auch von körperlichen Funktionen bei einer eintretenden Behinderung oder chronischen Krankheit. Es gibt keine feststehende Reihenfolge. Einzelne Phasen können auch ganz fehlen:

1. Nicht-wahrhaben-wollen (Leugnen): Eine Diagnose wird geleugnet, indem sie als Fehldiagnose betrachtet wird, oder sie wird anerkannt, aber ihre Gefährlichkeit oder infauste Prognose wird verleugnet. Es ist schwer, mit den Patientinnen ins Gespräch zu kommen. Notwendige Behandlungsmaßnahmen lehnen sie zum Teil ab. Manche kaufen von Heilern angepriesene Vitamintabletten, um eine schwere Krebserkrankung zu behandeln. Einige kommen bis zu ihrem Tod nicht über diese Phase hinaus. Falls es

sich um Angehörige handelt, etwa Eltern todkranker Kinder, die die Krankheit ihres Kindes verleugnen, lehnen sie ärztlich angebotene Behandlungen ihres Kindes ab. Ärztinnen sollten in dieser Phase versuchen, Vertrauen aufzubauen, um mit ihren Patientinnen und deren Angehörigen ins Gespräch zu kommen und als Unterstützung wahrgenommen zu werden.
2. Zorn: Die Frage „Warum ich?" führt bei den Kranken zu starken Gefühlen von Neid und Zorn auf alle diejenigen, die nicht an der Krankheit leiden und weiterleben werden, wie Ärztinnen, Pflegende oder Angehörige. Die Betreuenden sollten den Zorn nicht persönlich nehmen, sondern den Kranken die Möglichkeit geben, diese Gefühle auszudrücken.
3. Verhandeln: Wenn die Fruchtlosigkeit des Kämpfens erkannt wird, kommt es zu einer Regression in kindliche Zustände. Die Kranken hoffen, mit Gott oder dem Schicksal einen Handel abschließen zu können, sodass sie als Belohnung für Handlungen oder Gedanken überleben oder zumindest länger leben dürfen. Manchmal spielen dabei Schuldgefühle eine Rolle, zum Beispiel Lungenkrebs wegen jahrelangem Zigarettenkonsum selbst verursacht zu haben. Das Gelöbnis, nie wieder zu rauchen, sofern man überlebt, wäre so ein Versuch, zu verhandeln. Für Behandelnde ist es hier wichtig, über die Schuldgefühle zu sprechen. wie im Beispiel Zigarettenkonsum durch ihre Lebensführung tatsächlich einen gewissen Beitrag für die Entstehung der Krankheit geleistet haben, sollten sie es anerkennen, bedauern und sich vielleicht verzeihen können. Handelt es sich um irrationale Schuldgefühle, mit denen zum Teil das Erleben von Ohnmacht und Ausgeliefertsein abgewehrt wird, etwa durch ein zu freundliches oder unfreundliches Verhalten anderen gegenüber, durch Verstöße gegen Glaubensregeln oder Ähnliches eine tödliche Krankheit selbst verursacht zu haben, brauchen die Patientinnen Hilfe bei der Entkräftung dieser Schuldgefühle.
4. Depression: Nützen Kampf und Verhandeln nichts, sehen sich Menschen mit der Verzweiflung über die Verluste konfrontiert, solche, die schon stattgefunden haben, etwa der Brust nach einer Operation, unwiederbringlich verlorener Körperfunktionen, oder solcher, die noch bevorstehen, etwa der Verlust des Lebens, der Angehörigen oder lieb gewonnener Tätigkeiten. Behandelnde und Angehörige sollten den Kranken in dieser Phase beistehen, diese zutiefst schmerzlichen Verluste zu betrauern, weil Trauer ein verarbeitendes Gefühl ist. Kann sie nicht gespürt und geteilt werden, entsteht oft eine Depression, wie dies Freud (1917) in *Trauer und Melancholie* bereits beschrieben hatte. Ein gemeinsames Trauern mit den Angehörigen kann dazu beitragen, sich an gemeinsam Erlebtes zu erinnern, einander Gefühle von Liebe und Zuneigung auszudrücken, die so deutlich vielleicht noch nie oder lange nicht mehr benannt wurden, sich aber auch Verletzendes oder Konflikthaftes zu verzeihen. Die Angehörigen können den Sterbenden versichern, dass sie in ihnen weiterleben werden, was oft etwas Tröstliches hat.
5. Annahme: Der Kampf ist vorbei, der Schmerz durchgestanden. Die Sterbenden erwarten ihren Tod. Probleme der Außenwelt sind unwichtig. Angehörige sollten in dieser Phase eher zuhören und zeigen, dass sie die Kranken bis zum Tod begleiten.

Die Phasen zwei bis fünf verlangen den Kranken, den Behandelnden und den Angehörigen sehr viel ab. Starke emotionale Erschütterungen müssen ertragen und verarbeitet werden. Insofern ist es zutiefst verständlich, dass manche Menschen aus den drei genannten Gruppen in der Verleugnung steckenbleiben, weil es ihnen an Mut und Kraft fehlt, all das auszuhalten, was dieser Abwehrmechanismus von ihnen fernhält. Ärztinnen, Psychotherapeutinnen und Pflegekräfte haben hier eine besondere Verantwortung. Sie brauchen einerseits geeignete Fortbildungen, um mit Sterbenden umzugehen. Andererseits sah es Kübler-Ross (2014) als wichtige Voraussetzung an, dass sich Behandelnde mit ihren Gefühlen und Gedanken zu ihrem eigenen Tod emotional auseinandersetzen, um sich in die Gefühlswelt Sterbender wirklich hineinversetzen und ihnen helfen zu können.

Beispiel

Siegbert ist an einem metastasierten Leberkrebs erkrankt. Nach mehreren Chemotherapien und Strahlenbehandlungen ist er abgemagert wie ein Skelett und hat alle Haare verloren. Als die Ärztin ihn in seinem Klinikzimmer aufsucht, kann er selbst wenige Schritte nicht gehen, ohne von ihr gestützt zu werden. Er sagt jedoch: „Mir geht es so gut, dass ich wohl morgen, am Samstag, nach der Visite entlassen werde. Ich kann mir gut vorstellen, am Montag wieder zur Arbeit zu gehen." Die Ärztin, der klar war, dass er nur noch wenige Tage zu leben hatte, widersprach ihm nicht, um ihn nicht zu entmutigen. Indem er die Verleugnung seines Zustandes aufrechterhalten konnte, blieben ihm bis kurz vor seinem Tod Todesängste und Gefühle von Trauer, Depressivität, Ohnmacht und Wut erspart. Gleichzeitig konnte er sich am Wochenende nicht von seinen Angehörigen verabschieden, die ihn besuchten. Einiges blieb dadurch ungesagt und ungeklärt, was er ihnen bei Anerkennung seines nahenden Todes vielleicht noch hätte mitteilen oder mitgeben oder mit ihnen klären wollen. Seine Frau war zwar von der Ärztin über seinen nahenden Tod informiert worden, wagte es aber nicht, ihren Mann darauf anzusprechen, weil sie sich vor seinen und ihren Gefühlen fürchtete. Am besagten Montag ist er in ihrem Beisein verstorben. ◀

Neben der Beschäftigung mit den eigenen Gefühlen zu Tod und Sterben lohnt sich für Ärztinnen die Lektüre der Interpretation des grimmschen Arztmärchens „Gevatter Tod" von Eugen Drewermann (1992). Das zentrale, konflikthafte Motiv im Märchen ist der junge Arzt, der am Bett seiner Kranken steht und im Unterschied zu allen anderen im Raum den Tod entweder zu ihren Häuptern oder zu ihren Füßen sieht. Im ersteren Fall ist Heilung durch ein Kräutlein möglich, im zweiten Fall gehört die Patientin dem Tod. Für sie ist „kein Kraut mehr gewachsen", so heißt es im Märchen und so hat es der Volksmund übernommen. Das Bild von der Ärztin am Krankenbett drückt sehr anschaulich aus, wie es Ärztinnen und Ärzten oft ergeht: Im Unterschied zu allen anderen im Raum sehen sie, ob die Kranken sterben müssen oder ob ihnen geholfen werden kann. Diese Wahrnehmung ist eine schwere Bürde, ebenso wie die Ohnmacht, jemanden nicht retten zu können. Eine Möglichkeit, um damit fertigzuwerden, ist, den Tod zu verleugnen, ihn nicht wahrzunehmen. Einen anderen Weg schlägt das Märchen vor, nämlich zu versuchen, den Tod zu überlisten, was der Arzt jedoch mit einem hohen Preis bezahlen muss. Nur wenn wir emotional respektieren können, dass der Tod unser Gevatter, d. h. unser Pate ist, wird sich die Bürde verringern, ihn zu Häupten oder zu Füßen der Kranken zu sehen. Durch die Palliativmedizin und die Hospizbewegung wurde die Begleitung des Sterbenden in den letzten Jahrzehnten immer mehr zu einem Teil ärztlicher Tätigkeit, weil dort der Tod anerkannt statt verleugnet wird.

Verleugnung bei Psychosen

▶ Verleugnung ist bei allen schizophrenen und affektiven Psychosen einer der Hauptabwehrmechanismen. Es wird sowohl die äußere Realität verleugnet, angefangen von der Lufttemperatur bis hin zu den anderen Menschen und ihren Anliegen und Funktionen, als auch die innere Realität, wer die betreffende Person ist und was sie gerade kann.

Anna Freud (1936) betrachtete die Verleugnung als einen Abwehrmechanismus, der häufig bei Kindern vorkommt und dort ganz normal ist. Kinder verleugnen, klein, abhängig, unterlegen zu sein, indem sie im Spiel oder in der Fantasie etwas Großartiges sind und in dem Moment fest daran glauben. Im Normalfall können sie die Verleugnung aber auch wieder aufgeben:

> „Wer eben noch Pferd oder Elefant war und wiehernd oder trompetend auf allen vieren gegangen ist, muß imstande sein, im nächsten Augenblick verhältnismäßig still und gesittet bei Tisch zu sitzen. Der Löwenbändiger muß sich selber wieder irgendeinem Kindermädchen unterwerfen können, der Abenteurer oder Pirat es sich gefallen lassen, ins Bett geschickt zu werden, gerade wenn in der Welt der Erwachsenen das Interessanteste beginnt. Das Wohlwollen des Erwachsenen für den Verleugnungsmechanismus des Kindes hört in dem Augenblick auf, in dem der Übergang zwischen Phantasie und Realität sich nicht mehr glatt, momentan und reibungslos vollzieht, in dem das Kind aus der Phantasie Konsequenzen für sein wirkliches Benehmen ableiten will, oder noch schärfer ausgedrückt: in dem Augenblick, in dem die Phantasietätigkeit des Kindes aufhört, Spiel zu sein und zum Automatismus oder Zwang wird. (A. Freud, 1936, S. 87)

Taucht die Verleugnung bei Erwachsenen auf, kann dies bis zur schizophrenen Psychose führen:

> „Unter den Bedingungen der durch Synthese geeinigten erwachsenen Ich-Organisation verschwindet sie und taucht erst dort wieder auf, wo die Beziehung zur Realität schwer gestört und die Realitätsprüfung eingestellt ist. In der psychotischen Wahnbildung zum Beispiel dient ein Stück Holz, nicht anders wie ein solcher Schutzgegenstand in der Kindheit, zur Darstellung ersehnter oder verlorener Objekte." (A. Freud, 1936, S. 91 f.)

Für Mentzos (2009) ist die Verleugnung auch für affektive Psychosen typisch:

„Dies gilt besonders für die Manie: Die eindeutig stark gehobene (vorwiegend heitere, gelegentlich aber auch gereizte) Stimmung, der gesteigerte Bewegungs- und Rededrang, die Lockerung der Assoziationen mit daraus resultierender Ideenflucht, die den Beobachter frappierende Enthemmung, die unsinnigen Einkäufe beim Kaufrausch, das verminderte Schlafbedürfnis, die Tendenz zu Selbstüberschätzung, der kritiklose Überoptimismus, der bagatellisierende Umgang mit Problemen und die starke Verleugnung der intrapsychischen und der äußeren Realität sind zusammengenommen unverkennbare Charakteristika der Manie. Die Selbstüberschätzung kann sich bis zum Größenwahn steigern, oft wird der Betreffende durch seine Impulsivität, Enthemmung und Kritiklosigkeit gefährlich für sich und für die Umgebung."

Beispiel

Alesja kam mit 20 am Beginn der 1990er-Jahre als deutschstämmige Aussiedlerin von Russland nach Deutschland, wo sie sehr schnell fließend deutsch sprechen lernte und eine Einzimmerwohnung in einem Hochhaus am Rande von Berlin bekam. Sie kannte niemanden in Deutschland, da sie ihre Mutter und ihre wenigen Verwandten in Russland zurückgelassen hatte. Deshalb fühlte sie sich in ihrer neuen Wohnung zutiefst verlassen und verloren. Sie entwickelte eine paranoid-halluzinatorische Schizophrenie. Sie glaubte, wie Margarita in Michael Bulgakows Buch *Der Meister und Margarita* über magische Fähigkeiten zu verfügen. Barfuß und nur mit einem kurzen Hemd bekleidet lief sie bei großer Kälte durch die verschneiten Straßen von Berlin, um den Menschen Liebe zu schenken, indem sie große, ausholende Handbewegungen machte und alle, die ihr begegneten, strahlend anlächelte. Schließlich wurde sie aufgegriffen und auf eine geschlossene psychiatrische Station gebracht. Sie berichtete mir, dass sie die Kälte des Schnees an ihren Füßen nicht gespürt habe. Ihr Körper sei voll von Liebe und deshalb ganz warm gewesen. Da Margarita nackt auf einem Besen durch die Stadt flog, war es für Alesja nicht anstößig, fast nackt durch Berlin zu laufen. Auch auf der Station weigerte sie sich, mehr als ein dünnes Nachthemd zu tragen. Sie verleugnete ihre existenzielle Einsamkeit, ihre Schutzlosigkeit, die Kälte des Winters, aber auch das Ungewöhnliche ihrer äußeren Erscheinung und die Reaktionen anderer Menschen darauf. Sie verstand nicht, dass ein Mitpatient sie als junge, schlanke, schöne Frau mit langen schwarzen Haaren sah und sexuell attraktiv fand. Als ich das ansprach, bezeichnete sie den Mitpatienten als verrückt, weil sie sich nicht vorstellen konnte, dass jemand anders etwas anderes in ihr sehen könnte, als sie selbst. Sie war aber auch nicht beunruhigt, weil sie als Margarita magische Fähigkeiten besaß, sodass sie nicht zweifelte, Zudringlichkeiten abwehren zu können. Nach der Einnahme von Neuroleptika klang die psychotische Symptomatik relativ schnell ab. Alesja entwickelte eine postpsychotische Depression mit starker Suizidalität. Das Medikament hatte ihre Verleugnungen aufgehoben. Sie fror wieder, wenn sie nicht ausreichend bekleidet war, schämte sich für das, was sie in der Psychose getan hatte, weil sie die Wahrnehmung der anderen auch nicht mehr verleugnen konnte, und sie bekam Zugang zu den existenziellen Gefühlen von Einsamkeit, Verlassenheit, Trauer und panischer Angst vor der Zukunft ganz allein auf sich gestellt in einem völlig unbekannten Land, das überdies gerade von einer Welle von Fremdenfeindlichkeit erschüttert wurde. Ich half ihr, diese Gefühle zu spüren, zu ertragen und mit mir zu teilen, sodass sie den Verlust von Mutter und Heimat betrauern und sich ihrer Angst vor ihrer Zukunft stellen konnte. Sie wurde schließlich entlassen, begann eine Ausbildung zur Krankenschwester, fand Freunde, einen Partner und wurde allmählich heimisch in Deutschland. Schizophrene Phasen traten, soweit mir bekannt, bei Alesja nicht mehr auf, da sie nach ihrer Klinikentlassung weiterhin medikamentös und psychotherapeutisch behandelt wurde, bis auch die Medikamente abgesetzt und die Therapie beendet werden konnten. ◂

Psychotische Verleugnungen lassen sich auch ohne Medikamente, allein durch Psychotherapie aufheben. Das bedarf jedoch einer viel längeren Zeit und einer vertrauensvollen, tragfähigen Arbeitsbeziehung. Insofern sind Medikamente ein Segen, allerdings nur dann, wenn in der Phase der postpsychotischen Depression, die nach den meisten psychotischen Phasen auftritt, jemand da ist, der mit der Patientin spricht, Zeit und inneren Raum hat, um ihre Gefühle zu teilen und ihr geduldig zu helfen, damit fertigzuwerden. Leider sind in den letzten Jahrzehnten die Stellen für Psychologen in Kliniken immer mehr reduziert worden, ebenso wie die Zeiteinheiten für Gespräche auf psychiatrischen Akutstationen, die Patienten offiziell zustehen. Wenn Verleugnungen sehr schnell aufgehoben werden und Patientinnen den Schutz dieser Abwehr verlieren, sind sie plötzlich zumeist existenziellen Gefühlen ausgesetzt, mit denen sie allein auf sich gestellt oft nicht fertigwerden. Ist niemand da, der ihnen zur Seite stehen kann, besteht die Gefahr, dass sie sich suizidieren, schwer depressiv werden oder dass die psychotische Symptomatik, d. h. die Verleugnung, trotz Medikament zurückkehrt. Einige Patientinnen nehmen heimlich die Medikamente nicht mehr ein, um wieder verleugnen zu können, was sie nicht ertragen.

Verleugnung bei Ess- und Persönlichkeitsstörungen

▸ Bei Essstörungen, wie der Anorexie, Bulimie oder der Binge-Eating-Störung, kann es zu massiven Verleugnungen kommen, vor allem dann, wenn sie sich auf der Grundlage einer Borderlinepersönlichkeitsstörung entwickelt haben. Sie betreffen einerseits das zu hohe oder niedrige Körpergewicht, andererseits die massiven körperlichen Folgen der Erkrankungen.

Angesichts ihrer Körperschemastörungen verleugnen die Patientinnen, dass ihr Körpergewicht zu niedrig ist, obwohl fast alle aus ihrem Umfeld ihnen entsprechende Rückmeldungen geben. Sie beharren darauf, zu dick zu sein und noch viel mehr abnehmen zu müssen. Auch körperliche Probleme, wie das Aussetzen der Menstruationsblutungen, Schwäche oder Schmerzen werden entweder nicht wahrgenommen oder auf andere Gründe zurückgeführt. Diese Verleugnung kann längere Zeit durch therapeutische Gespräche nicht überwunden werden, da die Patientinnen erst andere, reifere Abwehrmechanismen entwickeln und in ihrem Leben etablieren müssen, ehe sie die Verleugnung allmählich reduzieren und ablegen können. Deshalb wird etwa in der übertragungsfokussierten Psychotherapie (Yeomans et al., 2017) mit einer Therapievereinbarung gearbeitet, der die Patientin bereits vor Beginn der Behandlung zustimmen muss. Sie regelt, dass sie sich regelmäßig in einer Allgemeinarztpraxis nur in Unterwäsche wiegen lassen muss, je mehr Untergewicht sie hat, umso öfter. Von dort bringt sie einmal im Monat, wöchentlich oder mehrmals in der Woche ein unterstempeltes und unterschriebenes Attest mit, dass ihr aktuelles Körpergewicht enthält. Da sich die Patientinnen Steine oder andere schwere Gegenstände in die Taschen stecken oder mehrere Pullover übereinanderziehen, um ihr wahres Gewicht beim Wiegen zu verschleiern, ist es wichtig, ein Arrangement zu finden, wo sie zum Beispiel von einer Arzthelferin fast unbekleidet gewogen werden. Die meisten Psychotherapeutinnen können und wollen das nicht in ihrer eigenen Praxis machen. Mit der betreffenden Allgemeinarztpraxis sollte das Arrangement aber abgesprochen werden.

Oftmals verlangen die Patientinnen, das Attest in einem verschlossenen Umschlag zu erhalten, um ihr Gewicht nicht sehen zu müssen. Sie schließen dann auch auf der Waage die Augen. In der Psychotherapie kann die Therapeutin dann nach den Gefühlen fragen, die ausgelöst würden, wenn sie der Patientin mitteilen würde, was auf dem Attest steht. Dadurch erschließen sich erste Ängste, vielleicht auch Wünsche, die die Verleugnung auslösen. Wenn diese von der Therapeutin contained, verstanden und versprachlicht werden, fühlt sich die Patientin etwas entlastet und kann die Verleugnung reduzieren. Sie wird dann selbst hinschauen, was sie wiegt, und der Therapeutin einen offenen Zettel übergeben. Trotzdem wird sie ihr Gewicht nicht als zu gering betrachten, weder bei sich noch bei einer anorektischen Freundin. Im Gegenteil: Sie wird weiterhin versuchen, abzunehmen. Deshalb enthält die Therapievereinbarung einen Wert für ein Mindestgewicht, etwa bei einem BMI von 15,0 oder in einigen Fällen auch 14,5. Wird dieser Wert unterschritten, kommt es zu einer Unterbrechung der Psychotherapie. Die Patientin muss sich in einer Klinik behandeln lassen, bis das Mindestgewicht wieder überschritten ist und die Psychotherapie fortgesetzt wird. Der Verleugnung des eigenen Untergewichts kann am Beginn der Behandlung nur auf dem Weg einer solchen Grenzsetzung begegnet werden, weil die Patientin einer Besprechung unzugänglich wäre. Einige Patientinnen testen, ob die Therapeutin wirklich ernst macht und die Psychotherapie unterbricht, wenn das Mindestgewicht unterschritten ist, natürlich auch, ob sie sofort wieder zurückkehren kann, sobald sie es überschreitet. Die meisten Patientinnen balancieren längere Zeit im Bereich kurz über dem Mindestgewicht, ohne es je zu unterschreiten. Für sie ist die Besorgnis der Therapeutin wichtig, aber auch das Wissen, dass es hier eine Grenze gibt, die trotz innerer Verleugnung nicht unterschritten werden kann. Über das Wahrnehmen der Zahlen und das Akzeptieren der Untergrenze wird die Verleugnung gelockert. Das Gewicht, seine Schwankungen, die Auslöser dafür, die damit verbundenen Gefühle können in der Therapie mehr und mehr besprochen werden, sodass das Untergewicht nicht mehr verleugnet werden muss, sondern als Indikator für emotionale Konflikte gesehen wird.

3.2.2 Dissoziationen

▶ Das Erleben des Menschen ist zusammengesetzt aus Wahrnehmungen aller unserer sechs Sinneskanäle, aus Denkprozessen, bewussten und unbewussten Gefühlen sowie aus Handlungsimpulsen, die alle komplex miteinander assoziiert, d. h. verbunden und integriert sind. Bei einer Dissoziation kommt es zu sehr unterschiedlichen Trennungen dieser Assoziationen, zu einer Desintegration und Fragmentierung des Bewusstseins. Eigentlich zusammengehörige Denk-, Handlungs-, Wahrnehmungs- oder Gefühlsabläufe zerfallen in weitgehend getrennte, unkontrollierte Teile und Einzelerscheinungen.

Bereits 1889 prägte Pierre Janet den Begriff der Dissoziation als Folge von Traumatisierungen, die bis heute als eine der Hauptursachen betrachtet werden. Ins DSM (Diagnostic and Statistical Manual of Mental Disorders der American Psychiatric Association) wurden die vielfältigen Symptome, die Dissoziationen auslösen, 1980 aufgenommen, in die ICD10 der Weltgesundheitsorganisation 1992. Dissoziationen kommen in leichterer Form bei fast allen Menschen einmal vor, etwa im Gefühl, nach einem Verkehrsunfall oder einem erschreckenden Erlebnis eine Zeit lang neben sich zu stehen. Ambulante psychiatrische Patientinnen haben in 15 %, stationäre sogar in 30 % der Fälle ausgeprägte Dissoziationen.

Die sehr vielfältigen Formen der Dissoziationen lassen sich drei Hauptgruppen zuordnen:

1. Derealisation: Es kommt zu einer Trennung zwischen dem Selbst und der äußeren Realität, die als fremd, unwirklich, weit entfernt, wie eine Scheinwelt, dem eigenen Erleben unverbunden, wie hinter einem dichten Nebel, einer dicken Scheibe Glas, wie ein Albtraum oder ein Traum, der hoffentlich bald endet, wahrgenommen wird. Innerlich herrscht eine völlige Gefühlsleere, bisweilen aber auch starke Angst oder ein Gefühl von Verlassensein und Verlorenheit.
2. Depersonalisation: Die Person fühlt sich fremd im eigenen Körper, der ihr nicht zu gehören scheint, der sich teilweise äußerlich normal bewegen kann, teilweise in völliger Lähmung (Stupor) erstarrt und nicht mehr gesteuert werden kann, teilweise von epilepsieähnlichen Anfällen ohne Bewusstlosigkeit, von Krämpfen oder Zittern (Tremor) erschüttert wird. Meist kommt es zu einer Autoskopie, wobei der eigene Körper von außen wahrgenommen wird, von der Decke des Zimmers aus oder einer Position rechts oberhalb der rechten Schulter, manchmal auch von innen aus einer leeren Bauchhöhle heraus.
3. Dissoziierte Selbstanteile: In uns allen sind Selbstanteile aus verschiedenen Entwicklungsphasen gespeichert. Sie entstehen in Zweierbeziehungen zu anderen Menschen, mit denen wir emotional auf sehr unterschiedliche Weise verbunden sind, etwa wenn wir uns über die liebevolle Geste unserer Mutter freuen oder über die Wut unseres Vaters verängstigt sind. Wir verinnerlichen diese Erfahrungen, indem Imagines, in-

nere Bilder von uns selbst und dem anderen, dem Objekt, die durch die erlebten Gefühle verbunden sind, als innere Zweierbeziehungen, als Dyaden, in unserem emotionalen Gedächtnis zum Teil bewusst, zum Teil unbewusst gespeichert werden. Die Verbindungen zwischen diesen Selbstanteilen bzw. diesen Dyaden können mehr oder weniger stark voneinander getrennt werden. Im Extremfall einer multiplen Persönlichkeit übernimmt zum Beispiel ein fünfjähriger Selbstanteil einer Patientin, der ängstlich mit einem wütenden Vaterbild verbunden ist, die völlige Steuerung des psychischen Geschehens, ohne dass es irgendeinen Zugang zu anderen jüngeren Ichs, zu jugendlichen Selbstanteilen oder der erwachsenen inneren Person gibt. Die Fünfjährige erinnert sich nicht an die Tageszeiten, in denen sie nicht im Vordergrund war, sondern andere Selbstanteile, ebenso wenig wie sich diese an die Zeit der Fünfjährigen erinnern können. Es kommt zu einer Amnesie für größere Teile des Tages oder der Woche. Wenn die Dissoziation nicht ganz so stark ausfällt, sind hinter der Fünfjährigen noch andere Selbstanteile und das erwachsene Ich zu spüren oder zu erahnen, allerdings blass und kaum kontaktierbar. Wenn jüngere Ichs im Vordergrund stehen, ist ein adäquates, erwachsenes Verhalten in vielen Situationen kaum noch möglich. Stehen Objektimagines, d. h. verinnerlichte Bilder anderer Menschen auf diese Weise im Handlungsvordergrund, wirkt das Verhalten der Patientin wie besessen von einem fremden Geist. Wenn bei einer Identifikation mit dem Aggressor ein Täterobjekt die Handlungen steuert, kann das Opfer von Traumatisierungen zum Täter werden und dasselbe, was es einst als Kind durchleiden musste, einem anderen Menschen zufügen, etwa Gewalt oder sexuellen Missbrauch. Je stärker die Verbindung zum Opferselbstanteil getrennt ist, umso weniger Scham- oder Schuldgefühle entstehen dabei beim Täteranteil.

Dissoziationen werden von den Patientinnen am Beginn der Therapie teilweise benannt, weil sie ihnen schon bewusst geworden sind, teilweise aber auch nicht, weil sie zum normalen, alltäglichen Leben gehören. Dann sollte die Therapeutin sie ansprechen und klären, wenn dissoziative Phänomene aus dem Alltagsleben geschildert werden oder sich direkt im therapeutischen Kontakt zeigen. Ihre Bearbeitung und stufenweise Verminderung sollten im ersten Teil der Behandlung im Vordergrund stehen, da die Patientin sonst weder in der Therapie ankommen noch eine tragfähige Arbeitsbeziehung zur Therapeutin entwickeln kann. Oft bilden sich dann Dissoziationen überraschend schnell zurück. Andernfalls werden sie zu einem kaum überwindbaren Widerstand gegen Erkenntnisse und Veränderungen.

Beispiel

Lena ist 23 und gerät kurz nach dem Beginn der Therapiesitzung in einen Zustand der Derealisation. Alles scheint ihr hinter einer dicken Glaswand zu sein, wirkt weit weg und fremd. Meine Stimme erreicht sie wie aus einer anderen Welt. Sie wirkt äußerlich wie erstarrt, sitzt völlig bewegungslos da, kann nicht sprechen, auch auf meine Fragen nicht antworten, nicht einmal durch Nicken. Ich hole ihr ein Glas Wasser und halte es leicht an ihre Hand, sodass sie die Kühle des Wassers spürt und das Glas mit großer Kraftanstrengung ergreifen und schließlich einen Schluck nehmen kann. Eine andere Möglichkeit wäre gewesen, ihr eine geöffnete Flasche mit Ammoniak unter die Nase zu halten, einen Eisbeutel in die Hand zu legen oder etwas Ähnliches. In der Dialektisch behavioralen Therapie nach Linehan (2008) sind verschiedene solche Reize enthalten, die sehr starke Derealisierungen verbessern können, an denen der Therapeut mit Worten nichts ändern kann. Bereits in den Vorgesprächen der Therapie und später in der Anfangsphase wird mit der Patientin eine Liste von Reizen erstellt, die ihr gut aus diesen Extremzuständen heraushelfen. Sie stellt sich eine Notausstattung zusammen und hat dann immer eine Kapsel Ammoniak, eine Tüte Chiligummitiere, einen Igelball, ein Gummi oder etwas anderes, das stärkere Reize auslöst, dabei. Sie kann es entweder selbst einsetzen oder mit Bezugspersonen besprechen, es ihr in solchen Zuständen zu geben. Oft ersetzen diese Skills selbstverletzendes Verhalten, wie sich selbst Schnittwunden oder Verbrennungen zuzufügen, die bei Borderlinepatientinnen oder Traumatisierten oft dazu gedient hatten, aus quälenden Derealisationen herauszukommen. In der Therapiesitzung wollen wir nicht, dass sich die Patientin schneidet, sondern unsere Aufgabe ist es, ihr andere Wege zu zeigen, aus der Derealisation herauszukommen.

Wenn die Patientin wieder etwas sprechen kann, könnte die Übung „1, 2, 3, 4, 5" folgen. Darin fordere ich Lena auf, mir zunächst eine Sache zu nennen, die sie sieht, eine die sie hört und eine die sie an sich spürt, danach 2, 3, 4 und schließlich 5. Nachdem es ihr erst noch schwerfällt, etwas zu sagen, etwas zu benennen, geht es immer leichter. Ohne diese und andere Techniken, die ursprünglich von Betroffenen entdeckt und für hilfreich empfunden und später von der Verhaltenstherapie in der DBT weiterentwickelt wurden, kämen wir nicht in Kontakt mit einer derealisierten Patientin, sondern Lena würde im schlimmsten Fall die ganze Stunde stuporös erstarrt vor mir sitzen. Es würde jeglichen therapeutischen Dialog verhindern, jegliche Veränderungen, wäre also ein massiver Widerstand in der Behandlung.

Nachdem Lena wieder sprechen kann, hat sich die Glaswand, die sie zwischen sich und der Welt erlebt, sehr verdünnt. Ich frage sie, ob sie erinnert, was diesen Zustand ausgelöst hat, welcher Trigger. Sie erinnert sich, dass sie meinen Blick beim Kommen und bei der Begrüßung als ernst, fast streng erlebt hat, was an Vaters strenges, böses Gesicht erinnerte, das oft der Vorbote für seine Schläge mit der Hand oder mit Gegenständen war, die sich durch viele Jahre ihrer Kindheit zogen. Sie fühlte sich dabei wie in einem Albtraum, der bald aufhören musste, später weit weg, wie hinter einem Glas, so als geschähe das gar nicht ihr. In der Pubertät hatte sie begonnen, sich kleinere Schnittverletzungen an den Armen und Beinen zuzufügen, die anfangs aus diesen Derealisationszuständen heraushalfen. Später spürte sie oberflächlichere Schnitte kaum noch, ebenso wenig wie etwas schwächere Schläge vom Vater, sodass sie sich sehr tiefe Schnitte zufügte, die breite Narben hinterließen und oft notärztlich behandelt werden mussten. Durch das Erlernen der Skills und ein Aufmerksamwerden auf Trigger konnte sie bald auf Selbstverletzungen verzichten und Derealisationen selbst abfangen, ehe sie zu stark wurden, bevor sie im weiteren Therapieverlauf ganz verschwanden. Hilfreich war auch, dass ich etwas zu ihrer Wahrnehmung sagte, ich hätte streng gewirkt, indem ich in mich hineinspürte und mitteilte, dass es die letzte Sitzung am Tag war und ich mich etwas erschöpft und angespannt gefühlt hatte, als sie kam, sodass ich wohl etwas weniger offen und freundlich bei der Begrüßung war als sonst. Das bestätigt die Wahrnehmung der Patientin, dass etwas anders war, hilft ihr aber auch, zu verstehen, dass so ein Gesicht nicht immer Wut und drohende Gewalt bedeuten muss. Durch die verbesserte Fremdwahrnehmung reduzierten sich Derealisationen zusätzlich. Deutlich wird, dass hier weitaus mehr nötig ist als eine Spiegelung, Interpretation oder Deutung des Geschehens. Ich hatte beim Beginn der geschilderten Derealisation zu Lena gesagt: „Sie wirken heute ganz weit weg." Selbst wenn Lena mir hätte antworten können, wäre allein dadurch die Derealisation nicht wesentlich besser geworden.

Lena hatte bereits in den Vorgesprächen auch Depersonalisationen. Sie spürte ihren Körper nicht mehr als zu sich gehörig, sondern glitt in eine Wahrnehmungsposition weit oben an der Decke des Zimmers, von wo aus sie eine ihr fremde junge Frau sah, die nicht sie war. Ich hatte das Gefühl, dass sie wie über eine Fremde sprach, wenn sie von sich und ihren Erfahrungen der letzten Tage erzählte. Als ich ihr das spiegelte, konnte sie mir von ihrer Position an der Decke erzählen. Auslöser war hier ein leichter Duft nach Desinfektionsmittel, als sie den Praxisraum betrat, der sie an den Geruch von Alkohol erinnerte, der bei ihrem Vater oft der Vorbote für einen sexuellen Missbrauch war. Sie hatte diese Missbrauchssituationen als Kind von oben, von der Decke aus gesehen, was die erlittenen Schmerzen, die entsetzliche Angst und den Ekel sehr verminderten, manchmal sogar ganz ausschalteten. Auch hier war die Besprechung des Triggers, des alkoholähnlichen Geruches wichtig, um besser zu erahnen, dass sie eine Depersonalisation erleiden könnte. Ich erklärte ihr, dass es sich um Desinfektionsmittel gehandelt haben könnte, dass ich mir vor der Sitzung auf die Hände gesprüht hatte. Ich bot ihr an, die Imagination des inneren Beobachters zu erlernen (Reddemann, 2021). Wir erläutern, dass jeder Mensch einen Teil in sich hat, der nur beobachtet, ohne dabei etwas zu fühlen, wie eine Art neutraler Geschichtsschreiber. Mit diesem Beobachterteil begibt sich die Patientin ganz bewusst in die Position außerhalb von sich selbst, die sie aus Depersonalisationen kennt. Lena schickte den Beobachter an die Decke. Ich fragte ihn nach seiner Wahrnehmung: „Was macht der Körper?" Der Beobachter schilderte, wie der Körper weit vorn auf dem Stuhl sitzt, die Füße angespannt auf dem Boden stehen, die Arme verkrampft vor der Brust sind und das Gesicht blass und weiß wirkt. Danach fragte ich den Beobachter : „Was machen die Gefühle?" Dieser konnte ein flaues Angstgefühl wahrnehmen, sowie Scham. Als Drittes fragte ich den Beobachter nach den Gedanken, die dieser als wirr, durcheinander, abbrechend beschrieb. Bei späteren Beobachterimaginationen bot ich als Unterstützung an, Lena könne versuchen, sich die Gefühle als Farben vorzustellen und die Gedanken als Tiere, was ihr half, ein noch differenzierteres Bild des Innenlebens zu bekommen. Am Ende bitte ich den Beobachter, nun wieder in den Körper zurückzukehren und hebe dadurch die künstlich erzeugte Depersonalisation wieder auf. Dadurch lernte Lena, ganz bewusst und selbstgesteuert einen ähnlichen Zustand wie in einer Dissoziation herbeizuführen, dadurch ihre Ängste zu reduzieren und sich gleichzeitig Klarheit über ihren Zustand zu verschaffen. Von ihr und vielen anderen wurde diese Imaginationstechnik als sehr hilfreich empfunden und trug zu einem schnellen Abklingen der Depersonalisationen bei. Auch hier würde ein Besprechen und Interpretieren der Depersonalisation nicht ausreichen, um sie abzubauen, sondern sie würde sich als ein Widerstand in der Therapie bemerkbar machen, weil die Patientin im wahrsten Sinne des Wortes immer aussteigen würde, sobald es zu emotional wird.

Schließlich hatte Lena auch dissoziierte Selbstanteile, die nicht völlig, aber zum Teil doch sehr weitgehend voneinander getrennt waren. Da es doch noch immer brüchige Verbindungen zwischen der Fünfjährigen, der Zwölfjährigen, der Erwachsenen und anderen Anteilen gab, handelte es sich nicht um eine multiple Persönlichkeit im engeren Sinn, jedoch um mehr oder weniger stark dissoziierte Anteile, wie das häufig bei traumatisierten und Borderlinepatientinnen vorkommt. Ich schlug Lena vor, die Therapiesitzungen mit ihrem Smartphone aufzunehmen und sich später noch einmal anzuhören. Sie konnte sich oft nur an kleinere Teile der Stunde erinnern, vor allem dann, wenn jüngere Ichs im Vordergrund standen. In geschützter Umgebung in ihrem Zuhause hörte dann das erwachsene Ich die Aufnahme, sodass das Erlebte und Gesprochene in das für fast alle zugängliche Gedächtnis aufgenommen werden konnte. Gleichzeitig stärkte es die Verbindungen, die Assoziationen zwischen den verschiedenen Anteilen, wirkte also der Dissoziation entgegen. Weiterhin arbeitete ich imaginativ mit den jüngeren Ichs, indem ich Lena bat, Bilder von dem jeweiligen Anteil entstehen zu lassen. So erschien das Bild von Lena als fünfjähriges Mädchen, das ängstlich zusammengekauert im Hausflur in einer Ecke sitzt, den Kopf auf den angewinkelten Knien aufgelegt hat und auf den Fußboden schaut. Innerhalb der Imagination half ich Lena, das fünfjährige Ich zu versorgen. Es erschien eine rundliche, sehr liebevolle, mütterliche Frau, die das Kind bei der Hand nahm und zu sich nach Hause brachte, wo es etwas Warmes zu essen und zu trinken bekam, um danach auf dem Schoß sitzen und sich ankuscheln zu können, sodass sie sich nicht mehr ängstlich und ohnmächtig, sondern geborgen und gehalten fühlte. Nachdem Lena diese Imagination auch mit anderen, jüngeren Ichs einige Male in der Therapie gemacht hatte, gelang es ihr zunehmend auch allein, jüngere Ichs imaginativ zu versorgen, etwa wenn sie sich zu Hause oder in Kontakten mit anderen Menschen ängstlich oder ohnmächtig fühlte. Dadurch blieb sie nicht mehr stundenlang in der dissoziierten Position des fünfjährigen Kindes, sondern konnte andere, erwachsenere Teile des eigenen Selbst oder verinnerlichte Objekte einbeziehen, um sich selbst zu beruhigen. In der Therapie wurden dann die jüngeren Ichs ausführlich besprochen, etwa warum sich die Fünfjährige ängstlich und ohnmächtig in einer Ecke verkriechen musste. Sehr bewegt war Lena vom Film „Sieger sein" von Soleen Yusef, in dem die aus dem kurdischen Teil des Irak stammende Regisseurin die Geschichte ihrer Flucht mit 11 Jahren nach Deutschland beschreibt. In berührenden Szenen versetzt sich das Mädchen Mona in konflikthaften und ängstigenden Situationen in Deutschland im Film zurück in ihre Heimat, wo ihre Tante Helim erscheint, sie anlächelt und ermutigt. Innere, imaginative Dialoge mit guten, liebevollen Objekten, die uns Halt und Trost bringen, sind in diesem Film so anschaulich und nachvollziehbar dargestellt wie sonst selten. ◄

Fazit

Nach Luborsky (1984) setzen sich psychodynamische Therapien zu phasenweise unterschiedlich großen Anteilen aus supportiven und expressiven Vorgehensweisen zusammen. Die imaginative Versorgung jüngerer Ichs ist eher eine supportive Methode. Die geht aber fließend über in expressives Arbeiten, da sie bei der Klärung und Durcharbeitung einer verinnerlichten Beziehungsdynamik hilft, sodass wir besser verstehen, wann bestimmte Ängste entstanden sind und wann sie heute auftauchen. Würde die Patientin sich dissoziativ immer nur wie das jüngere Ich fühlen, ohne Zugang zu beobachtenden oder erwachsenen Selbstanteilen, wäre einer expressiven Aufarbeitung ein massiver Widerstand im Weg, den sie trotz bestem Willen nicht überwinden könnte.

3.2.3 Introjektion

▶ Ferenczi (1910) führte den Begriff der Introjektion ein, der insbesondere von Klein (1946) über das Bild von der guten und der bösen Mutterbrust, aus der das Baby die ersten Inhalte von einem anderen Menschen in sich aufnimmt, ausdifferenziert wurde. Dabei geht es nicht nur um die Aufnahme von Muttermilch. Verinnerlicht werden vom Kind auch das Erleben seiner Eltern und anderer bedeutsamer Bezugspersonen, d. h. ihre Gefühle, ihre Wahrnehmung anderer Menschen und des Kindes selbst, ihre Bilder, später auch ihre Worte und Gedanken.

Die Introjektion dient zum einen der Bewältigung früher Trennungen des Babys von seiner Mutter, die es länger erträgt, je mehr es von ihr in sich aufgenommen hat. Außerdem stellt Introjektion den ersten Schritt zur Entwicklung einer eigenen Persönlichkeit aus all dem von außen Aufgenommenen dar. Zu unterscheiden ist die Introjektion von der Internalisierung, der Verinnerlichung, bei der etwas von außen nicht nur aufgenommen, sondern verarbeitet und innerlich modifiziert wird. Etwas Introjiziertes ist eine fotografische Erinnerung an ein Erlebnis oder das aufgenommene, unverdaute emotionale Erleben eines anderen. Internalisierte Objekte sind hingegen verarbeitete Bilder anderer Menschen und von deren Erleben und Verhalten. So unterscheidet sich die verinnerlichte Repräsentanz der Mutter bei zwei Geschwistern oft deutlich, sowohl das innere Bild ihres Aussehens, aber auch das ihrer Art der Beziehungsgestaltung. In diesem Abschnitt geht es um die unverarbeitete Art der Aufnahme, um die Introjektion.

In Märchen werden Introjektionen etwa durch Wölfe veranschaulicht, die Rotkäppchen, seine Großmutter, Geißlein oder anderes verschlingen, dabei aber weder mit den Zähnen zerreißen oder verletzen noch im Magen verdauen. Sie können in unveränderter, unverarbeiteter Version wieder entnommen werden. Die vielen Generationen von Menschen, die Märchen weitergegeben und immer ein wenig verändert haben, bilden hier eine elementare Erfahrung ab, dass wir manchmal andere oder Fremdes in uns aufnehmen, ohne es auch nur ein bisschen verdauen und verarbeiten zu können.

In Behandlungen begegnen uns Introjektionen vor allem in zwei Bereichen:

1. In Flashbacks tauchen bei Traumatisierten oft sehr plötzlich Erinnerungen an die traumatischen Ereignisse auf, ausgelöst durch Trigger, zum Teil sehr unspezifische Reize, die mit der traumatisierenden Situation verbunden sind, wie etwa der Geruch nach einer Zigarette bei einer Patientin, deren Großvater vor dem sexuellen Missbrauch immer im Keller geraucht hatte. Stieg sie aus einem Bus aus und roch dabei Zigarettenqualm, hatte sie plötzlich die Missbrauchsszene in allen Einzelheiten vor sich. Sie fühlte sich als vierjähriges Mädchen, mit allen Ängsten, Ekel- und Ohnmachtsgefühlen, sogar mit den Schmerzen im Körper. Vor sich sah sie das Täterintrojekt, den Großvater, so wie er damals vor ihr stand und sie anschaute. Außerhalb solcher Flashbacks erinnerte sie die Missbrauchssituation nicht. Van der Kolk (2000) geht davon aus, dass Erinnerungen aus traumatisierenden Situationen nicht im autobiografischen Gedächtnis gespeichert werden, wie andere Erfahrungen, sondern als nicht symbolisierte, nicht verarbeitete Erinnerungsspuren im Traumagedächtnis, das mehr oder weniger stark vom restlichen Gedächtnis dissoziiert ist, um die Alltagspersönlichkeit zu schützen. Schlimme Lebenserfahrungen werden definitionsgemäß dann zu einem traumatischen Ereignis, wenn sie die Bewältigungs- und Verarbeitungsfähigkeiten des betroffenen Menschen bei Weitem überfordern, sodass er sich hilflos, schutzlos und ohnmächtig fühlt. Das Erlittene kann nur unverdaut, möglichst weit weg von anderen Erinnerungen abgelegt und eingefroren werden. Dadurch ist es in der Therapie entweder gar nicht zugänglich oder löst so starke Erregungszustände aus, dass eine Be- und Verarbeitung nicht möglich ist. Derartige Flashbacks stellen deshalb einen Widerstand gegen die Behandlung dar. Erst wenn nach einer stabilisierenden, supportiven Arbeit mit Skills und Imaginationen eine Traumakonfrontation möglich ist, können sich die Patientinnen die traumatischen Erfahrungen noch einmal im Detail anschauen, mithilfe eines Halt und Trost gebenden anderen alle Gefühle von Ekel, Wut, Angst und Trauer spüren und das Erlittene auf diese Weise allmählich verarbeiten, sodass es ins autobiografische Gedächtnis aufgenommen wird und bewusst zugänglich ist. Traumakonfrontationen erfolgen im verhaltenstherapeutischen Setting eher über EMDR, Eye Movement Desensitization and Reprocessing (etwa Bisson et al., 2007), im psychodynamischen Setting über die Beobachter- oder Bildschirmtechnik (Reddemann, 2021). Eine traumatherapeutische Zusatzqualifikation für die Therapeutin ist hier erforderlich.
2. Menschen, die als Kind einem emotionalen Missbrauch ausgesetzt waren, mussten schon früh Gefühle ihrer Eltern wie Wut, Angst, oder Trauer in sich aufnehmen, ohne sie verarbeiten zu können, sodass sie als etwas Unverdautes in ihnen verbleiben. Anstatt dass die Eltern als Container für die Gefühle ihrer Kinder fungieren, diese vorverdauen und den Kindern gespiegelt zurückgeben, werden die Kinder parentifiziert, d. h. zu Eltern gemacht und mit den unverarbeiteten Konflikten der Eltern gefüllt. Oft neigen sie auch als Erwachsene dazu, etwas von anderen zu introjizieren.

> **Beispiel**
>
> Emilia, eine bulimische Patientin, die schon als Kind stundenlang den Kummer ihrer Mutter über die Ehe mit dem manisch-depressiven Vater, Mutters emotionale und sexuelle Sehnsüchte in Bezug auf andere Männer, Erinnerungen an Mutters unglückliche Kindheit und all ihre Ängste anhören und in sich aufnehmen musste, wurde auch als Erwachsene noch während der Therapie von Mutter als „Mülleimer" für alle ihre Gefühle benutzt. So war sie die Einzige, die von einer jahrelangen sexuellen Affäre der Mutter mit einem anderen Mann etwas wusste, musste aber versprechen, das niemandem zu erzählen. Auch ihr Vater wandte sich in den Phasen seiner Erkrankung mit starken Gefühlen von Trauer oder Hass an sie. Es genügte, ihm anzudeuten, dass sie gerade jetzt keine Zeit oder keinen inneren Raum hätte, um ihm zuzuhören, zu fragen, ob sie später darüber sprechen könnten, damit er sie wütend verstieß, indem er sagte, sie sei nicht mehr seine Tochter. Sie gewöhnte sich an, lieber wort- und widerspruchslos zu schlucken, was er ihr übermittelte. In einer Therapiesitzung erzählte sie schamvoll von einem bulimischen Anfall am Vorabend, bei dem sie das hastig verschlungene Essen erbrach. Als nichts mehr herauskam als Flüssigkeit und sie meinte, alles erbrochen zu haben, hatte sie trotzdem im Magen-Darm-Bereich ein Gefühl, da sei noch etwas, das sie nicht herauswürgen bekäme, von dem sie aber auch nicht sagen konnte, ob es Essen oder Gefühle wären. Bei mir stellten sich in der Gegenübertragung starke Gefühle von Ärger, Überdruss und Abscheu in Bezug auf die Patientin ein, die ich zunächst darauf zurückführte, dass sie am Vorabend einer Therapiestunde einen bereits den ganzen Tag vorbereiteten bulimischen Anfall zelebriert hatte, statt auf die Therapiestunde am nächsten Tag zu warten und darin alles zu besprechen, als hätte sie es sich sehr einfach gemacht, sich in ihrem Klo statt hier auszukotzen. Die Stärke meiner Gefühle ließ mich aber vermuten, dass sie Gefühle in mir als Mülleimer untergebracht hatte, die ich zunächst einmal verstehen und vorverdauen wollte, ehe ich irgendwie intervenierte. Sie sprach von der Zeit unmittelbar vor dem bulimischen Anfall. Es stellte sich heraus, dass sie ein längeres Gespräch mit ihrer Mutter gehabt hatte, in dem diese sie mit Eheproblemen und neuen Geheimnissen angefüllt hatte. Gefühle dazu konnte sie nicht spüren und benennen, sodass ich ihr, angelehnt an Fonagy und Target (2015), markiert die Gefühle spiegelte, die ich eine Zeit lang für sie in mir bewahrt, contained hatte: „Ich könnte mir vorstellen, dass Sie ein bisschen Ärger und Überdruss empfunden haben, als Ihre Mutter Sie wieder einmal als Mülleimer für ihre Gefühle benutzt hat, vielleicht sogar ein wenig Abscheu." Die Markierung erfolgt durch Worte wie „ein bisschen" oder „ein wenig", sodass wir der Patientin ihre Gefühle heruntergedimmt, in kleinen Häppchen aus unserem Container zurückgeben, während „vielleicht" anzeigt, dass wir etwas Mögliches anbieten, dass es aber auch anders sein kann, dass wir sie damit nicht festlegen wollen. Emilia konnte das vage Gefühl, das nach dem bulimischen Anfall zurückgeblieben war, nicht unmittelbar diesen bespiegelten Gefühlen zuordnen. Deshalb ging ich zur zweiten Stufe des Spiegelns über: „In mir haben Sie solche Gefühle von ein bisschen Ärger, Über-

druss und ein wenig Abscheu ausgelöst, als sie von den Geschehnissen erzählten." Sehr spontan und vehement erwiderte sie: „Da ist es Ihnen dann ja mit mir eben genauso gegangen, wie es mir oft mit meiner Mutter geht, wenn sie von ihrem ganzen Müll erzählt." Es kamen sehr emotionale Erinnerungen von Szenen hoch, von Wut und Ekel in Bezug auf ihre Mutter, sofort aber auch Schuldgefühle, weil sie diese Gefühle nicht haben dürfe, sondern Mutter immer zur Verfügung stehen müsse. Erst als die Patientin ihre Wut darüber, immer wieder als „Mülleimer" benutzt zu werden, mehr und mehr bei mir auskotzen konnte und ich ihr beim Verdauen des Geschehenen half, verschwand bei ihr das vage Druckgefühl im Magen-Darm-Bereich. Im weiteren Behandlungsverlauf stellte ich mich immer wieder als Mülleimer, als Container für die unverdauten Gefühle der Patientin zur Verfügung. Ich introjizierte sie, verarbeitete sie und gab sie dann in verdauter Form an die Patientin zurück, die sie dann aufnehmen und selbst weiterverarbeiten konnte. Dadurch wurde etwas nachgeholt, was eigentlich die Mutter mit ihr als Baby und Kleinkind hätte tun müssen, anstatt die Rollen zu vertauschen und die Patientin als Mülleimer für ihre Gefühle zu missbrauchen. Je mehr die Patientin ihre Gefühle von Wut, Überdruss und Abscheu spüren konnte, wenn ihre Mutter oder jemand anders sie mit ihrem Müll anfüllen wollten, umso bewusster konnte sie entscheiden, ob und wie viel davon sie in sich aufnehmen will, sodass es im weiteren Verlauf der Therapie irgendwann nichts mehr gab, was sie unbewusst in sich hineinschluckte und bulimisch aus sich herauszubringen versuchte. ◄

Fazit

In diesen Behandlungen reicht eine Deutung der Introjektion oder der aktuellen Konfliktdynamik oft nicht aus. Besonders bei ich-strukturell beeinträchtigten Patientinnen würde sich ein unüberwindlicher Widerstand einstellen, wenn die Behandlung nicht durch die Technik des Containings erweitert wird (Bion, 1962; Crepaldi, 2022). Mögliche Schwierigkeiten der Therapeutin, bestimmte Gefühle, etwa Wut auf oder Abscheu gegenüber der Patientin in sich wahrzunehmen, erschweren das Containing und werden deshalb bei den Gegenübertragungswiderständen beschrieben.

3.2.4 Projektion

▶ Bei der Projektion soll Inneres im Außen sein (König, 1997). Das Innere sind Objektdyaden, d. h. Abbildungen von Beziehungen eines Selbstanteils mit einem inneren Bild eines anderen Menschen, einer Objektrepräsentanz. Selbstanteil und Objekt sind mit Gefühlen miteinander verbunden. Sie können auf andere Menschen, aber auch auf Tiere oder Gegenstände projiziert werden. Es kommt nicht darauf an, dass das Ziel der Projektion etwas davon bemerkt oder spürt, was auf ihm abgebildet wird.

Es gibt daher zwei Arten von Projektionen:

1. Ein inneres Objekt-Imagine, etwa das Bild des wütenden Vaters, der abweisenden Mutter, verbietender Gewissensanteile aus dem Über-Ich, aber auch Ich-Ideale werden in einem anderen Menschen erlebt oder in religiösen Symbolen, wie etwa dem Kreuz. Ein Patient hatte das Erleben, dass andere Menschen ihn abfällig, verachtend, wie etwas Störendes ansehen würden, wenn er in einen Bus einstieg. Auch wenn er die Kapuze weit über sein Gesicht zog und nach unten schaute, könnten die anderen Fahrgäste doch erkennen, was für ein schlechter Mensch er sei, und sich angewidert abwenden, selbst wenn er in die hinterste Tür einstiege und dort stehen bliebe. Er projizierte seinen ablehnenden Vater auf die anderen Fahrgäste, von denen scheinbar genauso viel Aversion und Verachtung ausgingen, wie er es bei ihm empfunden hatte, wenn er nach Hause kam und sein Vater am Küchentisch saß. Die frühe Dyade hatte sich vollständig inszeniert: Den kindlichen Selbstanteil, der sich schämt, erlebte der Patient innerlich, den des aggressiven, ablehnenden Vaters in den anderen. Die Projektion auf die Fahrgäste des Busses entlastete den Patienten: Die Ablehnung beschränkte sich auf einige Situationen im Außen, etwa im Bus. Ohne Projektion hätte er seine eigene Ablehnung von sich selbst permanent im Inneren gespürt, egal wo er sich gerade aufhalten würde. So beschränkte sich die Ablehnung auf wenige Situationen und auf einige äußere Objekte, denen er versuchte aus dem Wege zu gehen. Das ist der Gewinn aus dieser Abwehr. Die anderen Fahrgäste spürten nichts von seiner Projektion. Im weiteren Behandlungsverlauf bemerkte er, dass sie ihn kaum wahrnahmen, allenfalls ein bisschen ängstlich fanden, sich aber schnell wieder ihren Handys widmeten. In der Therapie sind Projektionen dieser Art das, was Freud Übertragungen nannte. Der Patient erlebte den Therapeuten schnell als verachtend und ablehnend, was diesem erst nach einiger Zeit deutlich wurde, nachdem er kleine Anzeichen von Scheu und Verbergen angesprochen hatte. Bei einem anderen Abwehrmechanismus, der projektiven Identifizierung, wird der Therapeut durch unbewusste Manipulationen mit der Projektion identisch gemacht, d. h., er fühlt sich wie der ablehnende Vater dem Patienten gegenüber. Eine Projektion vermittelt sich hingegen viel undeutlicher oder lange gar nicht. Deshalb war es wichtig, dass der Therapeut sehr aufmerksam auf kleine Signale achtete und diese ansprach, um die Projektion aufzuklären. Andernfalls hätte der Patient kaum von der Behandlung bei einem Therapeuten profitiert, den er als ihn ablehnend und verachtend empfand.
2. Es können Selbstanteile projiziert werden. Derselbe Patient erlebte eine Verkäuferin beim Bäcker als verliebt in ihn, obwohl sie ihn eigentlich genauso bediente wie die Kunden vor und nach ihm. Er war sicher, kleine Signale wahrzunehmen, wie sie ihm zuzwinkerte, etwas liebevoller das Brot hinlegte als anderen oder mehr Wärme in der Stimme hatte. Ihn beunruhigte und faszinierte ihr Liebeswerben. Er beschloss, sich nichts anmerken zu lassen, wunderte sich jedoch, dass sie ihn weiterhin zu lieben schien. Eine Bearbeitung ergab, dass er hier einen kindlichen Selbstanteil auf die Verkäuferin projizierte, der lange versucht hatte, seiner Mutter liebevolle Gefühle zu ver-

mitteln, während der Patient selbst in der Rolle der verschlossenen Mutter war, die das mehr ängstigte als berührte, die nichts mit der Liebe ihres Sohnes anfangen konnte und deshalb nicht darauf einging. Selbstanteile werden vor allem dann projiziert, wenn sie mit viel Schamgefühlen verbunden sind. Der Patient hatte sich schon früh als ein nicht liebenswertes Kind erlebt, das nur vorsichtig und unauffällig seine Zuneigung zur Mutter ausdrückte, sich aber selbst damit abgewiesen fühlte. Weiss (1993) nannte dies Rollenumkehrtest: Der Patient schlüpft dabei in die Rolle eines Elternteils und verhält sich so gegenüber dem Therapeuten, dem die Kinderrolle zugewiesen wird, wie früher der Elternteil gegenüber dem Kind. Auch hier dauerte es eine gewisse Zeit, bis der Therapeut auf ähnliche Projektionen ihm gegenüber aufmerksam wurde wie auf die Bäckerin. Als er fragte, warum der Patient bei der Begrüßung ihm sehr schnell die Hand entzog und mit gesenktem Kopf in die Praxis schlich, konnte der Patient mitteilen, zu befürchten, der Therapeut könne ihn gernhaben, ähnlich wie die Verkäuferin, was ihn sehr irritierte. Oft sind es solche Mikroszenen, die ein Verstehen von Projektionen ermöglichen. Hätte sich der Therapeut allein darauf bezogen, was der Patient in der Stunde ansprach, wäre diese Projektion ein massiver Widerstand geworden. Jedes Verstehen, jede Freundlichkeit des Therapeuten hätte zu einem weiteren Rückzug und einer Ängstigung des Patienten geführt, vielleicht zu einem Abbruch der Behandlung.

Fazit

Projektionen kommen besonders intensiv bei schizophrenen Patienten vor. Sie brauchen zum Teil nicht einmal ein äußeres Objekt im Sinne eines anderen Menschen oder Gegenstandes, weil sie quasi ins Nichts projizieren können, indem sie eine Stimme hören, ohne etwas zu sehen, was da spricht. Paranoide Patienten projizieren auf existierende äußere Objekte, wie Fahrgäste im Bus oder Verkäuferinnen, auch wenn diese keine äußeren Anzeichen zeigen, die mit der Projektion nur halbwegs übereinstimmen. In geringerem Ausmaß ist Projektion aber ein sehr verbreiteter Abwehrmechanismus, der in unterschiedlicher Ausprägung bei jedem Menschen vorkommt. Sie in Therapien zu erkennen, hilft uns, sie nicht zu einem Widerstand werden zu lassen.

3.2.5 Projektive Identifizierung

▶ Die projektive Identifizierung gehört zu den interpersonalen Abwehrmechanismen, die sich nicht nur innerpsychisch abspielen, sondern andere Menschen in die Stabilisierung des eigenen psychischen Gleichgewichts einbeziehen und die betreffenden Beziehungen daher verändern und belasten. Im eigenen Erleben Unerwünschtes wird zunächst auf andere projiziert, die dann im zweiten Schritt durch zumeist unbewusste Manipulationen dazu gebracht werden, so zu fühlen und zu handeln, dass sie dem Projizierten tatsächlich entsprechen.

Klein (1946) hat diesen Abwehrmechanismus als Erste benannt. Seither hat sich der Begriff sehr weiterentwickelt. Hier bleibt es nicht bei der Projektion, von der der andere gar nichts oder nur wenig spürt, sondern das Gegenüber wird unbewusst interaktionell so manipuliert, dass es sich mit dem Projizierten innerlich identifiziert. Der Patient erlebt den Therapeuten nicht nur als ablehnenden, verachtenden Vater, wie im vorigen Abschnitt über Projektion beschrieben, sondern der Therapeut empfindet diese Gefühle seinem Patienten gegenüber tatsächlich, und zwar umso stärker, je früher der Patient gestört, je mehr er in seiner Persönlichkeitsstruktur beeinträchtigt ist.

Psychotische und Borderlinepatientinnen haben innere Imagines anderer Menschen, die wir als Teilobjekte bezeichnen, da sie sie als nur gut, ohne jegliche böse Seiten, oder als nur böse, ohne das geringste Gute erleben. Entsprechend heftig kann das sein, was sie in den Therapeutinnen auslösen. Wenn in der psychiatrischen Akutklinik, in der ich 10 Jahre tätig war, eine Borderlinepatientin bei allen im Team hochgradig aggressive und verachtende Gefühle auslöste, verbunden mit der Idee, sie am liebsten rauszuschmeißen, waren wir alarmiert und dachten an Suizidalität. Oft hatte sie ein inneres böses Teilobjekt auf die Teammitglieder projiziert und diese unbewusst manipulativ damit identifiziert, sodass wir ähnlich wie sie fühlten und dachten, dass wir sie nicht haben wollten, nicht ertragen könnten, dass sie besser weg von uns sein sollte. Im Gespräch zeigte sich dann häufig, dass die Patientin mit dem Wunsch nach Halt und Fürsorge zu uns gekommen war, sich aber genauso abgelehnt und ausgestoßen von uns fühlte wie von ihrer Familie und vielen anderen Menschen und dadurch tatsächlich an Suizid dachte.

> „Bei Borderline-Patienten sind projektive Identifizierungen besonders wirksam. Übertragen sie ein böses Objekt, erzeugen sie beim Therapeuten durch den interaktionellen Anteil der projektiven Identifizierung ablehnende Gefühle, die denen eines bösen Objekts entsprechen und dazu führen können, daß der Therapeut früh überzeugt ist, mit dem Patienten nicht zu ‚können'. Andere Borderline-Patienten, die auf den Therapeuten ein gutes Objekt übertragen, verführen den Therapeuten durch den interaktionellen Anteil der projektiven Identifizierung dazu, eine überoptimistische Prognose zu stellen, ihnen dysfunktionale Therapieangebote zu machen und sich dysfunktional für sie einzusetzen. Bei der Indikationsstellung ist es wichtig, sich über die hohe Wirksamkeit projektiver Identifizierungen von Borderline-Patienten im klaren zu sein. Fehlt eine realistische Einschätzung der therapeutischen Möglichkeiten, kommt es zu unzweckmäßigen Entscheidungen. Diese können die Frage betreffen, ob man den Patienten überhaupt in Behandlung nimmt. Manche Therapeuten überlasten sich mit Borderline-Patienten, was die Qualität ihrer Arbeit beeinträchtigen kann. Übertragen Borderline-Patienten initial ein böses Objekt, sind die Chancen für eine therapeutische Arbeitsbeziehung gering. Das gilt für die Motivation des Patienten, sich auf eine Arbeitsbeziehung einzulassen, aber auch für die Motivation des Therapeuten, mit dem Patienten zu arbeiten. Manche Patienten rufen im Therapeuten durch projektive Identifizierung aversive Gefühle hervor, die ein realistisches Maß übersteigen. Der Therapeut hält sie dann für untherapierbar und rät von einer Psychotherapie ab, obwohl sie bei einem anderen Therapeuten, der eine andere Übertragung bei ihnen ausgelöst hätte, Chancen auf Besserung hätten." (König, 2004, S. 148 f.)

So kann projektive Identifizierung zu einem von beiden Seiten ausgehenden Widerstand werden und sogar grundsätzliche Überlegungen zur Aufnahme und Indikation einer Behandlung beeinflussen.

3.2 Widerstände durch primitive Abwehrmechanismen

Während Clarkin, Yeomans und Kernberg (2008) projektive Identifizierung für eine eher frühe, primitive Abwehrform halten, die vor allem bei Persönlichkeitsgestörten vorkommt, teile ich die Position von König (1993, 1995, 1997, 2004), dass sie auch bei neurotischen und psychisch gesunden Menschen anzutreffen ist.

König (1993, S. 21 f.) unterscheidet vier Formen der projektiven Identifizierung, die nicht nur für das analytische Behandlungssetting gelten:

„- Die projektive Identifizierung vom Übertragungstyp will Übertragung wahrmachen, um damit ein Gefühl von Sicherheit [...] oder, weiter gefaßt, von Familiarität [...] zu erreichen, von Vertrautheit, die ein Sicherheitsgefühl hervorruft.

– Die projektive Identifizierung vom Konfliktentlastungstyp will einen inneren Konflikt zu einem interpersonellen machen, was die innere Welt des Patienten entlastet.
– Die projektive Identifizierung vom kommunikativen Typ will bewirken, daß Patient und Analytiker gleich fühlen, wodurch eine bessere Verständigung möglich wird.
– Entsprechend kann man auch eine projektive Identifizierung vom Abgrenzungstyp annehmen. Menschen mit Fusionsängsten aktualisieren im Gegenüber ein unempathisches Verhalten, indem sie das Gegenüber mit einem unempathischen Mutter- oder Vater-Objekt projektiv identifizieren. Sie verstärken damit ihre Phantasie, der andere sei ganz verschieden und nicht ähnlich, was die Fusionsängste mindert. Daran sollte ein Analytiker denken, wenn Schwierigkeiten auftreten, sich in den Patienten einzufühlen."

Beispiel

Silvy sagt ihre Therapiesitzung am Donnerstag ab, weil sie einen Termin beim Arbeitsamt habe. Später ruft sie erneut an, ob sie doch kommen könne, was der Therapeut bejaht, ob es ihm denn recht wäre, wenn sie nun doch käme, was er ebenso bejaht. Als sie mit einigen Minuten Verspätung zur Sitzung erscheint, fragt sie, ob er lieber freigehabt hätte, Therapeuten seien ja immer so überfordert. Der Therapeut fühlt sich etwas genervt und ärgerlich, findet aber nicht gleich eine geeignete Intervention, um diese noch vagen Gefühle ins Gespräch zu bringen. Deshalb verneint er die Frage mit der Bemerkung, es sei ja ihr Termin und er freue sich, dass sie gekommen sei. Daraufhin schweigt die Patientin. Der Therapeut fragt sie, was sie beschäftige, woraufhin sie die Schultern zuckt und sagt: „Keene Ahnung!" Sie ergänzt nach einigem Grübeln, es müsse für den Therapeuten interessant sein, wenn sie etwas sage. Der Therapeut versucht mit einigen Fragen herauszufinden, warum sie das glaubt, warum sie nur über etwas sprechen könne, was ihn interessiert, und nicht über etwas, was sie bewegt, warum es ihr denn wichtig war, den Termin heute doch wahrzunehmen, was sie eigentlich mit dem Arbeitsamtstermin gemacht habe. Meist reagiert sie mit dem schulterzuckenden „Keene Ahnung!" Der Therapeut fühlt sich zunehmend ärgerlich und gleichzeitig wie ein strenger Prüfer, den die Unwilligkeit und Unwissenheit des Prüflings zunehmend nervt. Er sagt ihr: „Ich komme mehr und mehr in die Rolle eines Prüfers, der Ihnen eine Frage nach der anderen stellt und keine richtige Antwort bekommt." Silvy sagt triumphierend: „Das kenne ich sehr gut aus meinem Leben, angefangen mit meinem Vater waren viele so mit mir. Vater nahm mich manchmal am Sonntag mit auf einen Spaziergang, was mich immer sehr freute. Endlich hatte er mal Zeit für mich. Dann gingen wir in Kirchen, für die er sich architektonisch interessierte. Urplötzlich fragte er mich zu einem Bild, einem Möbelstück oder etwas anderem, was das denn wäre. Wenn ich es nicht wusste, war er sehr enttäuscht von mir und den Rest der Zeit verschlossen. Schon mit 8 habe ich versucht, nachzulesen, was das alles ist in einer Kirche, um Antworten auf seine Fragen zu haben. Doch immer wieder kamen wir schnell an den Punkt, dass ich etwas nicht wusste und sagen musste: Keene Ahnung!" Der Therapeut spiegelt die spürbare Angst, nicht sofort die richtige Antwort auf eine Frage zu wissen, aber auch die Wut, die in der etwas schnoddrigen Formulierung im Berliner Dialekt enthalten ist: „Keene Ahnung!" Beide Gefühle bestätigt sie vehement und kann ihnen im weiteren Gespräch nachspüren, sodass viel Wut auf den Vater und andere Männer zutage kam, die ähnliche Prüfer waren. Wäre der Therapeut in der Rolle des genervten Prüfers geblieben, hätte die projektive Identifizierung mit einem prüfenden Vaterobjekt einen schwerwiegenden Widerstand in der Therapie gebildet. ◄

Fazit

Projektive Identifizierungen können Behandlungen gefährden, indem sie sie gar nicht erst zustande kommen lassen, zu falschen Indikationsstellungen führen oder Empathie verhindern. Gelingt es jedoch, ihren kommunikativen und konfliktentlastenden Aspekt zu nutzen, können sie das Verstehen verbessern und die Behandlungen deutlich beschleunigen.

3.2.6 Identifikation mit dem Aggressor

▶ Werden Kinder von Eltern oder anderen Bezugspersonen, von denen sie abhängig sind und Schutz erwarten, sexuell missbraucht, körperlicher oder emotionaler Gewalt ausgesetzt oder schwerwiegend vernachlässigt, sind sie existenziellen Gefühlen von Angst, Ohnmacht und Hilflosigkeit ausgesetzt. Sie verinnerlichen das Bild des Angreifenden zu einem Täterintrojekt und versetzen sich in seine Perspektive, sodass sie sich nicht mehr als ausgeliefert und machtlos, sondern als mächtig und die Situation steuernd erleben.

Diese Identifikation mit dem Aggressor ist neben der oben beschriebenen Dissoziation oft der einzige Schutzmechanismus, der Opfern traumatischer, mit vorhandenen Ich-Funktionen nicht bewältigbarer Gewalt zum psychischen Überleben verbleibt.

In harmloser Version kann diese Abwehrform bei allen Menschen vorkommen. Anna Freud (1936, S. 109 f.) beschreibt ein anschauliches Beispiel:

„August Aichhorn berichtet aus seiner Praxis als Erziehungsberater über den Fall eines Volksschülers, der ihm wegen Grimassierens zugewiesen wird. Der Lehrer klagt, daß der Junge

Tadel und Ermahnung nicht in normaler Weise entgegennehmen kann. Er schneidet bei solchen Anlässen Gesichter … Die Angaben des Lehrers bestätigen sich leicht, das Grimassieren wiederholt sich auch in der Beratungsstunde. Gleichzeitig aber bringt die Unterredung zu dritt die Aufklärung des Zustandes. Die aufmerksame Beobachtung der beiden zeigt, daß die Grimassen des Jungen nichts anderes sind als ein verzerrtes Abbild der Gesichtszüge des ärgerlichen Lehrers. Der Junge, der dem Tadel des Lehrers standhalten soll, bewältigt seine Angst durch unwillkürliche Nachahmung des Zornigen. Er übernimmt selber seinen Zorn und folgt den Worten des Lehrers mit dessen eigenen, nicht wiedererkannten Ausdrucksbewegungen. Das Grimassieren dient hier also der Angleichung oder Identifizierung mit dem gefürchteten Objekt der Außenwelt."

Ferenczi (1933) befasste sich eingehend mit sexuellen Traumatisierungen von Kindern. Er griff damit die Verführungstheorie auf, die Freuds frühe Publikationen prägte, von der dieser sich aber aus einem Erschrecken über das Ausmaß sexueller Gewalt abwandte, die Kindern angetan wird. Ferenczi meinte, dass die Kinder aus Angst vor den hemmungslosen und verrückten Erwachsenen, denen sie ausgeliefert sind, sich mit ihnen identifizieren, um Kontrolle über die unbegreifliche, unerträgliche Situation zurückzuerlangen. Das Bild des Täters wird verinnerlicht, das Geschehen wird aus seiner Sicht erlebt, sodass das Schlimme, was gerade geschieht, richtig ist. Das Kind sieht alles aus den Augen des Täters und identifiziert sich mit dessen Macht und Hassgefühlen.

Bekannt wurde dieser Abwehrmechanismus unter dem Begriff „Stockholm-Syndrom", der auf eine Geiselnahme am Norrmalmstorg in Stockholm 1973 zurückgeht. Dort wurden bei einem Banküberfall über 131 h vier Geiseln gefangen gehalten. Der Stockholmer Polizeipsychologe Nils Bejerot benannte mit dem Begriff die ungewöhnliche und verstörende Zuneigung der Geiseln zu den Geiselnehmern. Den Geiselnehmer, den inzestuösen Vater, die sadistischen Mutter, aber auch den Kommandanten des Konzentrationslagers oder den Folterer in der Diktatur tragen Menschen unter Umständen zeitlebens in sich und gewähren ihm Platz in ihrem Leben. Gruen (2000) nannte das treffend bereits im Titel seines Buches *Der Fremde in uns* und versteht es als einen Verrat am Selbst.

Die Identifikation mit dem Aggressor kann sich im Leben nach der Traumatisierung auf zwei Arten zeigen:

1. Im aktiven Modus möchte der traumatisierte Mensch nie mehr das Opfer sein und verhält sich spätestens ab dem Jugendalter nur noch wie der Täter, bei Erwachsenen auch sofort nach dem überstandenen Trauma. Der sexuell missbrauchte Junge missbraucht seine jüngeren Geschwister oder später seine Kinder. Gefolterte werden zu Folterern. Tagelang allein gelassene Kinder werden zu ähnlich vernachlässigenden Eltern. Tendenziell nutzen eher Männer diesen Weg.
2. Im passiven Modus bleibt das Opfer etwa eines sexuellen Kindesmissbrauches in der Opferposition und wird als Erwachsene zur Prostituierten. Sie hat das Gefühl, für nichts anderes zu taugen, und glaubt, es sei richtig, was ihrem Körper jeden Tag angetan wird. Um Schmerz, Ekel und Angst zu lindern, erlebt sie ihren Körper von außen, aus der Sicht ihrer Freier, und identifiziert sich mit deren Gefühlen von Macht und Erregung. Vermutlich sind 90 % der Prostituierten einstmals sexuell miss-

brauchte Mädchen. In ähnlicher Weise können sich aggressiv misshandelte Kinder als Erwachsene Partnerschaften suchen, in denen sie schlimme Gewalt erfahren. Wie oben erwähnt erleidet in Deutschland alle 3 min ein Mädchen oder eine Frau häusliche Gewalt durch nahe Angehörige. Erkennbar wird, dass tendenziell eher Frauen zu diesem Modus neigen.

Auf diesen Wegen kommt es zur transgenerationalen Traumatisierung, d. h. der Weitergabe von psychischen Traumata von Generation zu Generation.

Widerstände in der Psychotherapie ergeben sich beim aktiven Modus daraus, dass die Patienten noch sehr stark mit den Tätern identifiziert sind. Selbst wenn sie im Gefängnis behandelt werden oder die Haftstrafe bereits verbüßt haben, können sie nichts Unrechtes an ihren Taten finden. Dazu müssten sie die Identifikation mit dem Aggressor aufgeben, was dazu führt, dass ihnen bewusst wird, was sie anderen Menschen Schlimmes angetan haben und was ihnen selbst durch einen Menschen zugefügt wurde, der eigentlich ein geliebtes Elternteil war, dem sie vertraut und von dem sie Schutz erwartet hatten. In Gruppentherapien in Anwesenheit anderer Täter gelingt ihnen das oft leichter, im Gefängnis oder bei ambulanten Einrichtungen wie „Kind im Zentrum" in Berlin zum Beispiel. Hirsch (2018) arbeitet mit gemischten Gruppen, in denen Täter und Opfer sexuellen Missbrauchs aufeinandertreffen. In Anwesenheit anderer Täter oder Opfer fühlen sie sich eher durchschaut, sodass sie die Identifikation mit dem Täter leichter aufgeben, sich ihrer Schuld, aber auch dem selbst erlittenen Grauen schmerzhaft widmen können, was häufig zu einer tiefen Depression mit intensiven Suizidimpulsen führt. Im Einzelsetting können sie die Identifizierung mit dem Aggressor viel schwerer aufgeben, weil sie vermuten, dass ihnen ein Mensch gegenübersitzt, der nicht in ähnlicher Weise Schuld auf sich geladen hat wie sie, vor dem sie sich beim Eingeständnis ihrer Taten in Grund und Boden schämen müssten. Gerade hier ist es deshalb wichtig, diesen Widerstand immer wieder anzusprechen, um ihn schrittweise gemeinsam reduzieren zu können, sodass Scham, Schuld und eigenes Leid in halbwegs erträglichen Dosierungen bewusst werden können.

Bei Patientinnen im passiven Modus steht am Beginn die Zeugenschaft der Therapeutin, wie es Benjamin (2019, 2020) nennt. Das wegschauende Elternteil, das dem misshandelten oder sexuell missbrauchten Kind weder geholfen noch gesagt hat, dass das nicht in Ordnung war, was ihm geschehen ist, vermittelt ihm, dass all das ganz richtig ist. Dem Kind bleibt kaum etwas anders übrig, als sich mit dem Täter zu identifizieren, um mit seinen verstörenden Gefühlen irgendwie fertigzuwerden. Die Therapeutin ist oft die erste Zeugin, die anerkennt, dass damals etwas Furchtbares geschehen ist, was einem Menschen nicht angetan werden darf. Trotzdem sind auch danach die ersten Schritte sehr beunruhigend und deshalb mit Widerständen verbunden, sich mit den Gefühlen zu befassen, die das Trauma hinterlassen hat. Hilfreich ist die imaginative Arbeit mit Täterintrojekten nach Reddemann (2021), die verinnerlichte Täteranteile in angeleiteten Tagträumen in Bildern darstellt, was einen inneren Dialog mit ihnen eröffnet und hilft, die Identifikation mit den Aggressoren schrittweise aufzugeben.

> **Beispiel**
>
> Viktoria hatte als Kind einen jahrelangen sexuellen Missbrauch durch ihren Vater erlitten. Aus dem Gefühl heraus, sowieso für nichts anderes nütze zu sein, prostituierte sie sich. Während der gewaltvollen Handlungen von Freiern und Zuhältern dissoziierte sie manchmal, sodass sie alles wie eine neutrale Beobachterin von der Decke aus sah, meist identifizierte sie sich aber mit den Tätern und versuchte, die Erniedrigung ihres Körpers aus deren machtvoller Position wahrzunehmen. Nach einer besonders gewaltvollen Erfahrung war sie so verletzt, dass eine Klinikaufnahme nötig wurde. Die Psychologin, die die Chirurgie hinzuzog, wurde zur ersten Zeugin, die emotional anerkannte, dass all das, was ihr passiert ist, grausame Gewalt ist. Viktoria reagierte zunächst überrascht, aber auch erleichtert, als sie nicht umhinkam, die Worte der Psychologin selbst anzunehmen. Je mehr sie sie innerlich anerkennen konnte, umso mehr Traurigkeit und Wut über alles Erlittene wurden für sie spürbar. Nach der Klinik verließ sie heimlich ihre Heimatstadt, um dem engen Netz der Zuhälter zu entkommen, und begann in Berlin ein neues Leben und eine Psychotherapie bei mir. In einer Phase des Betrauerns konnte sie die Identifikation mit dem Aggressor allmählich reduzieren. Sie lernte einen freundlichen jungen Mann kennen, der ihre Grenzen respektierte und eine sehr liebevolle Familie hatte. Diese völlig neue Welt war für sie so verwirrend und beunruhigend, weil sie bisher keine Beziehungen kannte, die nicht ausbeuterisch und missbräuchlich waren. Immer wieder tauchte die Identifikation mit dem Aggressor auf, indem sie versuchte, ihren Partner dazu zu bringen, mit ihr gewaltvolle Sexualität zu haben, oder indem sie sich von ihm trennen und zur Prostitution zurückkehren wollte. Dadurch wurde die immer wieder aufflackernde Identifikation mit dem Täter zu einem Widerstand gegen eine Weiterentwicklung in der Therapie, ohne deren wiederholte Bearbeitung sie vermutlich auch die Therapie abgebrochen hätte und ins alte Milieu zurückgekehrt wäre. ◄

3.2.7 Spaltung, primitive Idealisierung und Entwertung

▶ Anteile des eigenen Selbst, innere Repräsentanzen von Objekten und Gefühle zwischen beiden werden radikal gespalten in solche, die absolut nur gut, und in solche, die nur böse oder schlecht sind.

König (1997, S. 95) beschreibt den Vorgang sehr bildhaft:

„Das Ich des Betreffenden kann auch nicht ertragen, sich damit zu konfrontieren, daß er selbst, aber auch Personen in der Außenwelt und Personen, an die er sich erinnert, gute und schlechte Eigenschaften haben können. Da er sich selbst und andere Menschen unreif-archaisch erlebt, sind Eigenschaften, die als gut oder als schlecht (böse) erlebt werden, so stark ausgeprägt, daß sie nicht koexistieren können. Das Schlechte oder Böse an ihm und an anderen muß gewissermaßen in einem Reservat ‚schlechtes oder böses Selbst' beziehungsweise in einem Reservat ‚Schlechtes oder böses Objekt' untergebracht werden, um das Gute nicht zu kontaminieren. Dann kann das Schlechte oder Böse auch leichter bekämpft werden, ohne das Gute zu gefährden. Auch das ‚Gute' wird zu seinem Schutz in ein Reservat eingesperrt. Man sagt, daß das Selbst und daß die Objekte aufgespalten werden, eben in ‚Gut' und in ‚Schlecht' oder ‚Böse'. Den Vorgang nennt man Spaltung."

Klein (1957, S. 305) verortet die Spaltung als einen primären Abwehrmechanismus sehr früh in der Kindheit:

„Kehren wir zu jenem Spaltungsprozeß zurück, den ich als Voraussetzung für eine relative Stabilität des kleinen Säuglings begreife, während der ersten Monate seines Lebens hält er das gute Objekt zumeist weit von dem bösen entfernt. Auf diese Weise kann er es sich auf einer fundamentalen Ebene bewahren – was zugleich auch bedeutet, daß dem Ich größere Sicherheit zuwächst."

Durch das, was Klein (1957) die depressive Position nannte, kommt es zu einer Zusammenführung von Gut und Böse. Das Kleinkind zum Beispiel, das kraftvoll an Mutters Kette gezogen und ihr dadurch sichtbar Schmerz zugefügt hat, ist darüber, was es Mutter angetan hat, erschrocken, traurig, zerknirscht, was der Position ihren Namen gab. Es entwickelt Schuldgefühle, die später schon beim Impuls auftreten, am liebsten wieder einmal stark an Mutters Kette zu ziehen. Es erinnert sich, ihr damit schon einmal wehgetan zu haben. Allmählich verinnerlicht das Kind, dass manches, was es tut, andere Menschen freut, manches ihnen aber auch Schmerzen zufügt, dass es Gutes und Schlechtes denkt, gut und schlecht fühlt und handelt, dass es gute und böse Seiten hat, so wie andere auch. Eigene Selbstanteile und innere Objekte werden nun ambivalent besetzt: Sie sind zugleich gut und böse. Reife Schuldgefühle können erlebt werden. Sie verhindern manchmal bereits im Vorhinein, einen Wunsch oder Impuls auszuleben, der andere verletzen könnte, oder führen im Nachhinein dazu, sich zu entschuldigen.

Erreicht ein Kind nicht die depressive Position, entsteht nach Clarkin, Yeomans und Kernberg (2008, S. 5) eine Borderlinepersönlichkeitsorganisation:

„Verläuft die Entwicklung normal, kommt es im Laufe der ersten Lebensjahre zu einer allmählichen Integration dieser extrem guten und schlechten Selbst- und Objektrepräsentanzen, was in komplexere und realistischere innere Repräsentanzen des Selbst und des Anderen mündet und die Anerkennung der Tatsache nach sich zieht, dass Menschen eine Mischung aus guten und schlechten Attributen darstellen und die Fähigkeit besitzen, in manchen Momenten befriedigend, in anderen frustrierend zu sein […]. Kinder, die eine Borderline-Persönlichkeitsstörung ausbilden, lassen diesen Integrationsprozess vermissen. Stattdessen wird die Trennung zwischen idealisierten und verfolgenden Anteilen der hochaffektiv besetzten Erfahrungen zu einer stabilen, wenngleich pathologischen intrapsychischen Struktur."

Hat ein Kind bereits die depressive Position erreicht, kann es durch traumatische Erfahrungen wieder in die Spaltung zurückfallen. Auch Erwachsene geben nach Traumatisierungen, etwa im Krieg, die depressive Position auf und erleben sich und andere wieder als gut oder böse, Freund oder Feind, Täter oder Opfer. Der Begriff Position drückt aus, dass es sich um keine Phase handelt, die einmal durchlaufen, nie mehr zurückkehrt, sondern dass es sich um etwas Fragiles handelt, das erworben, wieder verloren und neu errungen werden kann. Täter, etwa beim sexuellen Missbrauch, haben die depressive Position nicht erreicht, sodass sie keinerlei Schuldgefühle dem missbrauchten Kind gegenüber empfinden, sondern allenfalls eine Strafangst, ertappt und juristisch belangt zu werden.

Zur Spaltung gehören oft eine primitive, absolut uneingeschränkte Idealisierung des nur guten Teilobjektes oder nur guten Selbstanteils, weil sie nicht den kleinsten Fehler oder Fleck haben, bzw. eine primitive, komplette Entwertung des bösen Teilobjektes oder Selbstanteiles, die nur schwarz und schlecht sind und kein weißes Pünktchen haben, an denen nichts Gutes ist.

Im grimmschen Märchen „Hans mein Igel" besteht die Hauptfigur körperlich gespalten aus zwei Teilen: Hans hat die Beine eines kleinen Jungen, aber den Oberkörper voller Stacheln, wie ein Igel. Eine Prinzessin, die er umarmt, trägt lebenslang nicht heilende Verletzungen davon. Er ist entweder ein lieber Junge ohne Fehl und Tadel oder ein böser, stacheliger Igel, der verletzt und Grenzen überschreitet (vgl. auch Röhr, 1996).

Beispiel

Bereits bei der Beschreibung der aktuellen Schwierigkeiten und problematischen Beziehungen der Patientin im beruflichen, privaten und erotischen Bereich hatte die Therapeutin Mühe, sich ein Bild von den anderen Menschen zu machen oder deren Verhalten auch nur ansatzweise nachzuvollziehen. Sie wurden entweder als nur liebevoll, nur gut, völlig frei von jeglichen Fehlern oder schlechten Seiten dargestellt, oder im Gegenteil ganz und gar nur böse und gefährlich. Die Erhebung der Anamnese war faktisch gut möglich, weil die Patientin genau sagen konnte, wann sie zur Schule gekommen war oder welche Berufstätigkeiten ihre Eltern wann ausgeübt hatten. Während sie ihre Mutter nur gut schilderte, nur mit positiven Charaktereigenschaften ausgestattet, gelang es ihr trotz mehrmaligem Nachfragen der Therapeutin nicht, auch nur die kleinste Schwachstelle oder irgendeinen Fehler oder irgendein falsches Verhalten zu benennen, während sie bei ihrem Vater ausschließlich hassenswerte, zerstörerische und hinterhältige Persönlichkeitszüge nannte. Auch alle Geschwister, Verwandten, Lehrer und andere Bezugspersonen waren gut oder böse, hatten aber nie etwas von beidem. Bei aktuellen Bezugspersonen kippte das Erleben der Patientin häufig und oft scheinbar ohne Anlass: War eine Freundin eben noch gut und liebenswert, genügte ein Wort oder eine Geste von ihr, dass die Patientin sie als völlig bösartig wahrnahm. Ebenso rasch empfand sich die Patientin selbst von einer Sekunde zur nächsten nicht mehr als rein gut, sondern nur noch als schlecht und verdorben, als eine Last und Plage für alle anderen. Weil das Bild des Lebens, der Bezugspersonen und der Patientin selbst für die Therapeutin kaum einfühlbar und erkennbar war, hielt sie eine übertragungsfokussierte Therapie nach Yeomans, Clarkin und Kernberg (2017) für indiziert. Weil wir uns von dem, was die Patientin draußen erlebt, ohnehin nur ein sehr vages Bild machen können, fokussieren wir uns in dieser Therapieform für Borderlinepatientinnen darauf, was in der Übertragung passiert,

d. h. in der direkten Beziehung zwischen Patientin und Therapeutin. Die Patientin erlebte hier längere Zeit die Therapeutin als nur gut, sich selbst phasenweise ebenfalls als nur gut, manchmal plötzlich wechselnd aber auch als nur schlecht, hassenswert und böse. Die Wechsel dieses Empfindens wurden bearbeitet, sodass der Patientin allmählich ihre Spaltung sehr bewusst wurde, inklusive der damit verbundenen Idealisierung des guten und Entwertung des bösen Selbst oder Objektes. Als die Patientin an einem heißen Sommertag in ihrem Sessel Platz genommen hatte und sich eine Colaflasche öffnete, spritzte eine größere Portion Flüssigkeit auf den Ledersessel. Die Therapeutin reagierte etwas ärgerlich darauf und bat die Patientin, ins Bad zu gehen, um die Spritzer auf dem Sessel mit einem Lappen und Papiertuch wegzuwischen. Sie lehnte das empört ab, da sie sich selbst als rein gutes Wesen empfand, das bei der Hitze nur etwas trinken wollte. Sie fand die Therapeutin grundlos böse und herzlos und warf ihr berufliches Versagen vor: „Meine Allgemeinärztin hat auch Stühle, die was aushalten, die sie hinterher reinigt, wenn jemand inkontinent war oder wenn Blut gespritzt ist. Was kann ich dafür, dass Sie Ihre Praxis nicht richtig einrichten. Und schon gar nicht sehe ich ein, dass ich die Paar Flecke wegwische, ich bin ja die Patientin hier und ich habe das nicht mit böser Absicht gemacht." Die Therapeutin wischte die Cola selbst weg, damit ihre Möbel keinen dauerhaften Schaden nähmen, arbeitete das Geschehene aber danach intensiv durch. Deutlich wurde, dass die Patientin die Rollen getauscht und in die Perspektive ihres Vaters gegangen war, der immer vertrat, dass er vollkommen gut ist und nur andere etwas Falsches tun und Schuld an einem Problem tragen, niemals er selbst, während die Therapeutin das böse, uneinsichtige Selbst verkörperte, das sich nicht auskennt, nicht vorausdenken kann, alles falsch macht und dann sogar noch etwas von den Guten fordert. Nach einiger Zeit konnte die Patientin zugestehen, dass sie eigentlich weiß, dass Cola bei großer Hitze sehr unter Druck geraten und beim Aufdrehen der Flasche herausspritzen kann, dass sie aber in diesem Moment nicht daran dachte, weil sie so großen Durst auf die kräftigende Flüssigkeit und Fürsorge der Therapeutin hatte. Sie entwickelte erste Ansätze zu Schuldgefühlen, zunächst kaum spürbar, dann sehr intensiv und quälender, als der Situation angemessen, schließlich irgendwo dazwischen. Sie war traurig und zerknirscht, der Therapeutin und ihren Möbeln einen Schaden zugefügt zu haben, und erleichtert, dass diese ihre Entschuldigung annahm und ihr das Geschehene verzieh. Deutlich wurde ihr, dass sie etwas falsch machen kann, auch wenn sie sich als gut und liebenswürdig erlebt, sodass sich allmählich in einem längeren Prozess über mehrere solcher Ereignisse die depressive Position und ambivalente Besetzungen von Selbst und Objekten als gleichzeitig gut und böse entwickelten. ◄

3.3 Widerstände durch reife Abwehrmechanismen

▶ Das Auftreten reifer Abwehrmechanismen ist von einem Ausmaß der Organisation des Selbst abhängig, bei dem einerseits das Es und das Ich ausreichend und klar voneinander getrennt sind, mithin das unbewusste und das bewusste Erleben, andererseits die im vorigen Abschnitt beschriebene depressive Position erreicht wurde.

Sollte diese depressive Position im Laufe des Lebens wieder aufgegeben werden müssen, etwa durch Kriegstraumatisierungen, gehen bereits erreichte Ich-Funktionen wieder verloren, ebenso auch reifere Abwehrmechanismen. Die Ich-Organisation kehrt zu den primitiven Abwehrmechanismen zurück, um in einer als bedrohlich erlebten Welt voller Misstrauen, in der es ausschließlich Freunde und Feinde gibt, überleben zu können.

In diesem Abschnitt sollen die reiferen Abwehrmechanismen beschrieben werden und zu welchen Widerständen sie in Psychotherapien führen können.

3.3.1 Verschiebung

▶ Bedürfnisse, Wünsche, Fantasien oder Impulse, die mit Angst, Scham oder Schuldgefühlen verbunden sind, werden von einem Menschen, auf den sie sich eigentlich richten, auf einen anderen Menschen oder einen Gegenstand verschoben, wo sie mit weniger oder keiner Angst, Scham oder Schuld befriedigt werden können.

Manche Menschen lernen bereits als Baby, dass ihre oralen Wünsche nach Trost, Beruhigung oder Befürsorgung nicht direkt beantwortet werden, weil sie die Eltern nicht verstehen oder weil sie ihnen zu viel sind, sodass jede Art von Schreien dazu führt, gestillt und gefüttert zu werden, selbst wenn das Baby aus Angst oder Trauer schreit, und nicht vor Hunger. Sie verinnerlichen, dass diese Wünsche den Eltern zu viel sind. Sie alle verschieben diese Bedürfnisse später auf Nahrungsmittel, Nikotin, Alkohol oder Drogen. Sie sollen ihr Weinen still machen, wie früher die zu schnell und zu oft verabreichte Muttermilch ihnen ihre Ängste nehmen, sie beruhigen, trösten, anregen, ermutigen und Energie schenken. Diese vergiftete Muttermilch gibt ihnen all das, was sie von Menschen im direkten Miteinander nicht zu erwarten wagen. Wenn diese Bedürfnisse auf andere Menschen verschoben werden, sind es nicht die, denen sie eigentlich gelten, sondern zum Beispiel Prostituierte. Dort werden sie über oral getönte Sexualität erfüllt, oder öfter auch direkt über ein Gespräch. Eine Patientin, die am Beginn ihrer Behandlung Edelprostituierte war, berichtete, dass viele ihrer Freier 50 min über sich sprächen und sich teilweise bei ihr ausweinten, ehe ihnen einfiel, warum sie eigentlich offiziell zu ihr gekommen waren. Durch das Bezahlen wird das Schuldgefühl, verbotene Bedürfnisse nicht an einem Gegenstand, sondern einem anderen Menschen erfüllt zu haben, abgegolten. Noch problematischer ist es, wenn Erwachsene ihre oralen Wünsche nach Fürsorge und Trost nicht auf ihre erwachsenen Bezugspersonen richten, sondern auf ihre Kinder verschieben, die sie dann erfüllen müssen, was einen emotionalen Missbrauch darstellt. Wir nennen das Parentifizierung, von lateinisch „parentes" (Eltern) und „facere" (machen). Hierbei werden Kinder zu den Eltern für ihre Eltern gemacht.

Wutgefühle und Wünsche nach Macht können weg von realen Menschen auf Computerspiele verschoben werden, wo sie verkleidet durch einen Avatar virtuell ausgelebt werden, der andere Wesen erschießt, quält oder unterwirft. Auch hier ist eine Verschiebung auf Menschen möglich, etwa der Wut auf den ungerechten, nicht anerkennenden Chef, die mit nach Hause genommen und auf die Partnerin, den Partner oder gar auf die Kinder verschoben wird, die dann angeschrien, erniedrigt oder geschlagen werden.

Bei Phobien kommt es zu einer Verschiebung der zugrunde liegenden Angst auf objektiv betrachtet relativ geringfügige, äußere Gefahren. Bei einer Klaustrophobie wird die Angst durch die sich schließende Tür eines Fahrstuhles oder Busses ausgelöst. Die Patientin befürchtet, in der Enge des Raumes, den sie nun eine Zeit lang nicht mehr verlassen kann, ersticken zu müssen oder zumindest in Ohnmacht zu fallen und anderen ausgeliefert zu sein. Meist wird hier die Angst vor Abhängigkeit, der psychischen Ohnmacht im Sinne von Ausgeliefertsein, vor dem Nichtentrinnenkönnen, die in einer bedeutsamen zwischenmenschlichen Beziehung auftaucht, etwa in einer neuen Liebesbeziehung, zu Familienmitgliedern oder zu machtvollen Vorgesetzten, auf den Bus oder Fahrstuhl verschoben. Diese kann die Patientin vermeiden, während sie den eigentlich gefürchteten Beziehungen oft nicht so gut aus dem Weg gehen kann. Eine Agoraphobie ist hingegen oft die Verschiebung von Ängsten vor Autonomie, die sich die Patientin in zwischenmenschlichen Beziehungen wünscht, auf Agoras, also große Plätze. Sie befürchtet, dass ihr etwas Schlimmes passieren könnte, je größer der Platz, je freier die Umgebung ist oder je mehr Menschen dort sind. Sie vermeidet diese Gefahren, umgeht damit aber auch Autonomie, weil sie oft nur in Begleitung eines anderen Menschen das Haus verlassen und irgendwo hingelangen kann. Bei allen Phobien finden wir solche Verschiebungen. Sie werden in der Psychotherapie zum Widerstand, weil die Patientin zwar einerseits ihre quälende, einengende Phobie loswerden möchte, andererseits die Rückverschiebung auf die eigentlichen Quellen der Angst noch viel beunruhigender ist, zumindest solange sie nicht verstanden hat, warum sie etwa Abhängigkeit oder Autonomie so schrecklich ängstigen. Erst wenn sie das Irrationale und oft mit der Lebensgeschichte Verbundene an diesen überstarken Ängsten zu verstehen beginnt, kann sie die Verschiebung allmählich rückgängig machen.

▶ In Behandlungen müssen wir auf jede Art von Verschiebung achten, sie ansprechen, verstehen und den Patientinnen helfen, die Erfüllung der Bedürfnisse auf die Menschen zurückzuverschieben, denen sie eigentlich gelten, oder zumindest auf Menschen, die sie angemessen erfüllen können.

Beispiel

In Suchtkliniken kann der Konsum von Alkohol und Drogen weitgehend durch Reglementierungen verhindert werden, sodass die oralen Wünsche nicht mehr auf die eigentlichen Suchtmittel verschoben werden können, sondern nach einem neuen Ziel suchen. Das kann ein erhöhter Konsum von Nikotin oder Essen sein, was aber häufig nicht ausreicht. Deshalb werden die Wünsche oft und intensiv auf die Therapeutinnen und das Personal gerichtet, zum Teil auch auf Mitpatientinnen. Als ich mit 24 nach dem Psychologiestudium in einer Entwöhnungsklinik, die eigentlich „Rückverschiebungsklinik" heißen müsste, zu arbeiten begann, hatte ich kurzfristig Zweifel, ob die zumeist Mitte 50 Jahre alten Männer mich überhaupt ernst nehmen könnten. Ihre Wünsche nach Trost, Beruhigung und Fürsorge waren allerdings so stark, dass ich sie unmittelbar zu spüren bekam und gemeinsam mit dem anderen Personal und den Mitpatientinnen in den Gruppen zu erfüllen versuchte. Abends fühlte ich mich ausgesaugt und leer, sodass ich zum Teil um 18 Uhr ins Bett ging. Ein psychoanalytischer Supervisor erläuterte mir damals den Abwehrmechanismus der Verschiebung meiner Patientinnen, was mir half, im direkten Kontakt mit ihnen bewusster zu verstehen, was gerade unterschwellig zwischen uns passiert. Dadurch konnte ich einen Teil ihrer oralen Wünsche erfüllen, einen anderen eher benennen. Manche sehr frühkindlichen Bedürfnisse, etwa als Kleinkind von einer guten, liebevollen Mutter in den Arm genommen und hin und her getragen zu werden, ließen sich nicht in ihrer ursprünglichen Form erfüllen. Die Patientinnen konnten nur betrauern, dass manche Wünsche in ihrer frühen Kindheit nie erfüllt wurden und auf die kindliche Art nie mehr in ihrem Leben erfüllt werden können. Durch Betrauern können sich Menschen von diesen frühen Wünschen emotional verabschieden und brauchen sie dann nicht mehr zu verschieben. Der Widerstand möchte die Verschiebung aufrechterhalten. Er richtet sich gegen das Spüren der tiefen Trauer über etwas, das sich nie vollständig ersetzen oder wiedergutmachen lässt. Wird er nicht angesprochen und die Trauer umgangen, wird die Patientin so bald wie möglich die Wünsche, von denen sie sich nicht verabschiedet hat, erneut auf Gegenstände oder andere Menschen verschieben. Bei trockenen Alkoholikerinnen kommt es vor, dass sie sehr trocken, sehr nüchtern mit uns sprechen, ihre oralen Wünsche nach Trost und Geborgenheit aber nicht auf uns richten. Sie halten dann innerlich die Verschiebung auf den Alkohol aufrecht. Eine Patientin, die sehr spröde und kaum spürbar in den Therapiestunden von sich erzählte, träumte in der Nacht danach von dem großen Bierkrug mit einer wunderschönen Schaumkrone, den sie in einem Zug austrank. Wünsche, die sie nicht wagte, sich bei mir zu erfüllen, blieben weiter auf das Bier verschoben. Erst ein Ansprechen dieses Verschiebungswiderstandes auf das Bier führte dazu, die Verschiebung allmählich aufzugeben und die dahinterliegenden Bedürfnisse auf mich zu richten und wie oben beschrieben zu einem Teil auch aufzugeben und zu betrauern, weil sie kein Baby mehr ist und ich sie nicht an die litergroße Brust legen kann. Übrigens verschwand nach der einen erwähnten Supervision meine starke Müdigkeit fast von einem Tag auf den anderen, weil ich eine Idee von Verschiebungen, vom Widerstand und vom Containing bekommen hatte, von all dem, was zwischen den Patienten und mir unterschwellig passierte, sodass ich seither von der Psychoanalyse begeistert bin und in diesem Bereich Aus- und Weiterbildungen machte. ◄

In ambulanten Therapien sollte je nachdem, ob eine Abhängigkeit oder ein Abusus vorliegt, der Rahmen der Behandlung geklärt werden, wie ich das oben bei den Rahmenwiderständen für Süchtige und Essgestörte beschrieben habe. Ohne solche Regelungen würden diese Patientinnen ihre Verschiebung nicht aufgeben und die entsprechenden Gefühle und Bedürfnisse aus der Therapie heraushalten.

Bei einer Verschiebung von Wut auf die Kinder oder die Partnerin, bei der es zu psychischer oder körperlicher Gewalt kommt, sind oft drastische Maßnahmen nötig, etwa eine Einschaltung des Jugendamtes, ein vorübergehender Auszug der Gewalt ausübenden Person oder gar die Einschaltung von Strafverfolgungsbehörden. Eine Kontaktsperre zu den Opfern gelingt meiner Erfahrung nach leichter, als manche denken, weil nur Menschen zu uns in die Therapie kommen, die zumindest im Ansatz ein Gefühl von Schuld gegenüber den Opfern haben, vielleicht sogar deshalb Therapie suchen, weil sie immer wieder die Kontrolle über die Wut verlieren. Vielen Tätern fehlt jedes Schuldgefühl, sodass sie uns gar nicht aufsuchen würden.

Fazit

Verschiebungen müssen auf jeden Fall besprochen und verstanden werden, sodass sie aufgegeben werden können. Oft ist zwischenzeitlich eine Verschiebung heikler, verbotener Wünsche in die Therapie sinnvoll, wo sie partiell von der Therapeutin erfüllt und partiell aufgearbeitet werden können, ehe sie wiederum nach außen auf reale Bezugspersonen der Patientinnen verschoben werden, die sie dann befriedigen. Therapievereinbarungen, die überprüft werden, sind bei Süchten, Essstörungen und stärkerem Abusus nötig, weil diese sonst immer einer Aufarbeitung in der Therapie vorgezogen werden und die Verschiebung auf Suchtmittel ein unüberbrückbarer Verschiebungswiderstand ist.

3.3.2 Altruistische Wunschabtretung

▶ Eigene Wünsche, etwa nach Geborgenheit, Befürsorgtwerden oder Trost, die ein Mensch mit Scham, Angst oder Schuldgefühlen verknüpft, kann er selbst nicht erleben. Stattdessen nimmt er sie sehr sensibel bei anderen Menschen wahr, die sie offener ausdrücken können, etwa bei Kranken oder anders Hilfsbedürftigen. Wenn er ihnen hilft, spürt er, dass sie erleichtert sind, sich unterstützt, befürsorgt, geborgen und dankbar fühlen. Er identifiziert sich mit dem Gegenüber, dem er geholfen hat, und spürt in abgeschwächter Form dessen erfüllte orale Wünsche. Im anderen werden also altruistisch, über Hilfe, eigene, innerlich verbotene Bedürfnisse erfüllt und ihre Befriedigung wird in Identifikation mit dem anderen genossen.

Solange das nur über andere geht, bleiben eigene Wünsche letztlich unerfüllt, sodass sie immer wieder neu im anderen wahrgenommen und befriedigt werden müssen.

Anna Freud (1936) hielt die altruistische Wunschabtretung für einen sozial wertvollen Abwehrmechanismus, der vor allem in helfenden Berufen vorkommt. König (1997) führt aus, dass nicht jede Hilfe ein Abwehrvorgang ist, sondern dass es auch einen primären Wunsch gibt, anderen zu helfen. Bei Menschen mit einer altruistischen Abtretung fällt aber auf, dass sie selbst die Hilfe nicht annehmen können, die sie anderen geben. In helfenden Berufen führt das im schlimmsten Fall zu einem Burn-out-Syndrom, einem ausgeprägten depressiven Erschöpfungszustand mit schweren Schlafstörungen. Es ist ähnlich wie im Märchen „Die Sterntaler" der Brüder Grimm. Darin geht es um ein kleines Mädchen, dem beide Eltern verstorben sind und dem nur noch ein Stück Brot übrig geblieben ist. Sie schenkt es jedoch einem Mann, der am Wegesrand sitzt und über Hunger klagt. Es teilt nicht etwa das Stück Brot in zwei Hälften, sodass es seine eigenen Bedürfnisse auch noch befriedigen könnte, sondern gibt alles weg, was es hat. Danach schenkt es bedürftigen Kindern Stück für Stück seiner Kleidung und steht schließlich, nachdem es sein letztes Hemd gegeben hat, völlig nackt allein in einem dunklen, kalten Wald. Das Dunkle drückt sehr anschaulich die depressive Stimmung aus, die Erschöpfung und die Gefahr, zu erfrieren, aber auch die Einsamkeit. Niemand ist da, der helfen könnte. Glücklicherweise fallen dann die Sterne in Gestalt goldener Taler vom Himmel. Sie könnten das Klinikgehalt der Ärztin oder Sozialarbeiterin sein, oder die Kassenhonorare der niedergelassenen Psychotherapeutin, was eine Zeit lang Entgelt genug ist, um sich Bedürfnisse zu erfüllen, aber dauerhaft auch nicht vor einem Burn-out schützen kann. Besser wäre, wenn die Sterntaler den sprichwörtlichen Groschen symbolisieren würden, der fällt, also eine Erkenntnis, die dem altruistischen Menschen kommt. Dazu sollten wir ihm in der Therapie verhelfen.

> **Beispiel**
>
> Patientinnen, bei denen dieser Abwehrmechanismus dominiert, kommen meist erst sehr spät zu uns in Behandlung, etwa wenn sie bereits alles, sprichwörtlich ihr letztes Hemd, gegeben haben und im dunklen Wald, im Burn-out sind. Durch die enorme Erschöpfung, Depressivität und Schlafstörungen gibt es ein kurzes Fenster sehr hohen Leidensdruckes, der sie Hilfe suchen lässt. Nur wenn wir ihnen dann schnell einen Termin geben und möglichst bereits im Erstgespräch den dort spürbaren Widerstand durch altruistische Wunschabtretung deuten und besprechen, gibt es eine kleine Chance, sie für eine Therapie zu gewinnen. Das Märchen „Die Sterntaler" ist eine bildhafte Abbildung des Erlebens dieser Patientinnen. Eine Psychologin, bei der ich das Märchen ansprach, erinnerte sich teilweise daran, vor allem mit großer Selbstverständlichkeit, dass das kleine Mädchen das gesamte Brot verschenkte. Als ich ihr sagte, wie irritiert ich bin, dass es für sie völlig selbstverständlich ist, dass das kleine Mädchen dem erwachsenen Mann nicht nur ein Stück, sondern das gesamte Brot schenkt, und dass ich vermute, dass es auch für sie keine andere Option gäbe, war sie nachdenklich und wollte wissen, was ich denn wohl meinen würde, welche anderen Optionen es für das kleine Mädchen gäbe. Dabei sprach sie mit einer Stimme, als spräche ich von ihr völlig unbekannten und weit entfernten Galaxien, unterschwellig, als wäre ich etwas verrückt, so abwegige Überlegungen anzustellen, nur einen Teil des Brotes zu verschenken oder den Mann gar um Hilfe zu bitten. Ich spiegelte ihr diese Eindrücke, sodass wir über an-

dere Perspektiven ins Gespräch kommen konnten und ich ihr ihre großen Schwierigkeiten deuten konnte, überhaupt zu mir zu kommen. Sie bestätigte, nur deshalb erschienen zu sein, weil sie andere gedrängt hätten, sich einmal einen Termin bei einem Kollegen zu besorgen. Anhand des Bildes mit dem Brot und dem Geschicktwerden konnten wir noch im Erstgespräch über die Unmöglichkeit sprechen, eigene Wünsche nach Unterstützung auch nur wahrzunehmen, geschweige denn sich zu erfüllen. Eine Interpretation des Widerstandes durch altruistische Wunschabtretung half ihr, zumindest rational zu akzeptieren, eine zunächst sehr niedrigschwellige Therapie von einer Sitzung in drei Wochen zu beginnen. Termine waren immer schwer zu finden, weil sie sich um ihre alte, kranke Mutter, die psychisch kranke Schwester, die bei ihr lebte, ihren depressiven Partner und natürlich ihre Patientinnen kümmern musste und kaum Zeit für unsere Stunden fand. Als wir in den ersten Vorgesprächen und den ersten Therapiesitzungen auch emotional die altruistische Wunschabtretung aufdeckten, konnte sie sie allmählich aufgeben und in die Therapie einsteigen. Am Ende jeder Stunde kam viel Mitleid in ihr auf, wie schwer ich es doch habe, wenn ich auch nur den halben Tag mit Menschen wie ihr zu tun hätte. Sie schenkte mir Blumen, wollte gern auch Süßigkeiten dazulegen und sogar ein paar Sterntaler in Gestalt von Extrahonoraren, um ihre enormen Schuldgefühle mir gegenüber auszudrücken und zu lindern. Manche Sterntaler, wie Blumen, können wir vielleicht annehmen, um es der Patientin zu erleichtern, bei uns vorsichtig Wünsche nach Trost und Befürsorgung zu offenbaren. Schokolade und Geld lehnte ich hingegen ab, mit der Bemerkung, gern wissen zu wollen, welche Schuldgefühle sie damit abbezahlen möchte. ◄

Fazit

Ohne ein sehr rasches Ansprechen und Durcharbeiten der altruistischen Wunschabtretung und des daraus resultierenden Widerstandes gegen die Hilfe durch eine Therapeutin als fremder, äußerer Person werden wir diese Patientinnen eher früher als später verlieren. Ist der Widerstand jedoch früh benannt und durchgearbeitet, können diese Patientinnen bisher für sie unvorstellbare Erfahrungen von Trost und Befürsorgung bei uns machen und sich selbst und ihr gesamtes Leben sehr verändern.

3.3.3 Wendung gegen die eigene Person

▶ Menschen können sehr unterschiedliche Gefühle und Impulse auf sich selbst wenden, statt sie auf andere Personen zu richten. Narzisstische Persönlichkeiten richten zum Beispiel ihre Libido auf sich selbst, weil es ihnen zu gefährlich scheint, sie auf andere zu lenken, die sie nicht erwidern oder enttäuschen könnten. Zumeist wird dieser Abwehrmechanismus aber verwendet, um die Wendung der Aggression weg von anderen, hin auf die eigene Person zu kennzeichnen. Das geschieht entweder aus Schuldgefühlen, die mit aggressiven Impulsen verbunden sind, oder um wichtige Bezugspersonen zu schonen und ihre Liebe nicht zu verlieren.

> „Es gibt Abwehrmechanismen, die das Ich eines Menschen vor Affekten und Stimmungen schützen, die es nicht ertragen kann, und Abwehrmechanismen, die verhindern, daß im Ich Impulse entstehen, mit denen es als Mittler zwischen Innenwelt und Außenwelt nicht sozialadäquat umgehen kann. Dazu gehören Abwehrmechanismen, die das interpersonelle Feld von Störungen freihalten.
> Der Prototyp eines Abwehrmechanismus, der das interpersonelle Feld aggressionsfrei hält, ist die Wendung der Aggression gegen die eigene Person. Aggressive Impulse werden gegen das Selbst gerichtet und treffen so nicht das Objekt, dem sie ursprünglich galten." (König, 1997, S. 32)

Die Wendung der Aggression gegen die eigene Person ist eine Hauptursache für Depressionen, wo sie sich als Selbstanklage, bisweilen als Selbsthass, als Selbsttötungsimpuls, zumindest aber als pathogenes Schuldgefühl, alles falsch zu machen, von Grund auf falsch zu sein, zeigt. Der Antriebsmangel bei der Depression kommt dadurch zustande, dass die Aggression nicht nach außen gerichtet werden kann, in die Welt und auf andere Menschen, sondern eben auf die eigene Person gewendet bleibt. Aggression kommt vom lateinischen Wort „aggredī", was sich übersetzen lässt mit „sich auf etwas oder jemanden zubewegen, an etwas oder andere heranschreiten". Dazu fehlt Depressiven der Mut und die Kraft, sodass sie lange in einem starken Rückzug aus allen Beziehungen verbleiben, oft auch aus der beruflichen Welt. Solange dieser Abwehrmechanismus aufrechterhalten bleibt, fungiert er als Widerstand gegen therapeutische Veränderungen, auch wenn wir sehr intensiv an den pathologischen Kognitionen arbeiten. Kaum haben wir eine Grübelei entkräftet, greifen die Patientinnen zur nächsten. Deshalb ist ein Ansprechen des Widerstandes wichtig, wann und warum die Patientin ihre Aggression gegen das eigene Selbst richtet. Hilfreich sind die häufig auftretenden, wiederkehrenden Albträume Depressiver, in denen sie immer auf dieselbe Art und Weise von anderen, düsteren Gestalten angegriffen, verletzt oder beinah getötet werden, woran die Wendung gegen die eigene Person sehr gut erkennbar wird. Wenn die Patientin notiert, wann sie die Träume hatte, können wir in der Therapie überlegen, über wen sie sich am Tag vorher geärgert hat, und die Wendung der Aggression gegen sich selbst bearbeiten.

Beispiel

Als Beispiel soll ein anschaulicher Fall von Anna Freud (1936, S. 51 f.) dienen:

> „Ich wähle als Beispiel den Fall einer jungen Fürsorgerin aus. Sie ist ein mittleres Kind in einer Reihe von vielen Geschwistern. Ihre Kindheit wird von einem stürmischen Penisneid auf den älteren und jüngeren Bruder ausgefüllt und von Eifersucht, die durch die

wiederholten Schwangerschaften der Mutter immer neu genährt wird. Neid und Eifersucht verbinden sich schließlich zu einer starken Feindseligkeit gegen die Mutter. Da die Liebesbindung an die Mutter aber nicht geringer ist als ihr Haß gegen sie, beginnt in ihr nach einer ersten Periode von ungehemmter Wildheit und Schlimmheit ein intensiver Abwehrkampf gegen die negativen Regungen. Sie hat Angst, die Liebe der Mutter, die sie nicht entbehren kann, durch die Äußerung ihrer eigenen Haßgefühle zu verlieren. Sie hat Angst vor den Strafen der Mutter; und sie kritisiert sich selbst aufs schärfste für ihre eigenen verbotenen Rachegelüste. ... Das Ich des Mädchens ... wendet den Haß, der bis dahin ausschließlich der Außenwelt galt, gegen die eigene Person. Das Kind martert sich selbst mit selbstquälerischen Anklagen und Minderwertigkeitsgefühlen, tut die Kindheit und Jugend hindurch bis in die Erwachsenheit alles, um sich selbst zu benachteiligen und zu schädigen, und setzt die eigenen Ansprüche an ihr Leben ständig hinter die der anderen zurück. Für den Anschein von außen her ist sie seit Inkrafttreten dieser Abwehrtechnik masochistisch geworden." ◄

3.3.4 Ungeschehenmachen

▶ Bei diesem Abwehrmechanismus versuchen Menschen, durch ein Buß- oder Zauberritual etwas ungeschehen zu machen, was sie beinah getan hätten, wären sie inneren Gedanken, Gefühlen oder Impulsen gefolgt, die sie für verboten halten.

Bei allen Zwangsgedanken und Zwangshandlungen spielt das eine Rolle, weshalb es sehr wichtig ist, genau zu hinterfragen, was wohl passieren würde, wenn die Patientin ihren Zwang nicht lange oder häufig genug ausführt. Bei einem Kontrollzwang etwa musste die Patientin anfänglich dreimal, später zehnmal, irgendwann zwanzigmal prüfen, ob sie wirklich den Herd ausgeschaltet hat, oder ob sie es vergessen hat, sodass Gas ausströmt und das Haus explodiert. Es stellte sich heraus, dass sie nur ungern in der Wohnung lebt, weil die Nachbarn zu laut oder unfreundlich sind, weil die Wohnung ihr zu klein und das Haus schmuddelig ist. Insgeheim hatte sie aggressive Fantasien, alles zu zerstören, was sie hasste. Sie befürchtete, einen Moment lang unaufmerksam zu sein, sodass diese aggressiven Impulse sie zu einer Fehlleistung bringen und sie versehentlich den Herd nicht ausstellen würde. Deshalb versuchte sie, durch Zwangshandlungen ihre geheimen, aggressiven Gefühle nicht nach außen dringen zu lassen und die darin fantasierten Handlungen ungeschehen zu machen. Freud (1916) beschrieb in den *Vorlesungen zur Einführung in die Psychoanalyse* die Fehlleistung eines Festredners, der die Anwesenden dazu aufforderte, auf das Wohl des Chefs aufzustoßen statt anzustoßen. Darin drückte sich ungewollt ein aggressives Gefühl dem Chef gegenüber aus. Zwänge sind Zauberrituale, die solche Fehlleistungen verhindern sollen, oder Bußrituale, wenn sie trotz allen Aufpassens doch einmal passiert sind.

Am Beginn der Psychotherapie verstärken sich oft die Zwänge, weil der Patientin die verbotenen Impulse beginnen, bewusster zu werden, schon allein durch das Sprechen darüber, was verhindert oder ungeschehen gemacht werden muss. Verhaltensänderungen sind der Patientin oft nicht möglich. Damit Zwänge nicht zu einem Widerstand gegen den Behandlungsfortschritt werden, müssen wir gemeinsam verstehen, warum die Impulse verboten sind, und der Patientin helfen, sozial akzeptable Wege zu finden, sie auszudrücken. Die beispielhaft beschriebene Patientin mit dem Kontrollzwang könnte innerlich anerkennen, dass ihr Ärger auf die Nachbarn oder das Haus an sich berechtigt ist, und danach adäquatere Ausdrucksmöglichkeiten für ihr Gefühl suchen, als das Haus in die Luft zu sprengen.

> **Beispiel**
>
> Sandra kam mit dem Zwang zur Therapie, 20 Minuten lang zu kontrollieren, ob sie ihre Wohnungstür wirklich verschlossen hätte. Als ich sie im Erstgespräch nach ihrem sonstigen Leben fragte, sagte sie: „Vor drei Monaten habe ich meinem Freund endgültig die Tür verschlossen, obwohl ich ihn sehr liebe. Aber er ist verheiratet und nicht bereit, sich für mich von seiner Frau zu trennen." Als ich sie auf ihre Formulierung mit der Tür ansprach, war sie irritiert. Sie erinnerte sich, vor einigen Wochen geschlafwandelt zu sein und nachts die Tür ihrer Wohnung geöffnet zu haben. Sie wachte morgens auf und sah erschrocken, dass die Tür sperrangelweit aufstand. An einem blauen Fleck am Oberschenkel und einem leicht verschobenen Tisch auf dem Weg zur Wohnungstür, an dessen Ecke sie sich wohl gestoßen hatte, erkannte sie, dass sie selbst im Schlaf die Tür geöffnet hatte. Dadurch wurde ihr der Wunsch zugänglich, ihrem Geliebten doch wieder die Tür zu öffnen, die sie ihm symbolisch verschlossen hatte, aber auch die Bedeutung des Zauberrituals, mit dem sie eine Verwirklichung des Wunsches jeden Tag aufs Neue unbedingt verhindern wollte, seit sie vor fünf Monaten erfahren hatte, dass er verheiratet ist, und verstärkt seit drei Monaten, seit ihrer Trennung von ihm. Diese Erkenntnis allein führte zu einer leichten Reduzierung der Zwangssymptomatik. Wichtig war aber auch, die Unerfüllbarkeit ihres Wunsches innerlich zu betrauern und zu überlegen, wem sie sonst ihre Tür öffnen könnte. Unverheiratete Männer bereiteten Sandra große Angst, was bei einer Patientin nicht verwundert, die nur ganz weit offene oder ganz verschlossene Türen kennt, also nicht über eine flexible Abgrenzungsfähigkeit verfügt, bei der es auch halb oder ein Viertel verschlossene Türen gibt. Nähewünsche ungebundener Männer waren anfänglich sehr bedrohlich für sie. Erst, nachdem wir das Ängstigende an ihren Wünschen nach Türöffnung bearbeitet hatten, verschwand der Zwang komplett. ◄

3.3.5 Rationalisierung und Intellektualisierung

▶ Der Begriff Rationalisierung stammt vom lateinischen Wort „ratio" für Berechnung, Erwägung oder Vernunft. Als Abwehroperation meint er, dass nur die vernünftigen Motive gedacht und erwähnt werden und dass diese die irrationalen, unvernünftigen Bedürfnisse, Wünsche, Sehnsüchte, Gefühle und Impulse mit etwas logisch Nachvollziehbarem bemänteln. Intellektualisierung geht noch eine

Ebene höher: Durch Abstrahieren, Generalisieren und Universalisieren geht der Kontakt zur konkreten, sinnlich erfahrbaren Wirklichkeit und den niederen Beweggründen des eigenen Erlebens und des Verhaltens anderer verloren. Alles Emotionale wird mit vernünftigen Gründen oder sehr abgehobenen Theorien erklärt und dadurch von jeglichem Schuldgefühl, Scham, Ekel oder Angst befreit, die aufträten, würden die unvernünftigen, leidenschaftlichen Aspekte erkennbar.

König (1995, S. 38) beschreibt sehr anschaulich, wie diese Abwehrformen zum Widerstand werden können:

„Auch das fruchtlose, mehr oder weniger intellektualisierende Nachdenken über eine Situation oder eine Beziehung dient meist dem Aufrechterhalten eines Status quo. DAVANLOO gebraucht hier den Ausdruck „Rumination", also Wiederkäuen. Der Ausdruck ist natürlich nicht ganz treffend, weil bei Tieren während des Wiederkäuens ein Verdauungsvorgang stattfindet, bei ruminierenden Patienten gerade nicht. Besonders bei den Angehörigen psychologischer und pädagogischer Berufe nehmen endlose Gespräche über Beziehungen oft einen großen Raum ein, ohne dass sich dadurch etwas ändert. Es wird interpersonell „gegrübelt". Grübeln ist hier nicht Nachdenken sondern ein gedankliches Im-Kreise-Gehen."

Natürlich gibt es immer wichtige, vernünftige Überlegungen, um eigenes oder fremdes Verhalten zu erklären. Ohne mentale Theorien über unser eigenes Erleben und das der anderen kämen wir nicht gut durch die Welt. Manche Menschen lesen psychologische Fachbücher oder studieren Psychologie, um endlich zu verstehen, warum ihre Mitmenschen sich oft so ganz unerwartet verhalten. Zum Widerstand werden Rationalisierung und Intellektualisierung, wenn sie im therapeutischen Gespräch emotionale, irrationale Aspekte des Wünschens und Erlebens verdecken. Wenn wir keine affektive Beteiligung der Patientin beim Sprechen erkennen, sollten wir es ansprechen, weil ohne Gefühle keine Einsicht und keine Veränderung möglich sind. Ich sage an so einer Stelle gern: „Was Sie sagen, das ist sehr logisch, aber nicht psycho-logisch." Meist versteht die Patientin dann schon recht gut, dass mir die vernünftigen und intellektuellen Erläuterungen ihres Handelns nicht genügen, und kann mitteilen, was es ihr so schwer macht, einen Zugang zu ihren Gefühlen zu bekommen.

In einer Zeit voller brutaler, hochtechnisierter Kriege und skrupelloser, gewinnorientierter Umweltzerstörung kann ich einen Blick aus dem Fenster meines Behandlungszimmers nicht vermeiden und möchte König (2004, S. 79 f.) zum Thema Rationalisierung zu Wort kommen lassen:

„Trieb- und Beziehungswünsche werden durch den Einsatz von Abwehrmechanismen nicht nur verändert, sondern durch sie auch gerechtfertigt. Zum Beispiel wird bei der Durchsetzung von Recht und Gesetz oft eine sadistische Komponente geleugnet oder durch den rationalisierenden Bezug auf höhere Ziele gerechtfertigt. Ein Krieg kann angefangen werden, um Macht und Geltung zu gewinnen, oder um materieller Vorteile willen. Die vorgebrachten Kriegsgründe werden andere sein. Das hat in der westlichen Welt, und vermutlich überall, eine lange Tradition; man denke an die Kreuzzüge, an die gewaltsame Christianisierung der Neuen Welt mit ihren Bodenschätzen und ihren sonstigen Reichtümern oder an Kriege um Öl. Werte werden nicht nur durch die Persönlichkeitsstruktur mitbestimmt; sie können auch dazu dienen, eigennützige Motive durch uneigennützige, rationalisierende Beweggründe zu maskieren. Oft kommt es auch vor, daß der Anteil solcher uneigennütziger Beweggründe betont und der Anteil eigennütziger Beweggründe bagatellisiert wird."

Beispiel

Eine Fallvignette von Riemann (1961, S. 112 f.) soll das Geschilderte veranschaulichen:

„Ein Patient erzählt in der Analyse einen Traum und fährt dann fort: ,Hat es überhaupt einen Sinn, Träumen eine Bedeutung zu geben? Es ist doch immer alles relativ, man kann da alles mögliche hineinlegen oder herauslesen – wer sagt mir, daß ich den richtigen Einfall gefunden habe? Vielleicht habe ich den Traum schon beim Erzählen verändert oder gar nicht mehr genau erinnert? Wird damit nicht alles fragwürdig? Träume sind ja doch nur Schäume, die Beschäftigung mit ihnen ist unwissenschaftlich. Freud und Jung haben sogar ganz verschiedene Auffassungen vom Traum gehabt und Träume verschieden ausgelegt. Da gibt es doch offensichtlich nichts Verbindliches und Verläßliches. Und die Einfälle! Was soll mir schon einfallen … das führt doch ins Unkontrollierbare … da verliert man sich doch völlig ins Ungewisse … außerdem fällt mir auch gar nichts ein …'. Das sich Absichern, hier durch gut gekonnte Rationalisierung, die vor das Erleben geschoben wird, vor dem er sich abschirmt, ist gut zu erkennen; seine Angst vor dem ,Unkontrollierbaren' wird deutlich – es ging ja gar nicht darum, über Träume wissenschaftlich zu diskutieren, er sollte sich ja nur seinen Einfällen überlassen. Mancher mag hier vielleicht denken, daß die Zweifel des Patienten bezüglich der Träume ganz berechtigt waren – er übersähe dabei indessen, daß der Patient sie nur zum Ausweichen benutzte; darüber hinaus waren seine Zweifel keineswegs nur auf Träume beschränkt – er hatte Angst vor allem, was er als ,unsicher' ansah, und suchte es zu vermeiden. Viele zwanghafte Menschen bleiben aus ähnlichen Motiven der Absicherung in den Vorbereitungen zu etwas stecken, wie das ein Witz sehr treffend illustriert: Ein Mann kommt in den Himmel, sieht dort zwei Türen mit den Aufschriften ,Tor ins Himmelreich' und ,Tor zu Vorträgen über das Himmelreich' – und er geht durch das zweite Tor." ◄

3.3.6 Isolierung vom Affekt und aus dem Zusammenhang

▶ Bei der Isolierung wird innerlich etwas voneinander getrennt und ferngehalten, was eigentlich zusammengehört. Einerseits können Gedanken von unerträglichen Gefühlen isoliert werden, die sie normalerweise auslösen. Andererseits werden Zusammenhänge aufgelöst, um etwas voneinander zu isolieren, das sonst miteinander in Konflikt geraten könnte.

Bereits Anna Freud (1936, S. 43) stellte fest, dass Isolierung und Ungeschehenmachen besonders häufig bei zwanghaften Menschen vorkommen:

„Von dem zwangsneurotischen Ich anderseits hören wir, daß es bei der Symptombildung die Abwehrtechnik der Isolierung gebraucht. Es zerreißt also nur die Bedeutungszusammenhänge und erhält dabei die Triebregungen im Bewußtsein. Dementsprechend ist auch der Widerstand des zwangsneurotischen Patienten ein anderer. Dieser schweigt nicht, er spricht auch im Widerstand, aber er zerreißt die Zusammenhänge zwischen seinen Einfällen, isoliert Vorstellung und Affekt beim Sprechen."

König (1997, S. 55) erläutert:

„Patienten, die habituell stark vom Affekt isolieren, wissen inhaltlich oft viel über sich, weil durch die Isolierung vom Affekt mehr bewußt werden konnte als bei Menschen, die weniger vom Affekt isolieren. Sie sprechen frei über Inhalte, von denen man erwarten würde, daß sie schwer mitzuteilen sind, weil sie intensive Angst, Schuld oder Schamgefühle hervorrufen müßten."

Beispiel

Im Gegensatz zur Verdrängung sind einerseits gedankliche Inhalte und andererseits auch stärkere Gefühle durchaus bewusst zugänglich, aber so sehr voneinander getrennt, als hätten sie nichts miteinander zu tun. So kann die Patientin sehr detailgenau schildern, durch welche Worte oder Maßnahmen ihre Vorgesetzte sie falsch behandelt hat, und dabei die Fäuste ballen. Darauf angesprochen sagt sie, schon den ganzen Tag gereizt zu sein, ohne zu wissen, warum. Mit der Chefin hätte das aber nichts zu tun. Sollte die Therapeutin sagen: „Ich an Ihrer Stelle wäre da aber sicherlich ein wenig ärgerlich auf die Chefin geworden.", dann wird sie die Patientin irritiert anschauen, als wäre sie nicht ganz richtig im Kopf, unstatthafte Gefühle von Ärger mit so einem normalen Dienstereignis in Verbindung zu bringen. Auch hier gilt wieder die Regel, lieber den Widerstand anzusprechen, als die voneinander isolierten Inhalte und Affekte zu verbinden, etwa indem wir sagen: „Sie betonen, dass zwischen einem Ereignis, von dem sie sprechen, und einem Gefühl, für das sie keine Ursachen wissen, keinerlei Zusammenhang bestehen kann. Warum können Sie nicht einmal darüber nachdenken, ob es da vielleicht einen Zusammenhang gibt?" Die Patientin würde vermutlich antworten: „Ich würde mich in Grund und Boden schämen, wenn ich wegen so einer normalen Maßnahme der Vorgesetzten ärgerlich wäre. Ich höre schon Vaters Stimme in meinem Ohr, dass man wegen sowas doch nicht wütend ist als normaler Mensch." Würde sie die Wut nicht isolieren vom Geschehnis, wäre sie ein unnormaler Mensch, ein Unmensch. Wenn die Patientin allmählich ihre Isolierung vom Affekt reduzieren kann, müssen wir ihr helfen, die nun dem Ereignis zugeordnete Wut zu sozialisieren, weil etwas lange Abgewehrtes zunächst nicht in einer zivilisierten, für andere akzeptablen Form erscheint, sondern zu heftig und destruktiv, was andere verstört und Beziehungen gefährdet, sodass die Patientin bald wieder auf die Isolierung vom Affekt zurückgreift. Am besten wäre es, die isolierten Gefühle würden zunächst innerhalb der therapeutischen Beziehung auftauchen und dort von uns zu zweit oder in der Therapiegruppe akzeptiert und zivilisiert werden. ◄

Die Isolierung aus dem Zusammenhang ist ganz ähnlich, nur dass hier für andere Menschen ganz offenkundige Verbindungen zwischen Ereignissen und Erfahrungen voneinander abgeschirmt werden, als könnte die Patientin nicht eins und eins zusammenzählen.

Beispiel

Das lässt sich an einem Beispiel von König (1997, S. 40) gut veranschaulichen:

„Eine Patientin berichtet ihrem Analytiker empört, daß sie im gemeinsamen Wohn- und Arbeitszimmer im Sekretär ihres Mannes Briefe einer anderen Frau gefunden habe. Im weiteren Verlauf fragt der Analytiker, weshalb sie den Sekretär ihres Mannes durchsucht hat. Er vermutet zunächst, die Patientin habe das aufgrund eines bestimmten Verdachts getan. Die Patientin antwortet aber: ‚Ich suchte überall meineFahrkarte'. Es kam dann heraus, daß es sich um eine Fahrkarte handelte, die sich die Patientin gekauft hatte, um einen Freund zu besuchen, den sie während ihres Urlaubs kennengelernt hatte. Die Patientin leugnete das Gemeinsame zwischen dem Fremdgehen des Mannes und ihrem eigenen Fremdgehen und hatte daraus den Gewinn, sich gegenüber ihrem Mann stärker empören zu können, als ihr das möglich gewesen wäre, wenn sie das Gemeinsame im Auge gehabt hätte." ◄

3.3.7 Affektualisierung, Sexualisierung und Reaktionsbildung

▶ Es gibt zwei Varianten von Affektualisierung: Bei der ersten wird im Sinne einer Dramatisierung sehr viel Gefühl äußerlich dargeboten, wo innerlich nur wenig oder gar kein Gefühl ist. Bei der zweiten Form wird ein Gefühl, etwa Aggression, in ein anderes, gleich starkes Gefühl verwandelt, wie Traurigkeit.

Weinen erscheint in zwischenmenschlichen Kontakten akzeptabler als wütendes Herumschreien. Es bringt das Gegenüber dazu, fürsorglich unsere Hand zu nehmen und nachzufragen, was uns denn so bekümmert, während der offene Ausdruck von Ärger beim anderen dazu führt, sich zu distanzieren und hinter einen Schutzschirm zurückzuziehen, um den Angriffen standzuhalten. Etwas häufiger verwandeln deshalb Frauen ihre Aggression in scheinbare Traurigkeit. Männer neigen eher dazu, ihre Traurigkeit in vordergründig gezeigte Wut zu vertauschen, um nicht schwach, abhängig oder hilfsbedürftig zu wirken wie ein kleiner Junge. Bei allen Geschlechtern kann Sexualisierung dazu führen, dass schambesetzte orale Sehnsüchte nach Befürsorgung und Kuscheln durch intensives sexuelles Werben oder Sexualität ohne Zärtlichkeit und Vorspiel ersetzt werden. Beim „Blümchensex" passiert das Gegenteil: Drängende, triebhafte sexuelle Impulse werden vertauscht mit niedlichem, kindlichem Kuscheln, bei dem es auf den Koitus gar nicht ankommt.

Reaktionsbildungen sind Spezialfälle von Affektualisierungen, weil bei ihnen ein Gefühl genau in sein Gegenteil verwandelt wird:

> „Bei der Reaktionsbildung können Gefühle durch gegenteilige Gefühle niedergehalten werden. So können aggressive Tendenzen unterdrückt werden, indem der Person gegenüber, die einen aggressiv machen könnte, Gefühle besonderer Sympathie oder starken Mitleids erzeugt werden. … So kann man beobachten, daß Menschen, die Aggression empfinden, deren Ausdruck mit der Berufsrolle nicht vereinbar wäre – zum Beispiel Angehörige der helfenden Berufe, aber auch Verkäufer oder Flugbegleiter – mit Menschen, die in ihnen Ärger hervorrufen, betont höflich umgehen. … Bei der Reaktionsbildung findet das im Unbewußten statt. Bewußt sind nur die freundlichen Gefühle. Es gibt auch das Gegenteil: Liebesgefühle können durch Haßgefühle überlagert werden, wenn die Liebesgefühle gefährlich erscheinen." (König, 1997, S. 28 f.)

Schon der griechische Fabeldichter Äsop drückte es in der Geschichte vom sehr hungrigen Fuchs aus, der wiederholt vergeblich nach Trauben springt, sich dann aber voll Ekel vom Objekt seines Begehrens mit den Worten abwendet: „Sie sind noch nicht reif; und sauer will ich sie nicht pflücken." Es ist der Saure-Trauben-Effekt in der Reaktanztheorie.

In der Psychotherapie freuen wir uns als Therapeutin zunächst, wenn die Patientin Gefühle zeigt, da eine Behandlung ohne emotionale Beteiligung zu keinerlei Veränderungen führt. Deshalb wird manche Affektualisierung anfänglich für bare Münze genommen, ohne zu hinterfragen, ob die gezeigte Traurigkeit oder Wut gerade der geschilderten Situation angemessen ist. Das kann dann zu einem Widerstand werden, weil die durch Affektualisierung abgewehrten, schambesetzten Gefühle auch in der Therapie nicht offen und ehrlich gezeigt werden können.

König (1997) beschreibt verschiedene Relationen von Inhalt und Affekt: Bei der Isolierung vom Affekt gibt es sehr viel Inhalt, viele Gedanken und Grübeleien, ohne jeglichen Affekt. Bei der Affektualisierung der ersten Variante hingegen haben wir es mit viel Affekt und wenig Inhalt zu tun.

> „Manche Menschen affektualisieren habituell. Das heißt, die Intensität ihres Ausdrucks übersteigt regelmäßig die Intensität ihrer Gefühle. Man findet das bei hysterisch strukturierten Personen, aber auch entwicklungsspezifisch bei vielen Adoleszenten. … Da kann man erfahren, daß die Gefühle als mäßig oder gering beschrieben, aber intensiv ausgedrückt werden. … Unter psychoanalytischen Therapeuten besteht wohl Einigkeit darüber, daß ein kathartisches Hervorbringen von Affekten ohne Einsicht wenig nützt; wenig nützt auch Einsicht ohne Affekt. Daß die Isolierung vom Affekt eine Psychotherapie behindern kann, wird kaum ein Therapeut bezweifeln. Anders sieht es schon bei der Bewertung von Patientenäußerungen aus, die viel Affekt enthalten und wenig Einsicht ermöglichen. Wenn Patienten ihren Ärger in aggressiven Äußerungen immer wieder ausdrücken, ohne sich zu fragen, warum sie sich so ärgern und ob es für sie wünschenswert sei, sich weiterhin und in aller Zukunft so zu ärgern, sprechen die meisten Therapeuten dieses Verhalten als einen Widerstand gegen Veränderungen an. Es gibt aber auch Therapeuten, die in solchen Affektäußerungen schon etwas therapeutisch Wirksames sehen und deshalb ein Verhalten bekräftigen, das den Patienten immer wieder in soziale Schwierigkeiten bringt. Ein solches Vorgehen ist natürlich unzweckmäßig." (König, 1997, S. 55 f.)

> **Beispiel**
>
> Laura erzählt schwärmerisch von einer Sitzung Körperarbeit, die sie sich zwischen zwei Therapiestunden von uns gegönnt habe. Der Körpertherapeut habe an verschiedenen Punkten ihres Körpers gedrückt und ganz viel Traurigkeit ausgelöst. Ihre Schultern und ihr Kiefer empfand er als verhärtet und verspannt. Weinend sagt sie: „Die Körperarbeit bringt mir viel mehr als unsere Therapie hier. Dort kann ich einfach nur fühlen. Hier fragen Sie mich immer, warum ich denn weine, und ich muss nachdenken, was oft sehr anstrengend ist." Das Weinen schien mir zum Inhalt des Gesagten nicht passend, sodass ich den Affekt hinterfragte. Laura konnte mitteilen, dass sie aus Wut geweint hätte, weil sie mich oft sehr anstrengend finde mit meinem Nachfragen. Ängstlich drehte sie sich dabei auf der Couch so um, dass sie mich sehen konnte, um zu wissen, wie ich ihre Wutgefühle aufnehmen würde. Es falle ihr schwer, Wut direkt zu zeigen, weil ihre Mutter sie ausgeschimpft, bestraft und bisweilen geschlagen habe, wenn sie sie anschrie oder Türen zuschmiss, während sie sie in Ruhe ließ, wenn sie heulend auf ihrem Bett lag. Dadurch kamen wir über den Konflikt zwischen Aggression und Angst ins Gespräch, der durch die Affektualisierung verdeckt wurde. Hätte ich sie in Ruhe auf der Couch weinen lassen, wäre der Konflikt durch den Affektualisierungswiderstand verborgen geblieben. ◀

3.3.8 Identifizierung

▶ Bei Identifizierungen übernehmen Menschen von wichtigen Bezugspersonen Aspekte ihres Charakters, ihres Verhaltens, ihres Erlebens, ihres Umganges mit anderen Personen, Tieren, Gegenständen oder sich selbst.

Kinder ahmen zum Beispiel nach, mit welchen Tischmanieren ihre Eltern essen, dass diese öfter ungekämmt die Wohnung verlassen oder dass sie sich hilfsbereit oder egoistisch verhalten. Eigenschaften oder Verhaltensabläufe anderer Menschen werden verinnerlicht und in etwas abgewandelter Form zu Anteilen des eigenen Selbst, das sich aus sehr vielen Identifizierungen unterschiedlicher Art mit verschiedenen Menschen zusammensetzt. Identifizierung ist die häufigste und einfachste Art, zu lernen. Wir identifizieren uns zunächst mit den Eltern, später mit anderen Kindern im Kindergarten oder der Schule, mit Erwachsenen, wie Lehrern, was uns die Ablösung von den Eltern erleichtert. Es gibt dauerhafte Identifizierungen, die das ganze Leben lang erhalten bleiben und unseren Charakter ausmachen, aber auch vorübergehende Identifizierungen, etwa wenn wir einen Film anschauen und mit Cowboybewegungen das Kino verlassen (vgl. König, 1997, S. 25) oder mit einem Swiftie-Shirt zu einem Konzert von Taylor Swift gehen.

Bei Gegenidentifizierungen verinnerlichen wir das Gegenteil der Eigenschaften oder Verhaltensweisen eines anderen. Im Gegensatz zu einem Vater, der sein Kind oft übellaunig begrüßt hat, entsteht im Heranwachsenden ein Selbstanteil, der andere immer sehr warmherzig und überfreundlich begrüßt.

Von der primitiven Introjektion, einer fast unmodulierten Aufnahme einer Bezugsperson als inneres Objekt, unterscheidet sich die Identifizierung dadurch, dass das Verinnerlichte erstens verändert und abgewandelt und zweitens nicht zu einem inneren Objekt, sondern einem Selbstanteil wird. In der TV-Dokumentation „The Wagner-Brothers" geht es um zwei Brüder, die in Berlin aufgewachsen sind und inzwischen in den USA in der NBA sehr erfolgreich Basketball spielen. Moritz, der Ältere von beiden, erzählt darin, dass sein Vater, ein Psychotherapeut aus Berlin, in seiner Freizeit gern Handball spielt. Er wollte etwas Ähnliches machen, aber nicht dasselbe, und entschied sich deshalb für Basketball. Ebenso gut hätte er sich mit dem Beruf des Vaters identifizieren und Psychologie studieren können, pickte sich aber einen bestimmten, ihn beeindruckenden Aspekt seines Vaters heraus und wandelte diesen innerlich ab. Sein jüngerer Bruder Franz identifizierte sich hingegen sehr stark mit seinem Vorbild Moritz und wurde wie dieser Basketballer. Ein Stück seiner Identität, das berufliche Selbst, ähnelt sehr dem verinnerlichten Bild seines Bruders, mit dem er sich identifiziert hat.

König (1997, S. 26) macht eine wichtige Unterscheidung:

„Als-ob-Persönlichkeiten identifizieren sich nicht mit anderen Personen, sondern mit den Erwartungen anderer. Sie ‚sind so, wie man sie haben will'. … Bei hysterischen Persönlichkeiten läßt sich die Identifizierung mit den Erwartungen anderer oft schwer von einem schauspielerhaften Rollenspiel unterscheiden. Der Betreffende oder die Betreffende verhält sich den Erwartungen entsprechend, um gemocht oder anerkannt zu werden, was oft dazu führt, daß sie in verschiedenen Beziehungen verschiedene Rollen ‚spielen', die sich inhaltlich widersprechen."

Insofern spricht manches für die Ersetzung des Begriffes hysterisch durch histrionisch, der vom lateinischen Substantiv „histrio" für Schauspielende abstammt. Andersherum werden nur diejenigen gute Schauspielende, die sich sehr schnell und flexibel mit den unterschiedlichsten Erwartungen an Rollen identifizieren können.

Solange eine Patientin sich mit positiven Aspekten ihrer Therapeutin identifiziert und dadurch vielleicht neue, adäquatere, freundlichere Verhaltensweisen entwickelt, ist es für die Therapie natürlich sehr förderlich. Ebenso identifizieren wir als Psychotherapeutinnen uns mit Aspekten unserer Selbsterfahrungsleitenden oder Supervidierenden. Wir verhalten uns in unseren Therapien ganz ähnlich, aber nie identisch, wie diese. Zu einem Widerstand wird dieser Abwehrmechanismus erst dann, wenn die Patientin an Identifizierungen mit negativen, entwicklungshemmenden Aspekten wichtiger Bezugspersonen festhält oder an übertriebenen Gegenidentifizierungen.

Beispiel

Uwe mochte die bisweilen aufbrausende, ruppige Art seiner Mutter nicht, die schnell einmal lauter und unsachlich wurde und Türen warf. Deshalb entwickelte er eine Gegenidentifizierung, sprach sehr leise, war nie auch nur ansatzweise ärgerlich oder aggressiv und versuchte immer, die alte, schwere Holztür meiner Praxis leise zu schließen, was aber unmöglich war. In seinen Beziehungen ließ er sich ausnutzen, weil er nichts einfordern und keine Grenzen setzen konnte, was zum Teil bestehen blieb, auch als wir seine Schuldgefühle wegen aggressiver Impulse bearbeitet hatten. Erst als deutlich wurde, dass die Gegenidentifizierung, auf keinen Fall so sein zu wollen wie seine Mutter, auch einen Widerstand darstellte, konnte er lauter, konturierter sprechen, sich bisweilen konstruktiv aggressiv zeigen und meine Praxistür mit einem kleinen Rums zuwerfen, statt minutenlang daran herum zu ruckeln. Neben einem Ansprechen seines Widerstandes gegen das Aufgeben der Gegenidentifizierung war wichtig, dass er auch dann nicht mit dem abgelehnten Charakterzug seiner Mutter völlig identisch ist, wenn er einmal klarer spricht, dem anderen eine Grenze setzt oder berechtigten Ärger ausdrückt, weil er von seiner Mutter auch viel abbekommen hatte, was nur mit ihr, nicht aber mit ihm zu tun hatte. ◄

Fazit

Insofern sollten wir immer wieder hinterfragen, ob ein Affekt in seiner Stärke angemessen ist und ob es ein zum geschilderten Ereignis passendes Gefühl ist.

3.3.9 Idealisierung

> „Bei einer Idealisierung werden dem Idealisierten Eigenschaften und Verhaltensweisen zugeschrieben, die den Idealvorstellungen des Zuschreibenden entsprechen. Diese Idealvorstellungen haben etwas damit zu tun, wie der Betreffende selbst sein möchte oder wie die Objekte sein sollten, mit denen er umgeht. Idealisierungen verhindern das Erkennen von Realität." (König, 1997, S. 81)

In unserem Ich-Ideal haben wir verinnerlicht, wie andere Menschen und wir selbst idealerweise sein sollten. Reifere Idealisierungen führen dazu, dass reale Aspekte idealer wahrgenommen werden, als sie sind. Das Gegenüber oder das eigene Selbst wird schöner, klüger, freundlicher, kraftvoller, jünger oder reifer empfunden, als es ist. In der Verliebtheit, einem psychischen Ausnahmezustand, kommt es zu einer starken Idealisierung der begehrten Person. Üblicherweise nach vier bis sechs Monaten reduziert sich die Idealisierung, sodass es zu einer Enttäuschung, zu einer Aufhebung der Täuschung, zu einer Entidealisierung kommt. Die Frage ist dann, ob genug Liebenswertes an der einstmals angebeteten Person bleibt, um eine reife und tiefe Liebe zu entwickeln, bei der wir den anderen Menschen nicht nur trotz seiner Fehler und Unzulänglichkeiten lieben, sondern vielleicht gerade deshalb.

Manchen Menschen fällt es schwer, Idealisierungen zurückzufahren, weil sie sich dann mit den Unzulänglichkeiten des geliebten Wesens auseinandersetzen müssten, Konflikten nicht mehr so gut aus dem Weg gehen könnten, aber auch, weil sie ihr eigenes Selbstwertgefühl erhöht hatten, dadurch, dass sie von so einer idealen Person geliebt wurden. Durch das Ausblenden schlechter Seiten des Objektes sind irgendwann unangenehme Überraschungen vorprogrammiert, zu denen es bei einem realistischeren Objektbild, das Fehler und Mängel einschließt, nicht gekommen wäre.

Im Film „Match Point" von Woody Allen von 2005 gelangt der Tennislehrer Chris Wilton, der aus sehr einfachen Verhältnissen in Irland stammt, für die er sich schämt, in die Familie des reichen Industriellen Tom Howett, dessen Tochter Chloe er heiratet. Es kommt zu wechselseitigen Idealisierungen aller Beteiligten, aber die Beziehung zwischen Chris und Chloe bleibt leidenschafts- und teilnahmslos, so schön und perfekt alles auch wirkt. Heftiges sexuelles Begehren, aber auch eine letztlich mörderische Aggression bleiben ausgelagert in einer verheimlichten Affäre von Chris zur erfolglosen Schauspielerin Nola Rice. Nichts davon darf in die idealisierte Welt bei den Howetts eindringen. Am Ende des Films schaut Chris abwesend aus dem Fenster, während die anderen die Geburt seines Sohnes feiern. Selbst Scotland Yard hat bis zum Schluss nicht herausgefunden, was dort draußen bleiben musste, wer Nola Rice getötet hat und was Chris innerlich wirklich umtreibt. Ähnlich wird es uns in der Psychotherapie ergehen, wenn wir Idealisierungen nicht hinterfragen. Sie werden dann zu einem Widerstand, weil die Patientin dadurch Gefühle von Wut, verbotene Triebwünsche oder Traurigkeit nicht spürt, die aufkämen, wenn sie den Menschen, über den sie gerade nachdenkt, realistischer wahrnähme. König (1997, S. 82 ff.) betont:

> „Idealisierung verhindert oft das Bewußtwerden aggressiver Gefühle und Impulse. So kann ein Patient einen Therapeuten idealisieren, um ihn nicht attackieren zu müssen. ... Idealisierung kann auch passiv machen. So kann einem Therapeuten die Fähigkeit zugeschrieben werden, seine Patienten zu heilen, ohne daß sie in der Therapie mitarbeiten müßten. ... Erfahrungen in der Beziehung mit einem idealisierten Therapeuten sind schwer außerhalb der therapeutischen Dyade anwendbar. Sie bleiben an die besondere Beziehung zum Therapeuten gebunden, oder sie führen zu negativen Erfahrungen, weil sie nicht in den Alltag passen."

Auch wenn für uns die Arbeit mit einer uns idealisierenden Patientin angenehmer ist als mit einer, die sich über uns ärgert oder von uns missverstanden fühlt, lohnt sich ein Infragestellen der Idealisierung der Patientin. Sonst bliebe vieles im Dunkeln und blockierte dadurch die Weiterentwicklung im Sinne eines Idealisierungswiderstandes.

Beispiel

Nora idealisierte bisweilen geradezu schwärmerisch ihre Liebhaber, aber auch Vorgesetzte und Freundinnen. Immer wieder kam es aber zu bitteren Enttäuschungen, wenn die anderen etwas taten, womit sie so gar nicht gerechnet hatte. Sie entwickelte Beziehungsängste, weil sie Menschen einfach nicht verstand. In der Gruppentherapie idealisierte sie sehr bald auch mich und war irritiert über jedes Gruppenmitglied, das sich von mir oder jemand anderem missverstanden fühlte oder gar ärgerlich wurde. Sie fragte beunruhigt, wie man sich mit solchen Kleinigkeiten aufhalten, über solche

Banalitäten unterhalten könnte, statt sich zu freuen, es mit so einem wunderbaren Menschen zu tun zu haben. Erst allmählich konnte sie ihren Idealisierungswiderstand reduzieren und es – anfänglich mit viel Angst – riskieren, wütend, neidisch oder eifersüchtig zu sein. Überrascht stellte sie fest, wie das ihre Beziehungen zu mir, den anderen Gruppenmitgliedern, aber auch zu ihren Bezugspersonen außerhalb der Therapie nicht zerstörte, sondern sogar vertiefte und vielfältiger machte. ◄

3.3.10 Konversion, Somatisierung und Psychosomatik

▶ Bei einigen psychischen Erkrankungen stehen körperliche Symptome im Vordergrund, für die es entweder gar keine oder keine ausreichenden organmedizinischen Ursachen gibt. Patientinnen suchen eine Psychotherapie auf, um dort an den psychischen Seiten der körperlichen Beschwerden zu arbeiten. Gleichzeitig sind diese Beschwerden aber manchmal leichter zu ertragen als die Konflikte im Untergrund, durch die sie abwehrverstärkend entstehen. Deshalb sind somatische Symptome oft auch ein Widerstand: Sie werden aufrechterhalten, um nicht verstehen zu müssen, was sie verbergen sollen.

Es gibt vier Gruppen von Störungen, bei denen sich psychische Problematiken und körperliche Symptome miteinander vermischen, wobei allen gemeinsam ist, dass sich die Patientinnen die somatischen Beschwerden nicht einbilden, sondern sie wirklich schmerzhaft erleiden:

1. Bei einer Somatisierung sind körperliche Symptome vorhanden, für die aber trotz eingehender medizinischer Untersuchungen keine organische Ursache gefunden wird. Das können Bauchschmerzen, Übelkeit, Durchfall, Brustschmerzen, Schmerzen beim Urinieren, Gliederschmerzen oder Taubheitsgefühle in den Extremitäten sein, begleitet von Schweißausbrüchen, Herzrasen, Ermüdbarkeit oder Schwindel.
2. Bei Konversionsstörungen haben die körperlichen Symptome auch keine organischen Ursachen, aber sie haben eine symbolische Bedeutung. So kann etwa ein schmerzhaftes Stechen in der Herzregion einen Stich ins Herz abbilden, also eine Enttäuschung, Kränkung oder Liebeskummer. Der Begriff stammt vom Lateinischen „conversio" für Umwendung, und zwar derjenigen von psychischen Impulsen in körperliche Reaktionen.
3. Hingegen liegt bei psychosomatischen Störungen ein Befund über eine organische Erkrankung vor, der aber das starke Ausmaß der Beschwerden und ihre Schwankungen nicht ausreichend erklärt. Hierzu gehören die von Franz Alexander (1950, 1951) beschriebenen sieben psychosomatischen Krankheiten: 1. Ulcus ventriculi (Magengeschwür) und Ulcus duodeni (Zwölffingerdarmgeschwür), 2. Asthma bronchiale, 3. rheumatoide Arthritis, 4. Neurodermitis, 5. essenzielle Hypertonie, 6. Hyperthyreose

(Schilddrüsenüberfunktion) sowie 7. Colitis ulcerosa und Morbus Crohn (chronisch-entzündliche Darmerkrankungen). Diese „holy seven" wurden später noch durch Migräne ergänzt.

4. Bei somatopsychischen Störungen liegt eine, oft schwere oder chronische, organische Grunderkrankung vor, bei deren Verarbeitung psychische Probleme auftreten können, wie sie etwa von Kübler-Ross (2014) in ihren fünf Phasen der Krankheitsverarbeitung beschrieben wurden. Hierzu finden sich Details weiter oben im Abschn. 3.2.1 über Verleugnung bei schweren körperlichen Erkrankungen, sodass ich auf diese Gruppe hier nicht näher eingehe.

Durch den Abwehrvorgang Konversion entstehen Ausdruckskrankheiten, weil die körperlichen Symptome etwas über den dahinterliegenden Konflikt ausdrücken, wie oben beim Herzstechen erwähnt. Alexander (1950, 1951) und später Thure von Uexküll (1963) benannten psychosomatische Störungen als Bereitstellungskrankheiten. So wird bei Gefühlen von Angst oder auch von Aggression ganz physiologisch bei allen Menschen der Blutdruck erhöht und die Herzfrequenz gesteigert. Das Gehirn und die Extremitäten werden gut durchblutet, um den Körper für Flucht oder Kampf bereit zu machen. Flüchtet oder kämpft ein Mensch nicht, drückt er seine Angst oder Wut nicht einmal mit Worten aus, bleibt der Blutdruck dauerhaft erhöht, weil das, was bereitgestellt wurde, nicht abgeführt wird. Deshalb haben Menschen mit gehemmter Aggressivität teilweise einen erhöhten Blutdruck, eine essenzielle Hypertonie. Einige haben aber auch Schulter- oder Nackenschmerzen, da die Muskulatur der Arme angespannt wird, um zu kämpfen. Sie bleibt dauerhaft angespannt, wenn die Aggression nicht körperlich oder verbal herausgebracht wird.

Beispiel

Uwe, über den ich schon in Abschn. 2.1.8 und Kap. 7 etwas geschrieben hatte, litt unter einer essenziellen Hypertonie und Nackenschmerzen, da er aufgrund von Schuldgefühlen aggressive Impulse und Bekundungen des eigenen Willens abwehren musste. Sein Körper stellte bei Gefühlen von Ärger oder Wut einen erhöhten Blutdruck und angespannte Schulter- und Armmuskeln bereit, die Uwe aber nicht zum Ausdruck oder Ausbruch bringen konnte. Dadurch blieben die Gefühle im Wortsinn in ihm stecken und er litt dauerhaft unter Bluthochdruck und Schmerzen im Schulterbereich. In der Therapiegruppe war er nett und freundlich, wurde aber öfter einmal hochrot im Gesicht. Wenn ihn andere Gruppenmitglieder deshalb ansprachen, ob er ärgerlich sei, verneinte er das. Es sei hier nur sehr warm im Raum und er leide ja unter einer Hypertonie. Auch da, wo sich andere Ärger vorstellen konnten, spürte er dieses Gefühl nicht, oder wenn doch, sprach er es nicht aus. Angesichts seiner Schuldgefühle war es leichter, über seinen zu hohen Blutdruck zu sprechen. Das stellte eine Weile einen Widerstand dar, bis wir über die Kräfte sprechen konnten, die seine psychosomatische Abwehr motivierten, nämlich seine Schuldgefühle, sobald er Aggressivität spürte. Als er beobachtete, dass andere Gruppenmitglieder nicht bestraft wurden, wenn sie ihren Ärger zeigten, reduzierten sich seine Schuldgefühle weiter. Er begann, sich auf kleinen Zetteln Notizen zu machen, wie sich herausstellte, über die Redezeiten anderer Gruppenmitglieder. Eines Tages klopfte er auf seinen Zettel und las vor, wer in den letzten Gruppensitzungen wie viele Minuten gesprochen hatte. Daraus leitete er ab, dass er viel weniger Minuten zu Wort gekommen war als alle anderen, folglich einen Anspruch auf Redezeit hätte. Durch die Klopfbewegung mit dem Stift auf dem Zettel führte er körperlich etwas vom Ärger darüber, zu kurz zu kommen, ab, ebenso durch seine festere und kraftvollere Stimme. Immer häufiger konnte er danach Gefühle von Wut und Ärger aussprechen, wodurch sich allmählich sein Blutdruck verbesserte. ◄

3.3.11 Regression und Progression

▶ Das Wort Regression stammt vom lateinischen „regressus" für Rückschritt oder Rückgriff. Als Abwehrmechanismus beschreibt der Begriff das Zurückgehen auf ein früheres psychisches Entwicklungsniveau, das eigentlich schon überwunden war. Progression stammt hingegen vom lateinischen „progressio," für Fortschritt. Als Abwehrvorgang bedeutet es einen hastigen Entwicklungssprung nach vorn, wenn das aktuelle Niveau unerträglich ist.

Ein extremes und zugleich berührendes Beispiel für Regression ist der verwundete Soldat, der nach seiner Mutter ruft. Er rutscht in seiner Not zurück in das Erleben eines kleinen Kindes, das hofft, dass seine Mama schon alles in Ordnung bringen wird, wenn sie sich nur endlich um ihn kümmert. Im grimmschen Märchen „Hänsel und Gretel" vollzieht Hänsel eine Progression: Alleingelassen von den Eltern im Wald klagt und jammert er nicht, wie seine Schwester Gretel, sondern scheint plötzlich erwachsen zu sein. Wie früher der Vater nimmt er das ängstliche Gretel an die Hand und sucht für sie beide den Weg durch den dunklen Wald, durch die Depression der Verlassenheit. Parentifizierte Kinder, die schon früh für ihre kranken Eltern sorgen müssen, bleiben lebenslang in einem brüchigen, zu früh erwachsen gewordenen Zustand von Progression.

König (1997, S. 88) spricht bei diesen Abwehrmechanismen von einer Flucht zurück oder nach vorn:

> „Persönlichkeiten, die auf der Flucht vor Konflikten früherer Entwicklungsstadien gleichsam eine Notreife erfahren haben, fühlen sich auf dem erreichten Entwicklungsstadium unsicher. Es fehlt das Fundament der ausreichend bewältigten, vorangegangenen Entwicklungsphasen, während Merkmale der erreichten Entwicklungsphasen übermäßig betont werden."

In Verhaltenstherapien wird eine Progression angestrebt, etwa durch kognitive Umstrukturierung, Problemlösungsverfahren, Immunisierung gegen Stressbelastung oder Selbststeuerungsmethoden. Regression wäre hier ein Widerstand. Gleichfalls ist eine zu schnelle Progression im Sinne einer Notreifung durch zu kurze Aufenthalte in Kliniken oder die Beschränkung auf ambulante Kurzzeittherapie nur scheinbar effektiv, weil die Patientinnen schnell wieder in frühere, bereits überwundene Zustände zurückfallen, was zum Effekt der Drehtürpsychiatrie beiträgt, aus der Patientinnen schnell entlassen, in die sie aber ebenso schnell wieder aufgenommen werden.

In systemischen Therapien vollzieht das ganze System Familie einen Entwicklungsschritt nach vorn, hin zu reiferen Interaktionsmustern. Die Familie muss aber dabei längerfristig begleitet werden, um nicht doch irgendwann ins Altgewohnte zurückzufallen.

In psychodynamischen Therapien geht es am Beginn um die Nutzung regressiver Prozesse, hin zu früheren Entwicklungsniveaus, um von dort aus mit weniger pathologischen Konfliktlösungen in die Progression zu starten. Zu viel Regression auf zu frühe Stadien oder eine zu schnelle Progression sind ein Widerstand, eine Flucht vor dem aktuell wirksamen Konflikt nach hinten oder nach vorn.

Beispiel

Bei einer phobischen Patientin, die Autonomieschritte in ein eigenständiges, selbstbestimmtes Leben aus Angst nicht wagt und deshalb in abhängigen Beziehungen unglücklich verharrt, würden wir vermutlich einen analen Konflikt zwischen Autonomie und Angst in den Behandlungsfokus nehmen. Wenn sie sich in der Therapie jedoch nicht mit ihren Ängsten vor Autonomieschritten und der dazu nötigen Aggression befasst, sondern ausgiebig von ihren Wünschen spricht, sich in Löffelchenstellung von ihrem Freund in den Arm nehmen, streicheln und wärmen und nach dem Kuscheln bekochen zu lassen, werden wir eine Regression auf ein orales Niveau vermuten. Sollte das nicht nur einmalig an einem kalten, anstrengenden Tag passieren, sondern sich oft wiederholen, wäre es ein Widerstand: Sie flüchtet sich dann in frühere Wünsche nach oraler Befürsorgung und Verwöhnung, nach Wärme und Geborgenheit bei Mutter, statt sich mit ihren Ängsten davor zu befassen, sich aus Mutters Armen zu lösen und sich auf den nicht ungefährlichen Weg in die Welt voller anderer, noch unvertrauter Menschen zu machen. Würden wir diesen Regressionswiderstand nicht ansprechen, verbliebe die Patientin bis zum Ende der Behandlung im Kuschelmodus, vielleicht auch im übertragenen Sinn mit uns, wo sie sich ausweint und trösten lässt. Ihre Ängste vor Autonomie und Ablösung blieben unbearbeitet, sodass wir am Ende ein kleines Küken in die Welt hinausstoßen, das dann allein klarkommen muss. Leider enden manche Therapien in so einer malignen Regression, weil diese Art Widerstand nicht bearbeitet wurde. Ein Progressionswiderstand bei dieser Patientin wäre, wenn sie sich nicht mit ihrem Autonomiekonflikt befasst, sondern nach vorn in einen phallischen Selbstwertkonflikt flüchtet. Sie könnte sich dann ausgiebig mit ihrer Schönheit befassen, ob sie wohl anziehend für Männer ist oder nicht, zu dick oder zu dünn ist, anderen klug und nett erscheint, ob sie sich selbst mag, wie sie ist, oder die Stirn in Falten legt, wenn sie in den Spiegel schaut, wie früher ihr Vater. Aschenputtel konnte kurzfristig auch mit geliehenen Kleidern ihr Elternhaus verlassen und den Prinzen für sich gewinnen. Endgültig erlangte sie ihre Autonomie aber erst, nachdem Blut geflossen war, nachdem sie sich aggressiv mit

Stiefmutter und Schwestern auseinandergesetzt und dadurch aus ihrer Abhängigkeit befreit hatte. Würden wir uns bei der Patientin lange und eingehend mit ihrem progressiv vorgeschobenen Selbstwertkonflikt befassen, wäre das ein Widerstand gegen das Anschauen der Ängste vor Autonomie, Aggression, Macht und Kontrolle. Vielleicht würde sich die Patientin am Ende der Therapie etwas lieber im Spiegel anschauen, aber allein durch das schöne Kleid ist auch das Aschenputtel nicht aus dem Elternhaus entkommen. Der ungelöste Autonomiekonflikt würde die Patientin auf ihrem weiteren Weg begleiten und die Therapie hätte kaum etwas verändert. Als Intervention, um Regressions- oder Progressionswiderstände anzusprechen, würde ich Folgendes vorschlagen: „Mir scheint, dass Sie sich lieber mit dem Thema Fürsorge und Geborgenheit oder dem Thema Selbstwert beschäftigen als mit den Ängsten, wegen denen sie eigentlich zu mir in Behandlung gekommen sind, vielleicht weil das beunruhigender wäre." Im Resümee am Ende der Therapie erwähnen Patientinnen bei mir häufig solche Interventionen, die sie zuerst irritiert oder geärgert, die dann aber viel Entwicklung in Gang gebracht haben. ◄

3.3.12 Verdrängung, Vergessen und Sublimierung

▶ Wir verdrängen emotional bedeutsame Inhalte, während wir Erlebtes vergessen, dass keinerlei Gefühle in uns auslöst. Beides ist mit ganz unterschiedlichen Widerständen verbunden. Sublimierung drückt brisante, verbotene oder konflikthafte Erfahrungen auf eine kulturell erlaubte und hochwertige Weise aus, als Kunst, aber auch in Gestalt eines Berufes. Sie hilft uns, die Nebelschleier des Widerstandes zu lüften, kann aber manches auch verschleiern oder verzerren.

Der Begriff Verdrängung ist umstritten, zum Ersten, weil er einfach nur sagt, dass ein Inhalt irgendwie aus dem Bewusstsein entfernt wird, ohne das genauer zu beschreiben, wie bei den anderen Abwehrmechanismen. Zum Zweiten wechselte Sigmund Freud mehrmals zwischen den Begriffen Abwehr und Verdrängung hin und her, sodass Verdrängung bisweilen als Abwehr insgesamt verstanden wurde. Seine Tochter Anna Freud (1936, S. 50) ordnete es so ein: „Die Verdrängung wird in ihrer Bedeutung zu einem ‚Spezialfall der Abwehr' heruntergesetzt." Für sie sind Verdrängung und Sublimierung Abwehrmechanismen, die sehr spät entstehen, weil beide ein ausgereiftes Gewissen, ein Über-Ich voraussetzen. Es entscheidet bei der Verdrängung, was dauerhaft aus dem Bewusstsein entfernt werden muss und was aus dem Unbewussten zurückgeholt werden kann.

König (1997, S. 18 f.) vergleicht das mit der Theaterbühne:

„Was wir erleben und denken, bleibt nicht kontinuierlich im Bewußtsein. Unser Bewußtsein könnte man mit einer Bühne vergleichen, wo immer wieder Akteure auftreten und wieder abtreten. Im Prinzip kann ein jeder Akteur wiederkommen, er bleibt gleichsam in den Kulissen und wartet auf sein Stichwort. ... In den Prozeß des Vergessens und sich Erinnerns greift nun die Verdrängung ein. Sie schließt Akteure, die unangenehme Gefühle hervorriefen, als sie auf der Bühne waren, vom Wiederauftreten aus."

Vergessen ist etwas anderes als Verdrängung: Physiologisch gesehen wird Erlebtes zunächst im Kurzzeitgedächtnis gespeichert. Mithilfe des limbischen Systems, unserem emotionalen Zentrum im Gehirn, wird geprüft, ob das gerade Erlebte positive oder negative Gefühle in uns auslöst. Wenn nicht, wird es unwiderruflich gelöscht, d. h., es wird vergessen. Der Hippocampus und die Corpora mamillaria sind Teile des limbischen Systems. Weil sie besonders stark von der Alzheimer- und der Korsakow-Krankheit geschädigt werden, werden in diesem Fall keine Gefühle mehr ausgelöst, egal, was im Kurzzeitgedächtnis enthalten ist. Deshalb spielt bei diesen Krankheiten das Vergessen so eine große Rolle. Jenseits aller Erkrankungen ist Vergessen aber für uns alle wichtig, um nicht in einer Fülle für uns nutzloser Gedächtnisinhalte zu ersticken. Wenn Patientinnen sich nicht mehr an die letzte Therapiestunde erinnern können, haben sie deren Inhalte vielleicht vergessen, weil sie keine Gefühle in ihnen ausgelöst haben. Der Widerstand bestünde dann darin, dass wir über emotional unwichtige Themen gesprochen und die Abwesenheit der Affekte nicht angesprochen haben.

Bei einem Verdrängungswiderstand ist es anders: Als ich einer Patientin, die sich an die vorige Sitzung nicht erinnern konnte, sagte, dass sie darin über einen Traum gesprochen und geweint hatte, fiel ihr alles wieder ein. Sie sagte erschrocken, dass da sehr viele Gefühle hochgekommen waren, vielleicht zu viele. Das Nichterinnern ist hier deshalb ein Verdrängungswiderstand. Verdrängen wegen zu vieler und Vergessen wegen gar keiner Gefühle sind deshalb für uns zwei grundsätzlich unterschiedliche Phänomene, die wir gut unterscheiden sollten.

Die Sublimierung schließlich ist die kulturell wertvollste Form der Abwehr. Sehnsüchte, Wünsche, Grundbedürfnisse und Impulse sowie die ihnen entgegenstehenden Verbote und Gefühle von Schuld, Scham, Angst, Neid, Eifersucht oder Ekel werden kompromisshaft in einer sozial und gesellschaftlich erlaubten Form ausgedrückt. Das können Bilder sein, Gedichte, Romane, Skulpturen oder andere Kunstwerke, die die aktuell vorherrschende Situation des gestaltenden Menschen teils ausdrücken, teils verschleiern oder umgestalten. Dauerhafte Sublimierungen können Teil des Charakters werden, in Form von Beziehungsgestaltungen oder eines Berufes, der dann tatsächlich eine Berufung ist. Der kluge Komödiant Hape Kerkeling hatte zum Beispiel eine depressive Mutter, die sich in seinem siebenten Lebensjahr suizidierte. Im Film „Der Junge muss an die frische Luft" wird sein Leben dargestellt, unter anderem, wie er versuchte, sich selbst und seine traurige Mutter komödiantisch aufzuheitern, um das Mitgefühl mit ihrem Leid und seine Angst um sie und um sich selbst humoristisch zu verarbeiten. In seiner ersten Fernsehsendung „Kerkelings Kinderstube", die er mit 20 produzierte, spielt er alle Familienangehörigen inklusive des Vorschulkindes Hannilein, das mit einem Spielzeug in der Hand das Tun der Erwachsenen kommentiert. Ein sublimierender, darstellender Humor, der ihm half, mit der Depression und dem Suizid seiner Mutter fertigzuwerden, wurde ein Anteil seines Charakters und prägte seinen späteren Beruf maßgeblich. Edvard Munch drückte in seinem Bild „Der Schrei" 1893 einen Moment tiefster Verzweiflung auf einem Spaziergang am Oslofjord aus, der emotional sehr aufgeladenen Landschaft seiner Jugend. Das lang gezogene Oval des Mundes und das Orangerot des Himmels drücken sehr bewegt seine Angst aus, Violett und Dunkelblau seine Melancholie. Er konnte vieles aus seinem bewegten Leben in seinen Bildern ausdrücken und ein Stück weit verarbeiten.

In der Psychotherapie hilft die Sublimierung, gemeinsam das Erleben der Patientin zu verstehen, wenn sie uns Bilder mitbringt, aber auch von Filmen oder Musik erzählt, die sie berührt haben. Mit Kunstwerken der Patientinnen können wir umgehen wie mit Träumen, die auch eine Art von Sublimierung sind, da sie wie ein innerer Film ein aktuelles Erleben in seiner Widersprüchlichkeit abbilden. Beim Traum gibt es den manifesten Inhalt, der uns Einsichten ermöglicht, aber auch den nicht zugänglichen, latenten Teil, in den einiges verdrängt wurde, das doch zu brisant war, um es auszudrücken. Ähnlich ist es mit Bildern oder Lyrik: Die Patientin drückt darin viel von sich aus, verbirgt aber auch einiges. Hierin besteht der Widerstand durch Sublimierung. Wenn wir mit ihr arbeiten, sollten wir nicht nur aufklären, was sie uns enthüllt, sondern auch die Stellen benennen, wo etwas verborgen bleibt, und verstehen, warum. Eine andere Variante des Widerstandes ist, dass uns die Patientin mit so vielen Sublimierungen überschüttet, dass wir überhaupt nicht dazu kommen, die Symbolik darin zu verstehen. Auch diesen Widerstand müssen wir ansprechen und herausfinden, was wohl erkennbar würde, wenn wir mehr Zeit für einzelne Punkte hätten.

> **Beispiel**
>
> Als Beispiel das Lied von Ziganka, einer Patientin, über die ich bereits in „Zigeunermädchen: Der fremde Bürger als Massenphänomen" (Abel 2011a) etwas geschrieben hatte. Sie konnte sich schon in ihrer traumatischen Kindheit über Musik sublimierend aus großen Tiefen retten und wurde als Erwachsene zu einer Liedermacherin. Das Lied veranschaulichte uns damals ihre oralen Wünsche nach Trinken und Verspeisen, ihre Sehnsüchte nach Einverleibung und Verschmelzung, die sie sich nicht direkt, sondern über Sexualisierung erfüllt. Der Widerstand betrifft das arme Herz, weil unklar bleibt, ob es aus Angst friert oder weil es nicht wagt, das eigentlich Gewünschte zu offenbaren.
>
> „Liebreiz: Schauer läuft über meinen Rücken, Schweißtropfen auf Deiner Haut, Hände wandern, sie entdecken Flaum, Wärme, Gänsehaut, Lippen küssen, Finger tasten. Langsam dreht sich alles um. Seufzen, sehnen bis zum Wahnsinn, Nur das Zärtlichste bleibt stumm. Mir ist so heiß, Nur mein armes Herz das friert.
> Worte flüstern, die verwelken Im Tode der Nacht, Es ist ein Greifen und ein Ziehen, Das Einverleiben mit aller Macht. Ich will Dich trinken und verspeisen. Wenn Du mich auseinanderbrichst. Sehnen, seufzen bis zum Wahnsinn, Nur das Zärtlichste bleibt stumm. Mir ist so heiß, Nur mein armes Herz das friert." ◀

Übertragungswiderstände

4

▶ Wichtige Wünsche, Bedürfnisse, aber auch die ihnen konflikthaft entgegenstehenden Gefühle von Angst, Scham, Ekel oder Schuld zeigen sich in Therapien oft auch in der Übertragung, in der Beziehung zwischen der Patientin und der Therapeutin.

Übertragen werden dabei die inneren Bilder der Menschen, zu denen die Patientin in ihrem Leben konflikthafte Beziehungen hatte, in denen sie sich zentrale Bedürfnisse nicht oder nur zu einem Teil erfüllen konnte, weil das Gegenüber beschämend oder abweisend darauf reagierte, oder in denen sie Gefühle wie Liebe oder Aggression nicht zeigen durfte, weil verbietend darauf geantwortet wurde. In der Therapeutin können Persönlichkeitszüge der Eltern, der Geschwister, von Lehrerinnen, Freundinnen, Partnerinnen, Vorgesetzten, aber auch von eigenen Kindern wiedererlebt werden. Das kann helfen, unbewusst gewordene Konflikte dem Bewusstsein zugänglich zu machen. Es kann aber auch zum Widerstand werden, weil die Patientin das Gefühl entwickelt, auch hier, gegenüber ihrer Therapeutin, wichtige Gefühle oder Bedürfnisse nicht benennen, geschweige denn erleben oder ausdrücken zu dürfen. Wir sind dann aus der Perspektive der Patientin keine mild positiv erlebten, freundlichen Begleiterinnen mehr, sondern kritisch, verbietend oder beschämend in Bezug auf wichtige Gefühle und Impulse, auch dann, wenn wir uns selbst gar nicht so erleben. Deshalb ist es wichtig, solche Übertragungen frühzeitig zu erkennen und anzusprechen, damit Konflikte bewusst gemacht werden, anstatt die therapeutische Beziehung zu blockieren.

Nach Thomä und Kachele (2006) lässt sich der Übertragungswiderstand wie folgt unterteilen:

1. der Widerstand dagegen, dass die Übertragung überhaupt bewusst wird,
2. der Widerstand durch das Festhalten an Übertragungen, etwa an Übertragungsliebe oder an negativen Übertragungen, die von der Patientin nicht aufgegeben werden, um etwas Brisanteres abzuwehren, weil in ihr kindliche Bedürfnisse befriedigt werden sollen oder weil sie etwas zwar Leidvolles, aber Vertrautes darstellen, sowie
3. der Widerstand gegen die Auflösung der Übertragung, weil wir unsere Patientinnen nicht beim Transfer des Erlernten in ihre Realbeziehungen unterstützen, diese sich nicht verändern und die Patientinnen deshalb auf die Übertragung in der Therapie angewiesen bleiben.

Diese drei Formen des Übertragungswiderstandes sollen in den nächsten Abschnitten in Anlehnung an Abel (2013) anhand von Träumen von Yvonne, einer Patientin von mir, dargestellt werden.

4.1 Widerstand gegen das Bewusstwerden der Übertragung

▶ Bereits bei der Auswahl der Therapeutin spielen diverse Widerstände eine Rolle, durch die die Patientin konflikthaftes Erleben aus der therapeutischen Beziehung heraushalten möchte. Sie hat zum Beispiel in ihrem Leben Konflikte mit Männern, etwa ihrem Vater, Partnern oder Chefs, sucht sich aber eine Frau in ihrem Alter, einerseits, um verstanden zu werden und sich identifizieren zu können, andererseits aber auch, um den schwer erträglichen Konflikten mit Männern nicht auch noch in der Beziehung mit einem Therapeuten zu begegnen. Nicht selten sind neben dem Geschlecht auch Bilder oder Texte auf der Website der Therapeutin für die Auswahl wichtig, vielleicht ihre Stimme auf dem Anrufbeantworter, Hinweise anderer, ähnlich Kranker in Internetforen auf diese Therapeutin oder Eindrücke bei der Begegnung in einem Erstgespräch. Wir sollten uns erkundigen, warum die Patientin gerade zu uns gekommen ist und bei uns Therapie machen möchte.

König (1995, S. 18) schrieb dazu: „Der Wunsch, zur Konfliktentlastung einen inneren Konflikt in einen interpersonellen (in der Beziehung zu dem Therapeuten) umzumünzen, gerät oft in Widerstreit mit dem Wunsch, die Beziehung zum Therapeuten möglichst konfliktfrei zu halten." Wenn eine Patientin gern zu einer bestimmten Therapeutin gehen würde, diese aber erst in einem oder zwei Jahren einen Platz frei hat, kommt sie notgedrungen zu uns, weil wir gerade freie Kapazitäten hätten. Wir sollten herausfinden, was die Patientin zur ersehnten Therapeutin zieht. Wenn sich dort ein wichtiger Konflikt in der Übertragung abbilden könnte, sollten wir die Patientin ermutigen, die Wartezeit in Kauf zu nehmen, vielleicht mithilfe einer Akutbehandlung bei uns, um aktuelle Problematiken zu bewältigen. Sollte jedoch die gewünschte Therapeutin eher ein Ausweichen vor inneren Konflikten darstellen, wie im Beispiel der Patientin mit Männerproblemen, die sich eine

4.1 Widerstand gegen das Bewusstwerden der Übertragung

Therapeutin sucht, um dort ihren Konflikten aus dem Weg zu gehen, könnten wir schauen, ob wir als männlicher Therapeut nicht viel eher geeignet wären, um die negativen Übertragungen auszulösen. Notgedrungen zu uns zu kommen, könnte dann die Angst der Patientin verbergen, mit uns denselben Zwist wie mit anderen Männern durchleben zu müssen. In jedem Fall sollten wir uns vergewissern, dass auf beiden Seiten ein ausreichendes Maß an Sympathie füreinander vorhanden ist. Sonst ist die Prognose der Behandlung sehr ungünstig. Eine Patientin erzählte beispielsweise, die vorige Therapie hätte ihr gar nichts gebracht. Die Therapeutin sei zwar bequemerweise ganz in der Nähe ihrer Wohnung ansässig gewesen, hätte schnell einen Platz frei gehabt, sei ihr aber nicht sympathisch gewesen und öfter eingeschlafen. Beide hatten zwar zunächst einen Vorteil, die Patientin musste nicht länger suchen und hatte keinen weiteren Weg zu den Stunden, die Therapeutin konnte schnell einen freien Platz auffüllen. Da Sympathie von Pathos, Leid, abstammt, also übersetzt Mitleid oder Mitgefühl bedeutet, drückt Einschlafen das Gegenteil davon aus, nämlich Gleichgültigkeit und Langeweile. Beide waren sich nicht sympathisch. Ein solches Setting ist von vornherein zum Scheitern verurteilt.

Weniger Widerstände gegen das Bewusstwerden von Übertragungen haben Persönlichkeitsgestörte, etwa Borderlinepatientinnen. Salopp gesagt können sie auf jeden alles übertragen. Egal, welches Geschlecht wir haben, machen sie uns über projektive Identifizierungen angesichts ihrer starken Affekte schnell zum bösen Vater, der guten Oma oder dem neidischen Bruder, je nachdem, was gerade ansteht. Sie entscheiden sich am Beginn nur dann für uns, wenn sie ein nur gutes Objekt auf uns übertragen. Hier ist eher die Frage, wie viel wir von den uns zugeschriebenen Rollen aushalten können, worüber mehr im Kap. 9 über Gegenübertragungswiderstände zu lesen ist.

> **Beispiel**
>
> In der dritten Sitzung ihrer Therapie erzählte Yvonne folgenden Traum: „Ich bin im Zug. Der Schaffner schließt die seltsamen Türen, die vollkommen luftdicht sind. Dann fährt der Zug unter Wasser. Man kann rausschauen. Ich fühle mich ganz sicher in diesem Zug." Als ich sie um Einfälle dazu bat, sagte sie, dass Träume, in denen U-Bahnen oder Fahrstühle unter Wasser fahren, oft vorkämen und der Horror für sie seien, weil die Türen immer aufbrächen und das Wasser innen alles überflute und ertränke. In diesem Traum habe sie sich aber sicher gefühlt, weil die Türen das erste Mal in dieser Art Traum verschlossen blieben und sie sich alles in Ruhe anschauen konnte, was draußen vorbeizog. Zu Zug fiel ihr zuerst ihre Zugfahrt hierher ein, dann, dass ich in der ersten Sitzung der Analyse die freie Assoziation mit der Zugmetapher nach Freud (1913) erklärt hatte. In der Instruktion hatte ich gesagt, die Patientin solle sich vorstellen, wir säßen in einem Zug, sie schaue nach draußen und beschreibe mir als Mitreisendem im Inneren des Zuges, was vor dem Fenster vorbeizöge, ohne dass sie es mit den Augen festhalten könne. Der Schaffner stand insofern für mich als ihren Reisebegleiter. Der Traum zeigt, dass sich die Patientin sicher fühlt im therapeutischen Raum. Sie glaubt, auf unserer Reise nicht unterzugehen, nicht in den Fluten zu ertrinken, nicht überflutet

zu werden. Dies spricht für eine sichere Arbeitsbeziehung zu mir. Gleichzeitig hofft sie aber auch, sich das Meer, das die Welt der Gefühle verkörpert, nur ansehen zu können, ohne selbst direkt damit in Berührung zu kommen, so als sage man: „Wasch mich, aber mach mich nicht nass!" Die hermetisch abdichtenden Türen symbolisieren so gesehen auch einen Widerstand durch Isolierung vom Affekt. Von mir träumt sie als von einem Funktionsträger, einem Reisebegleiter, dem sie erzählt, was sie draußen vorm Fenster vorbeigleiten sieht, als der ich mich in der Erläuterung der freien Assoziation angeboten hatte. Der Schaffner hatte für sie keine weiteren personellen Eigenschaften. Sie sagte, er ist weder gut noch böse, sondern tritt nur in seiner Funktion auf, als einer, der Geld kassiert, Türen schließt und öffnet und der das Geschehen kontrolliert, damit es eine reibungslose Fahrt gibt. Sie nahm mich nur in meiner Funktion als Therapeut wahr, nicht als Mensch. Diese neutrale Darstellung im Traum verwundert, weil die Patientin von Anfang an Übertragungen auf mich und eine Kollegin entwickelt hatte. Ursprünglich wollte ich nur das Erstgespräch mit ihr führen. Sie sollte dann an eine Kollegin in psychoanalytischer Ausbildung an einem Institut vermittelt werden, die die Anamnese erhob. Sie fürchtete jedoch, eine Frau als Behandlerin könnte schnell so herrschsüchtig und rivalisierend werden wie ihre Mutter. Sie hoffte, bei mir einer negativen Mutterübertragung aus dem Weg gehen zu können. Ich kannte die Kollegin aus mehreren Supervisionen als sanftmütige und sehr fürsorgliche Therapeutin, bei der oft bei ihren Patientinnen schnell Wünsche nach Geborgenheit und Versorgtwerden hochkamen. Bei Yvonne, die die Kollegin durchaus als freundlich und gebend wahrnahm, aktivierte sie Widerstände gegen eine positive orale Übertragung ihrer Großmutter, die in ihrer Kindheit sehr liebevoll zu ihr war, aber die sie nur selten sah und die früh starb, sodass viele Sehnsüchte nach Befürsorgung unerfüllt blieben. Würden diese nun heute in der Übertragung bewusst werden, wäre das mit starker Traurigkeit und mit Wut auf die oral wenig gebende Mutter verbunden, denen die Patientin in der Therapie lieber nicht wieder begegnen wollte. Insofern führte sie auch der Widerstand gegen eine positive Großmutterübertragung zu mir als Mann. Sie nahm sogar eine längere Wartezeit auf sich. Aber auch bei mir zeigten sich Übertragungswiderstände. Yvonne war sehr mit ihrem Aussehen beschäftigt. Ihr 40. Geburtstag stand bevor, der mit Mutters wiederholter Wehmut verbunden war, mit 40 sei man als Frau verblüht und hässlich, für Männer nicht mehr begehrenswert. Da ich blind bin, hoffte sie, ich könne dadurch ihre sich anbahnende Hässlichkeit nicht wahrnehmen, sodass sie weniger Scham- und Angstgefühle spüren müsse. Hinzu kam, dass die Patientin in einer Kleinstadt 80 km entfernt von Berlin lebte, aber absichtlich eine Zugfahrt von 30 min auf sich nahm, um zu mir zu gelangen. Anhand des Bildes Zug im Traum konnte sie mitteilen, dass sie hoffte, all das schuld- und schambeladene Material, das sie mir erzählen würde, bliebe weit weg von ihrem Zuhause in Berlin, einer großen und verdorbenen Stadt. In ihrer Kleinstadt hatte sie einige erotische Ausschweifungen erlebt, in einem Stadtteil auf der anderen Seite des Flusses. Sie entwickelte eine Brückenphobie, sodass sie den Fluss nicht mehr überqueren und dadurch nicht mehr in Versuchung geraten konnte, etwas Schuldhaftes zu tun. Auch darauf kamen wir anhand des Zugbildes und Distanzthemas zu sprechen.

Am Ende der Therapie sagte sie rückblickend, in der dritten Stunde sei ihr das Herz aufgegangen, ein schönes Bild dafür, was passiert, wenn Widerstände gegen das Bewusstwerden von Übertragungen aufgegeben werden können. Ohne das Bearbeiten dieser Widerstände wäre das Herz wohl verschlossen geblieben. Yvonne entwickelte danach verschiedene Übertragungen, die im nächsten Abschnitt dargestellt werden. ◄

4.2 Widerstand durch Festhalten an einer Übertragung

▶ Sind Übertragungen bewusst geworden, halten Patientinnen auch dann längere Zeit an dieser Art Beziehung zur Therapeutin fest, wenn sie eigentlich schon gut durchgearbeitet und alle Teilaspekte und mit ihr verbundenen Gefühle geklärt worden sind.

Bei der positiven Übertragung etwa eines guten, fürsorglichen Objektes hält die Patientin daran vielleicht fest, um sich endlich ohne Schuldgefühle liebevoll geborgen zu fühlen und versorgen zu lassen, wie sie es als Kind viel zu selten erfahren durfte. Die Therapeutin kann eine Zeit lang diese Wünsche erfüllen, als eine Art nachholende Entwicklung. Hält die Patientin zu lange daran fest, ist es ein Widerstand gegen die Bewusstwerdung einer anderen, vielleicht negativen Übertragung, etwa eines bösen, abwertenden Teils von Vater oder Mutter, mit dem Angst oder Wutgefühle verbunden sind, die sie der gerade liebevoll erlebten Therapeutin nicht zumuten möchte. Aber auch an negativen Übertragungen können Patientinnen beharrlich fest halten. Auch wenn sie die Therapeutin längere Zeit genervt, entwertend oder überkritisch erleben, sind diese Gefühle immer noch leichter erträglich und vertrauter als das Zulassen einer positiven Übertragung, in der schambesetzte Wünsche nach Befürsorgung, Anerkennung oder Autonomie bewusst werden könnten.

Beispiel

Die abgewehrte Übertragung auf mich wurde Yvonne bald nach der Bearbeitung des Traums mit dem Schaffner aus der dritten Stunde in der 13. Stunde in einem weiteren Traum erkennbar: „Ich liege in meinem Zimmer zu Hause im Bett, so wie hier auf der Couch. Sie sitzen hinter dem Kopfende, so wie sie hier sitzen. Ich erzähle Ihnen etwas Wichtiges, was mir sehr schwerfällt. Sie sagen nach einer Weile genervt, Sie gingen jetzt kurz einmal Zigaretten holen, und verschwinden." Dazu, dass sie im Traum zu Hause ist, mich quasi in ihr Zimmer geholt hat und in ihrem Bett liegt, fällt der Patientin ein, dass sie sich hier sehr intim öffne. Vater habe immer gesagt, er gehe mal kurz Zigaretten holen, wenn er nach der Arbeit nach Hause kam, die Aktentasche abgestellt hatte und in die Kneipe verschwand oder zu einer Geliebten ging. Er blieb dann den ganzen Abend weg und ließ die Patientin mit Mutter allein. Sie erlebe es bei mir immer wie einen Rausschmiss, wenn ich am Ende der Stunde aufstünde und die Tür öffnete. Ähnlich wie bei Vaters Verschwinden erlebe sie unseren Abschied auch hier so, als hätte ich genug von ihr. Aus dem neutralen Schaffner ist nun relativ eindeutig ein genervter, verlassender, an der Patientin uninteressierter Vater geworden. Allerdings deuten Details darauf hin, dass sich hinter der vordergründig negativen Übertragung Wünsche verbergen, d. h., dass die Patientin eine negative Übertragung benutzt, damit andere, schambesetzte Wünsche nicht bewusst werden. Dadurch wird die negative Übertragung zum Widerstand gegen das Bewusstwerden anderer Übertragungen. Ein Detail ist, dass mich die Patientin aus meiner Praxis zu sich nach Hause holt. Sie wünscht sich eine private, keine professionelle Beziehung zu mir, weil diese nicht endet, wenn eine therapeutische Aufgabe erledigt ist. Mein Verschwinden am Ende des Traums verkörpert die Beziehungsangst, eines Tages letztlich doch verlassen zu werden, was es im Grunde sinnlos macht, sich auf Beziehungen einzulassen. Deshalb fällt es ihr auch so schwer, mir das Wichtige zu erzählen und sich tiefer auf die Beziehung einzulassen. Ein weiteres Detail wurde erkennbar, als ich nach der Formulierung „in meinem Zimmer" fragte. Die Patientin lebte mit ihrem Partner und ihrer Tochter zusammen in einer Wohnung, wo sie kein eigenes Zimmer hatte. Hingegen hatte sie als Kind ihr Zimmer. Es sind also auch kindliche Wünsche im Traum enthalten, weil ich in ihr Kinderzimmer geholt werde. Dort sitze ich, so wie ein guter Vater dort hätte sitzen und ihr vorm Einschlafen zuhören oder Märchen erzählen können. Schließlich erbrachte eine Nachfrage, dass sie nackt in ihrem Bett lag, aber zugedeckt. Dies enthält nun auch versteckte erotische Wünsche. Mein Weggehen erinnert an das gängige Klischee vom Liebhaber, der nach einer Nacht vorgeblich Zigaretten holen geht und nicht zurückkehrt. Dem erotischen Begehren steht also die Angst entgegen, doch nicht attraktiv genug zu sein, um mich dauerhaft für sich zu interessieren. All diese Konflikte deuten sich jedoch nur sehr vorsichtig an. Sie verschwinden geradezu hinter der sehr vordergründigen negativen Vaterübertragung, die damit zum Widerstand gegen eine Wahrnehmung dieser Wünsche wird, besonders dann, wenn wir uns verführen ließen, bei dieser negativen Übertragung zu bleiben und das Dahinter zu übersehen.

Nach einer Bearbeitung dieses Übertragungswiderstands brachte Yvonne zur 31. Stunde folgenden Traum mit: „Wir beide sitzen vor einem lodernden Kamin und sind nackt. Sie halten mich im Arm. Später decken sie mich mit einer weißen Decke zu. Es ist ein schönes, warmes Gefühl." Der Traum enthalte alle Wünsche, die sie sich bei ihrem Partner nicht erfüllen könne, weil er sie schnell als „Hure" sehe, sobald sie sexuelle Wünsche zeige. Die Patientin projiziert ihr strafendes Über-Ich offenbar auf ihren Partner. Vor ihrer Brückenphobie hatte sie manchmal heimlich den Fluss überquert und im anderen, verruchten Teil der Stadt heimlich erotische Abenteuer erlebt, nach denen sie sich aber schmutzig und schuldig fühlte, wie eine Hure. Die Phobie verhinderte es, sich so fühlen zu müssen, aber auch, sich erotische Wünsche zu erfüllen. Die weiße Farbe der Decke, die ich über ihre erotischen Sehnsüchte breite, symbolisiert insofern den Wunsch, Sexualität als unschuldig und rein erleben und schuldfrei genießen zu können. In diesem Traum erfüllt sich die Patientin den Wunsch, dass ich ihr erotisches Begehren als etwas Gutes annehme und akzeptiere, anstatt sie zu verurteilen, zu entwerten oder zu verlassen wie im vorherigen Traum. Wieder träumt sie von uns dyadisch, als Paar. Im Gegensatz zum Schaffner und zum Zigarettenholer bin ich jetzt der Liebhaber, der bleibt und sie in ihrer Weiblichkeit annimmt. Damit erfüllt sie sich Wünsche, die bei Vater und ihrem Partner unerfüllt blieben. Allerdings wird auch hier sehr vordergründig eine erotische Übertragung präsentiert, die etwas anderes verbirgt. Im Traum mit dem Haus, aus dem die Patientin auf einen Strand schaut (Abschn. 1.5), spielt das Thema Wärme eine Rolle. In diesem Traum hier kommt das Wort warm ebenfalls vor, nämlich am Ende. Zum lodernden Kamin fiel der Patientin lodernde Leidenschaft ein, ein Feuer, das brennt. Der Kamin symbolisiert hier also den aus dem manifesten Trauminhalt verdrängten sexuellen Akt. Mit einem warmen Gefühl und Im-Arm-gehalten-Werden assoziiert die Patientin aber Geborgenheit, sich anlehnen, entspannen, also orale Wünsche. Die vordergründig präsentierte erotische Übertragung ist ein Übertragungswiderstand, denn sie verbirgt hier schuldbesetzte orale Wünsche nach Befürsorgung, die sich nur im Detail verraten.

Ich kann hier nicht den gesamten weiteren Prozess schildern, vielleicht nur andeuten, dass die zunächst noch abgewehrte orale Übertragung in weiteren Träumen auftauchte, in denen die Patientin bei mir zu Hause einzog, sich geborgen und versorgt fühlte, in denen sich aber hintergründig andeutete, dass sie eingesperrt wird, also Konflikte zwischen Autonomie und Abhängigkeit. Durch die fortwährende Durcharbeitung von Widerstand und Übertragung veränderte sich viel bei der Patientin. Vor meinem Sommerurlaub nach 120 h resümierte Yvonne, ihre Phobien und die starke Eifersucht und die Verlassenheitsängste seien verschwunden, ebenso wie das Gefühl, am Essen zu ersticken, und die nächtlichen Alpträume. Sie habe die „Liebe zu anderen Menschen" wiederentdeckt. ◀

Fazit

Eine Übertragung wird zunächst abgewehrt, indem sich der Widerstand gegen ihr Bewusstwerden richtet, dann wird die Übertragung selbst zu einem Widerstand gegen das Bewusstwerden anderer, dahinterliegender Übertragungen und mit ihnen verknüpfter Wünsche und Ängste. Durch eine Bearbeitung von Widerstand und Übertragung gelangt man allmählich, in einem für die Patientin angemessenen Tempo zu immer tiefer liegenden Konflikten. Symptome müssen nicht mehr zur Konfliktentlastung benutzt werden und lösen sich auf.

4.3 Widerstand gegen die Auflösung der Übertragung

▶ In den Übertragungsbeziehungen zur Therapeutin wiederholt die Patientin leidvolle oder unzureichende Erfahrungen aus ihrer Lebensgeschichte. Manchmal lösen sich Übertragungen nicht auf oder es kommt nicht zu einem Transfer des Gelernten in die Realbeziehungen außerhalb der Therapie.

Indem wir Übertragungen bewusst machen und durcharbeiten, versteht die Patientin, dass sie sich etwa orale Sehnsüchte nach Befürsorgung aus Scham, zu gierig, zu gefräßig zu sein, bei uns nicht erfüllen kann oder dass sie Autonomieimpulse bei uns aus Schuldgefühlen, den eigenen Willen zu zeigen, nicht zeigt. Sie lernt, dass orale Wünsche und Willensbekundungen nichts Schlechtes oder Verbotenes sind, sodass sie sie bei uns ausdrücken und partiell erfüllen kann. Das gute Neue, was mit uns möglich geworden ist, muss sie parallel zur Therapie in ihre Realbeziehungen transferieren, indem sie dort Fürsorglichkeit und Geborgenheit findet, genießt oder auch ihren Willen bekunden und ihre Autonomie vertreten kann. Ändern sich die Realbeziehungen im Alltagsleben der Patientin außerhalb unseres Sprechzimmers nicht, wird sie für immer darauf angewiesen sein, bei uns Trost und Geborgenheit zu finden oder ihren Willen zu zeigen. Manchen reicht es eine Zeit lang, zu wissen, dass sie sich bei uns einmal bis fünfmal in der Woche ausweinen können, sodass sie im Außen keine Beziehung entwickeln, wo das auch geht. Manchmal liegt es aber auch an den Therapeutinnen, weil sie den Transfer der Einsicht in die Realbeziehungen nicht ausreichend fördern, nach dem Motto: „Sie hat es doch jetzt verstanden, sie hat keine Schamgefühle wegen oraler Wünsche mehr, keine Schuldgefühle bei Willensbekundungen. Da kann sie draußen doch ganz anders mit Menschen umgehen."
Greenson (1982, S. 184) schrieb dazu:

„Das Durcharbeiten bezweckt, Einsicht effektiv zu machen, das heißt, signifikante und bleibende Veränderungen beim Patienten zu bewirken. Indem wir die Einsicht zum Angelpunkt machen, können wir zwischen Widerständen unterscheiden, die Einsicht verhindern, und Widerständen, die es der Einsicht unmöglich machen, Veränderungen herbeizuführen."

Oft kann eine falsch verstandene Abstinenz dazu führen, dass wir unsere Patienten nicht ausreichend darin unterstützen, dass ihre therapeutisch gewonnenen Einsichten effektiv werden, indem wir sie mit dem Transfer in die Realität alleinlassen.

Beispiel

Yvonne träumte in diesem Zusammenhang: „Ich beschwere mich bei meinem Partner, dass er gar nicht stolz auf mich ist, dass ich so klaglos und ohne Aufhebens schwanger war und unser Baby geboren habe. Er reagiert mürrisch und sagt, das sei doch normal." In der Bearbeitung dieses Traums konnte die Patientin mitteilen, dass sie sich gewünscht hatte, dass ich auf unser therapeutisches Baby stolz bin, auf das, was wir hier gemeinsam erreicht haben. Zum Beispiel hätte ich in der vorigen Stunde sagen können, dass ich stolz bin darauf, dass sie sich getraut hat, ihre Arbeit auf einer größeren Messe vorzustellen, was sie nicht musste und was ihr vorher viel Angst gemacht hatte. Dank der anerkennenden Erfahrungen mit mir habe sie aber den Mut dazu aufgebracht und viele gute Rückmeldungen bekommen, vielleicht auch neue Kunden. Aber hier habe sie es sich schon abgeschminkt, dass wir gemeinsam Erfolge dort draußen feiern. Solche Bemerkungen sollten wir sehr ernst nehmen, denn das Verlassen alter Muster kostet viel Überwindung und Mut. Hier habe ich meine Patientin in der Stunde zuvor durch eine zu abstinente, zurückhaltende Reaktion alleingelassen, anstatt ihren neuen Schritt zu würdigen. ◄

Fazit

Bleiben solche Prozesse unerkannt, verhindern wir letztlich, dass Einsichten aus dem therapeutischen Prozess im Leben unserer Patientinnen effektiv werden. Sie können dann die positiv gewandelte Übertragung uns gegenüber nicht aufgeben, weil sie sich nur hier Wünsche zu erfüllen trauen, oder verbleiben in einer negativen Übertragung, weil wir nicht anerkennen, was auch immer sie draußen erreichen und verändern. Sie machen dann viele Jahre Therapie, gelangen zu Einsichten, nur in ihrem Leben ändert sich nichts.

Schuld und Scham: Über-Ich- und Ich-Ideal-Widerstand

5

▶ Es gibt Widerstände, die durch ein sehr strenges, verbietendes Über-Ich hervorgerufen werden, sowie solche, die mit einem überhöhten, nie erreichbaren Ich-Ideal zu tun haben.

Die Gewissensinstanz unserer Patientinnen, ihr Über-Ich, ist häufig deutlich strenger, verbietender oder entwertender als bei anderen Menschen. Es verbietet dann jede Art von positiver Veränderung, von Freude, Stolz oder eigenem Willen. Sobald die Patientin eine kleiner Verbesserung erreicht, greift das Über-Ich ein und verbietet es. Das Über-Ich löst vor allem Schuldgefühle aus. Das Ich-Ideal enthält das Bild, wie wir gern sein würden, um von uns selbst und von anderen anerkannt und vielleicht sogar bewundert zu werden. Ist das Bild der Patientin von sich selbst sehr weit vom Ich-Ideal entfernt, erlebt sie Scham und Minderwertigkeitsgefühle. Bei vielen Patientinnen ist das Ich-Ideal so überhöht, dass es selbst bei größter Anstrengung nicht erreichbar wäre. Es belächelt dann jede Veränderung als klein, unbedeutend und lächerlich, sodass die Patientin schließlich alle Anstrengungen unterlässt, sich zu verändern. Das Ich-Ideal belächelt auch die Therapeutin als einfältiges, anspruchsloses Wesen, falls diese sich über eine kleine Veränderung bei der Patientin freut oder sie würdigt. Dadurch wird jede Veränderung im Keim erstickt.

Das Ich-Ideal von zwanghaften Patientinnen fordert zum Beispiel Perfektion von ihnen. Ist bei einer Veränderung noch ein kleiner Fehler oder Makel zu erkennen, gilt sie für das Ich-Ideal nicht, sondern wird beschämend abgewertet. Eine Patientin etwa, für die Noten wie 1,2 natürlich unerträglich schlechte Zensuren darstellten, konnte sich auch über eine 1,0 nicht freuen, weil sie vermutete, doch ein Komma falsch gesetzt zu haben, nur die oberflächliche Lehrerin hat es wohl nicht gesehen oder, noch schlimmer, ihr trotzdem eine 1,0 gegeben. Noten dieser Lehrerin wird sie dann nicht mehr trauen.

Zum Über-Ich-Widerstand schrieb Freud (1923, S. 278):

> „Es gibt Personen, die sich in der analytischen Arbeit ganz sonderbar benehmen. Wenn man ihnen Hoffnung gibt und ihnen Zufriedenheit mit dem Stand der Behandlung zeigt, scheinen sie unbefriedigt und verschlechtern regelmäßig ihr Befinden. Man hält das anfangs für Trotz und Bemühen, dem Arzt ihre Überlegenheit zu bezeugen. Später kommt man zu einer tieferen und gerechteren Auffassung. Man überzeugt sich nicht nur, dass diese Personen kein Lob und keine Anerkennung vertragen, sondern dass sie auf die Fortschritte der Kur in verkehrter Weise reagieren. Jede Partiallösung, die eine Besserung oder zeitweiliges Aussetzen der Symptome zur Folge haben sollte und bei anderen auch hat, ruft bei ihnen eine momentane Verstärkung ihres Leidens hervor, sie verschlimmern sich während der Behandlung, anstatt sich zu bessern."

Er vermutet dahinter ein unbewusstes Schuldgefühl, „welches im Kranksein seine Befriedigung findet und auf die Strafe des Leidens nicht verzichten will" (Freud, 1923, S. 279).

Schuldgefühle, nicht so oder überhaupt nicht sein zu dürfen, sich nicht gut, nicht lebendig fühlen zu dürfen, begegnen mir immer wieder bei Patienten. Es ist, als dürfte es ihnen nicht gut gehen. All das, was sie sich in ihrer Therapie erarbeiten, müssen sie aus einem tiefen Schuldgefühl wieder rückgängig machen. Hirsch (2002) hat sich verdient gemacht um ein verbessertes Verständnis von Schuldgefühlen, wobei er sich auch auf die Untersuchungen von Niederland zum Überlebendenschuldgefühl von Opfern des Naziterrors bezieht, die sich schuldig dafür fühlten, ein Konzentrationslager überlebt zu haben, während andere dort getötet wurden. Er unterscheidet vier Formen von Schuldgefühlen:

1. Basisschuldgefühl: Es ist ein Schuldgefühl aufgrund der bloßen Existenz des Kindes, etwa bei unerwünschten oder Vergewaltigungskindern, oder seines So-Seins, insbesondere seines Geschlechts, etwa wenn ein Junge eigentlich unbedingt hätte ein Mädchen werden sollen, weil eine sexuell traumatisierte Mutter männliche Wesen hasst.
2. Schuldgefühle aus Vitalität: Expansive Bestrebungen, das Begehren, erfolgreich, lebendig sein, oder andere übertreffen zu wollen, werden dadurch schuldhaft erlebt, dass sie von der familiären Umgebung nicht akzeptiert werden können.
3. Trennungsschuldgefühl: Hier sind die Autonomiebestrebungen des Kindes in allen Lebensaltern mit Schuldgefühlen verbunden, da Trennung für die elterlichen Objekte eine Bedrohung darstellt.
4. Traumatisches Schuldgefühl: Schwere Gewalt- und Verlusterfahrungen hinterlassen ein Introjekt im Selbst, das Schuldgefühle verursacht. Von Tätern, aber auch anderen Angehörigen wird sexuell missbrauchten Kindern schon früh gesagt, sie seien am Missbrauch schuld, weil sie so hübsch wären, weil sie es doch selbst gewollt hätten. Aggressiv misshandelten Kindern wird vermittelt, dass sie die Schläge und Misshandlungen durch ihr Fehlverhalten berechtigterweise ausgelöst hätten. Diese Schuldgefühle verhindern im Sinne eines Widerstandes die Anerkennung der Patientin, traumatisiert zu sein, was am Beginn der Therapie wichtig ist.

Zu unterschiedlichen Schuldgefühlen im Zusammenhang mit Migration habe ich andernorts ausführlicher geschrieben (Abel, 2011a).

Bleiben diese Schuldgefühle unerkannt, wirken sie als starke Kräfte einer therapeutischen Veränderung entgegen.

> **Beispiel**
>
> Einen Traum von Yvonne aus der 24. Stunde möchte ich hierzu beispielhaft vorstellen: „Ich komme in einen Altbau. Im Flur hängen fünf Bilder, auf denen Maria, Justitia, Jesus, Venus, wie sie aus der Muschel steigt, und Medusa abgebildet sind. Oben findet dann die Therapiesitzung mit Ihnen statt. Sie sagen, ich soll mir aus einem Kleiderschrank neue Kleider aussuchen, aber mir sind alle zu romantisch, so mit Pelz. Ich sage Ihnen, dass die früher zu mir gepasst hätten, woraufhin Sie nicht enttäuscht sind, aber die Stunde beenden. Unten steht ein großes Auto, das eigentlich mir gehört, aber in das ich nicht steige, sondern lieber zu Fuß gehe."
>
> Beim Anblick der Medusa habe sie an den anderen Teil ihrer Heimatstadt gedacht, in den sie nicht gehe, weil sie dort früher gelebt, viele Affären gehabt und ihren Ehemann betrogen habe. Medusa heiße auch ein Bordell in einer Querstraße meiner Praxis. Dieser Einfall verwies bereits darauf, dass die Patientin in der Analyse in Kontakt mit erotischen Wünschen kam, ebenso wie das Bild mit dem Schrank voller romantischer Kleider. Damit, dass diese Kleider früher zu ihr gepasst hätten, bezog sich die Patientin im Traum auf die für sie „verruchte, ausschweifende Zeit" im anderen Teil der Stadt. Meine Aufforderung, sich neue Kleider auszusuchen, brachten wir in Verbindung mit vorherigen Sitzungen, in denen die Patientin den Eindruck hatte, dass ich freundlich und anteilnehmend reagierte, als sie vorsichtig von erotischen Wünschen sprach, und sie animierte, dies zu vertiefen. Was dabei draußen, im Hausflur blieb, waren wichtige Über-Ich-Aspekte, nämlich Maria als reine, unschuldige, asexuelle Frau und Verkörperung des Ich-Ideals der Patientin, Justitia, die abwägt und richtet, sowie Jesus, mit dem die Patientin Schuld, Leid und Bestrafung verbindet und die beide das Über-Ich verkörpern. Der Traum veranschaulichte mir, dass ich mich zu sehr auf den Inhalt hinter dem Widerstand konzentriert hatte. Der Widerstand, der hier in Gestalt idealbildender, aber auch richtender und verbietender Über-Ich-Aspekte in Erscheinung trat, verhinderte, dass sich die Patientin romantische neue Kleider gönnen oder das schicke Auto benutzen kann. Erst durch eine Bearbeitung und ein Verstehen dieser Widerstände konnte eine weitere Entwicklung in Gang kommen. Ein weiteres Fokussieren auf die Inhalte hinter dem Widerstand hätte dazu geführt, dass die Patientin auch künftig die angebotenen Kleider und Autos hätte ablehnen müssen. ◀

Das Altgewohnte: Es-Widerstand

6

▶ In Kap. 1 wurde bereits beim Thema Compliance benannt, dass laut WHO nur 50 % der Patientinnen im gesamten Medizinsystem den Absprachen mit ihren Ärztinnen folgen, die andere Hälfte nicht. Das betrifft neben der Einnahme von Medikamenten vor allem Änderungen des Lebensstiles, wie etwa eine gesündere Ernährung, mehr Bewegung oder Verzicht auf Tabak, Alkohol und andere Suchtmittel. Hier, aber auch in unserem Bezug zu uns selbst und in unseren Beziehungen zu anderen halten wir lange am Gewohnten, Vertrauten fest, auch dann noch, wenn uns längst klar ist, dass manches daran gar nicht gut ist für uns oder andere.

Freud führte das auf die konservative Natur des Triebs zurück, auf die Klebrigkeit, Trägheit, Schwerbeweglichkeit der Libido. Statt durch Erinnerung und Realitätsprüfung auf die Befriedigung erotischer Wünsche zu verzichten, sucht die Patientin ihre Wiederholung. Aus der Sicht der heutigen Psychoanalyse, deren Hauptströmung die Objektbeziehungspsychologie ist (Abel, 2023), könnten wir den Begriff der Libido um eine Vielzahl anderer menschlicher Wünsche, Bedürfnisse, Sehnsüchte und Impulse erweitern, die immer wieder auf dieselbe Weise erfüllt werden oder unbefriedigt bleiben, auch wenn uns die emotionalen Hintergründe längst klar sind.

Fast alle Märchen befassen sich mit dem Thema, weil die Protagonistinnen trotz erster Einsichten zweimal, viermal, manchmal sogar sechsmal erfolglos das Gleiche versuchen, ehe endlich beim dritten, fünften oder siebenten Mal der übliche Weg verlassen und ein neues Muster probiert wird. Im grimmschen Märchen „Der Eisenofen" beispielsweise steht die Prinzessin zweimal am Bett des Geliebten, den sie aus einem Wald und einem eisernen Ofen erlöst und den sie dann sucht, wozu sie über einen gläsernen Berg, drei Schwerter und über ein großes Wasser gekommen ist, ohne das er erwacht und sie hört.

Erst am dritten Abend, nachdem ihm seine Bediensteten von den Worten der Prinzessin erzählt hatten, verzichtete er auf den gewohnten Schlaftrunk, hörte sie und heiratete sie. Nimmt man die Erlösung im Märchen und den langen und gefährlichen Weg der Prinzessin als ein Bild für eine lange Entwicklung eines Menschen, zum Beispiel in der Therapie, dann kann etwas Altvertrautes, der Schlaftrunk, dazu führen, dass das Neue nicht zu ihm vordringen, er es nicht annehmen kann. Die Aufgabe der Bediensteten fällt dann uns Therapeutinnen zu: Wir müssen dem Prinzen in der Patientin sagen, dass ein Teil von ihr einen langen Weg hinter sich gebracht und sich sehr verändert hat, ein Teil sich aber allabendlich betäubt und nichts von dem Erreichten zu sich vordringen lässt. Erst dann kann all das Entwickelte erkannt und ein Teil des neuen Lebens werden. Auch dann wartet im Märchen noch ein gefährliches Stück Weg auf die beiden, ein Stück Integration, ehe sie als Königspaar im Schloss sitzen. Ohne die Hilfe der Bediensteten hätte der Prinz aber auch die dritte Nacht tief geschlafen. Weil die Prinzessin nur drei Nüsse bei sich hatte, die ihr den Zugang zu seinem Schlafgemach ermöglichten, hätte es keine vierte Gelegenheit für sie gegeben, von ihm gehört und angenommen zu werden. Auch bei unseren Patientinnen gibt es keine unendliche Zahl von Wiederholungen des Altvertrauten. Wenn sie die durchlaufene Entwicklung nicht irgendwann wahr- und annehmen, werden sie sich weiterhin einschläfern lassen und alles bleibt beim Alten.

Bei den Widerständen durch Abwehrmechanismen ging es eher darum, ein mühsam gefundenes, inneres, psychisches Gleichgewicht nicht zu destabilisieren durch etwas Neues, hier um das Aufgeben von etwas Altem. Für alle Süchtigen ist es leichter und vertrauter, sich orale Wünsche über das Suchtmittel zu erfüllen, anstatt Wege zu finden, wie sie in Beziehungen ihre Bedürfnisse nach Befürsorgung und Geborgenheit einbringen können. Bei Borderlinepatientinnen habe ich oft beobachtet, dass sie auch dann noch auf selbstverletzendes oder sadistisches Verhalten zurückgreifen, wenn sie eigentlich schon andere Wege gefunden haben, sich selbst zu begegnen, zu beruhigen, Nähe zu regulieren oder Dissoziationen aufzuheben. Meiner Erfahrung nach ist es nicht immer Angst oder Scham, die Patienten davon abhält, neue Befriedigungsformen für Affekte und Triebimpulse zu finden, sondern manchmal auch eine gewisse Bequemlichkeit, die Dinge doch lieber auf die altvertraute Weise zu lösen.

Beispiel

Hierzu beispielhaft folgender Traum von Yvonne: „Mein Exmann holt mich ab. Er will mit mir und meiner Tochter in Urlaub fahren, wozu ich überhaupt keine Lust habe. Trotzdem fahre ich widerwillig mit. Am Urlaubsort gefällt es mir nicht. Dort sitzen alte Leute, es ist schmuddelig und riecht. Ich laufe weg. Ich steige in ein schickes, schwarzes Auto, das mir gehört, und fahre damit los. Ich fühle mich wohl und mittig und kann fahren, wohin ich will. Im Auto ist auch ein Baby, ein Junge, der erst wenige Monate alt ist, von dem noch niemand weiß. Es ist mein Baby, das ich sehr, sehr lieb habe und ständig voller Freude ansehen muss. Schließlich kann ich es sogar anderen mitteilen, ein Baby zu haben. Sie freuen sich mit mir. Dann steht wieder mein Exmann vor der Tür und will mit mir und meiner Tochter in den Urlaub fahren. Widerwillig fahre ich mit ihm mit."

6 Das Altgewohnte: Es-Widerstand

Die Rhythmik des Traums ist interessant: Am Ende geschieht dasselbe wie am Anfang. Wie im Film „Und täglich grüßt das Murmeltier" von Harold Ramis geschieht jeden Morgen dasselbe, als sei die Zeit zurückgedreht worden, als sei zwischendurch nichts geschehen, als habe es keine Entwicklung gegeben. Der Film ist ein anschauliches Beispiel für einen Es-Widerstand. Egal, was an Versuchen und Veränderungen ausprobiert wird, es bleibt doch alles beim Alten. Ebenso im Traum der Patientin. Nachdem sie sich zu Beginn widerwillig ihrem Mann anschließt, kann sie sich in der Traummitte vom Alten befreien. Sie erwirbt Autonomie in Gestalt des schicken, schwarzen Autos. Das Baby verkörpert das therapeutische Kind, denn die Behandlung war zu dieser Zeit erst einige Monate im Gang. Es verweist auf etwas Neues, dass sich in der Patientin entwickelt hat und das zu neuem Leben gekommen ist, auf einen neu entdeckten Selbstanteil, den sie lieb hat und an dem sie sich freut. Aber plötzlich ist es wie im Film, wenn wieder früh um sechs der Radiowecker klingelt und Phil Connors begreift, dass der 2. Februar noch einmal von vorn beginnt. Wieder steht der Exmann vor der Tür und wieder steigt die Patientin widerwillig in sein Auto. Das Baby und das schicke schwarze Auto sind verschwunden, als hätte es sie nie gegeben. Dieser Traum verdeutlicht die Neigung von Menschen, zu den altbekannten, vertrauten Mustern und Konflikten immer wieder zurückzukehren, auch wenn sie unbefriedigend sind. Es gibt in dem Traum keine Verfolger, keine Über-Ich-Einflüsse, die die Patientin zwingen, wieder von vorn zu beginnen. Es-Widerstände haben eine andere Dynamik. Sie hängen mit der Klebrigkeit der Triebe zusammen, wie es Freud ausdrückte, oder eben mit der Neigung von uns allen, beim Alten, Vertrauten zu bleiben. ◄

Krankheitsgewinne 7

▶ Ein „morbid gain", ein Krankheitsgewinn bezeichnet die objektiven oder subjektiven Vorteile, die eine Patientin oder ihr Umfeld aus ihrer Erkrankung ziehen. Eine Genesung durch eine medikamentöse oder psychotherapeutische Behandlung stellt eben diesen Gewinn infrage, weshalb er zu einer Noncompliance in Bezug auf Behandlungsmaßnahmen oder einem Widerstand gegen eine Verbesserung der Krankheit wird.

Wir unterscheiden mehrere Formen von Krankheitsgewinnen:

1. Der primäre Krankheitsgewinn ist der Nutzen, den die Patientin selbst aus ihrer Erkrankung zieht. Das Symptom stellt eine Kompromisslösung in einem Konflikt dar, zwischen Sehnsüchten und Impulsen einerseits und antagonistischen Gefühlen wie Angst, Scham oder Schuld andererseits. Die Symptomatik reduziert innere Spannungen. Das ist der Gewinn, den die Patientin selbst aus ihren Symptomen zieht. Bei einem Wahn ist das Böse durch eine Projektion außerhalb der Patientin. Wenn sie Stimmen halluziniert, wie die Nachbarn im Hausflur oder in ihren Wohnungen ständig über sie sprechen, über das, was sie gerade tut oder denkt, dann ist sie nicht mehr ganz einsam und verlassen in ihrer Einraumwohnung eines anonymen Hochhauses in der Vorstadt. Würden die Halluzinationen durch ein Neuroleptikum oder eine Psychotherapie plötzlich verschwinden, würde sie spüren, dass sich niemand für sie interessiert, sie niemand wahrnimmt, sie keine Kontakte hat, und sich deshalb völlig verlassen fühlen und existenzielle Ängste vor einer objektlosen Leere erleiden. Bei jeder Erkrankung sollten wir uns über den primären Gewinn klar sein, um zu ahnen, was auf die Patientin zukommen wird, wenn sie partiell oder ganz auf ihre Symptome verzichtet, selbst wenn uns die Symptome von außen betrachtet bedrohlich erscheinen, wie etwa halluzinierte Stimmen böse sprechender Nachbarn.

2. Der sekundäre Krankheitsgewinn ist der äußere Nutzen, den Patientinnen aus ihrer Erkrankung ziehen, einerseits innerhalb ihrer Beziehungen, etwa im Bett bleiben zu dürfen, von anderen versorgt oder geschont zu werden. Eine agoraphobe Patientin zum Beispiel konnte angesichts ihrer Ängste vor Menschenansammlungen keine öffentlichen Verkehrsmittel wie Busse oder Metros nutzen, sodass sie von ihrem Partner mit dem Auto überall hingefahren wurde. Andererseits geht es hier um arbeitsmäßigen oder finanziellen Gewinn für die Patientinnen, wie krankgeschrieben oder berentet zu werden. Mit durchschnittlich 48 Tagen kommt es bei psychischen Krankheiten zu den längsten krankheitsbedingten Arbeitsausfällen. Der Anteil von Menschen, die eine Erwerbsminderungsrente beantragten, stieg in Deutschland in den letzten 25 Jahren bei diesen Erkrankungen von 18,6 % auf 41,7 %. Läuft ein Antrag auf eine Erwerbsminderungsrente, bei dem psychische Krankheitssymptome eine wichtige Rolle spielen, hat die Patientin gar kein Interesse, dass es ihr besser geht, weil die Rentenversicherung den Antrag dann ablehnen würde. Dadurch würde der sekundäre Krankheitsgewinn zu einem unüberbrückbaren Widerstand gegen jegliche Veränderung. Eine Psychotherapie macht deshalb erst dann Sinn, wenn über den Antrag endgültig entschieden worden ist. Bei einer befristeten Berentung etwa über zwei Jahre sollten wir darauf achten, ob im zweiten Jahr bereits erreichte und gelebte Veränderungen wieder rückläufig sind, um eine Verlängerung der Rentenzahlungen nicht zu gefährden.
3. Beim tertiären Krankheitsgewinn geht es um Vorteile für die Umgebung des Kranken. Angehörige, die bettlägerige Depressive pflegen, Schizophrene juristisch oder menschlich betreuen, aber auch jene, die Phobische begleiten, haben das Gefühl, gebraucht zu werden, nützlich zu sein, eine besondere Funktion oder Kompetenz zu haben, ohne die der unterstützte Mensch nicht oder nicht so leben könnte. Es erhöht ihr Selbstwertgefühl, verleiht ihnen Macht, gibt manchmal sogar ihrem Leben einen Sinn. Veränderungen bei der Patientin bedeuten oft, dass sie ihre Angehörigen weniger oder anders braucht, was für diese sehr verwirrend und verunsichernd sein kann, sodass sie bewusst oder unbewusst etwas unternehmen, um die positiven Entwicklungen der Patientin zurückzudrängen. Nachdem der Patient einer stationären Suchttherapie am ersten Besuchswochenende vorsichtig gegenüber seiner Frau ein paar Fragen zu ihrer Ehe aufgeworfen hatte, um etwas zu verändern, stellte sie vor dem zweiten Wochenendurlaub seine Lieblingsalkoholsorten an die Stellen, wo er sie früher immer versteckt hatte, von wo sie sie aber beide gemeinsam vor der stationären Aufnahme weggeräumt hatten. Bevor sie etwas ändern würde, sollte aus ihrer Sicht doch lieber alles beim Alten bleiben. Lieber wollte sie einen Mann, der zwar vom Alkohol, aber auch von ihr abhängig war. Die systemische Therapie arbeitet unter anderem aus diesem Grund nicht nur an Veränderungen der Indexpatientin, derjenigen, die als erste in die Praxis kommt, sondern am ganzen System Familie. Ebenso führen Kindertherapeutinnen regelmäßige Gespräche mit den Eltern, um diese auf dem Entwicklungsweg ihres Kindes mitzunehmen, was manchmal der deutlich schwierigere Teil der Arbeit ist. Im einzeltherapeutischen oder stationären Setting sollten wir im Blick behalten, wie es den An-

gehörigen mit dem geht, was bei unserer Patientin neu und anders ist, vielleicht Angehörigengespräche erwägen, um den Therapieerfolg nicht zu gefährden.

4. Quartären Krankheitsgewinn nennen wir ideologische oder gesellschaftliche Einstellungen dazu, was als psychisch krank angesehen wird, was nicht und wie die Gemeinschaft damit umgeht. So trafen bei der deutschen Wiedervereinigung 1989 zwei sehr unterschiedliche Perspektiven aufeinander: Im autoritären, diktatorischen Regime der DDR waren angepasste, sich unterordnende Menschen sehr erwünscht, sodass Phobische, aggressiv Gehemmte oder leicht Depressive wenig auffielen, während Menschen mit Autonomiewünschen und offener gelebter Aggressivität schneller anecken. In seinem Buch *Der Gefühlsstau* beschrieb der in der DDR tätige Psychiater und Psychotherapeut Maaz (1990) die Wechselwirkungen von staatlicher Repression im DDR-System mit den psychischen Befindlichkeiten der Bevölkerung. Hingegen schildert Maaz (2012) im Buch "*Die narzisstische Gesellschaft* die Auswirkungen der westlichen, demokratischen, freien, die Selbstverwirklichung als oberstes Ziel setzenden Gesellschaft auf das, was wir als krank und gesund ansehen. Es gäbe noch sehr vieles dazu zu sagen. Hier vielleicht nur ein kurzer Blick über die Grenzen unseres Landes hinaus nach Afghanistan. Das vielfältige Leid der Frauen dort, die nur verschleiert und in Begleitung das Haus verlassen, nicht arbeiten und in keiner Weise eigenständig aktiv werden dürfen, wird vom herrschenden Regime und den gesellschaftlich dominierenden Kräften nicht als etwas zutiefst Zerstörerisches, Einengendes angesehen, wie vom Europäischen Gerichtshof, sondern als etwas Normales, Wünschenswertes. Ein Aufbegehren einer Frau gegen dieses Schicksal hingegen würde als falsch, als gestört angesehen und unter Umständen mit dem Tod bestraft werden. In der Arbeit mit Geflüchteten ist es für uns besonders wichtig, solche Aspekte der Kultur, aus der sie kommen, zu bedenken. Aber auch sonst finde ich es bedeutsam, ab und zu den Blick aus dem Fenster unserer Behandlungszimmer in die umgebende Gesellschaft und ihre Einflüsse auf uns und unsere Patientinnen zu werfen.

Beispiel

Mein Patient Uwe, über den ich bereits in Abschn. 2.1.8 schrieb, litt unter einer essenziellen Hypertonie, einem Bluthochdruck, für den keine organischen Ursachen nachgewiesen werden können. Alexander (1950, 1951) zählte diese Erkrankung zu den Holy Seven, den wichtigen sieben psychosomatischen Krankheiten. Danach werden durch Gefühle von Aggression und Wut die Herzfrequenz und der Blutdruck erhöht. Kann die Aggression nicht abgeführt werden, durch Worte oder Handlungen, bleibt sie fortwährend bereitgestellt, d. h., der Blutdruck bleibt dauerhaft erhöht. Uwe hatte in seiner Erziehung strenge Verbote von allen Formen von Aggressionen erfahren und deshalb diese Gefühle mit schweren Schuldgefühlen verbunden. Ärgerte er sich über Kollegen oder seine Frau, erhöhte sich sein Blutdruck, ohne dass er Ärger spürte, geschweige denn etwas sagte oder tat. Dadurch spürte er nur eine körperliche Anspannung, aber keine Aggression, sodass er nicht unter Schuldgefühlen litt. Darin bestand sein primärer Gewinn aus seiner Krankheit. Der sekundäre Gewinn im Außen war, dass er bei allen als nett und unkompliziert galt, was er als bedeutsam erlebte, war es doch das komplette Gegenteil vom Bild, das seine Eltern zumeist von ihm hatten. Bei seinen Kollegen und seiner Frau war er gut angesehen, weil er nie Ärger zeigte und alles mit sich machen ließ. Auf der Arbeit konnten andere ihn mit unangenehmen Aufgaben überhäufen, die er zu ihrer Freude klaglos ausführte. Seine Ehe erlebte er als konfliktfrei und harmonisch. Seine Frau arbeitete als strenge Lehrerin in einer Schule eines Problembezirkes, wo sie es täglich mit aufsässigen und aggressiven Kindern zu tun hatte, sodass sie es genoss, zu Hause keinen Widerspruch zu erfahren und alles zu kontrollieren und zu beherrschen, was der tertiäre Krankheitsgewinn war. Nachdem Uwe zweimal vorsichtig versuchte, in eine Auseinandersetzung darüber einzutreten, das eine oder andere Detail in ihrer Ehe zu ändern, indem sie mehr Zeit miteinander verbrächten und öfter einmal miteinander sprächen, geriet sie in Panik, als bekäme sie es nun auch zu Hause mit einem motzigen, eigensinnigen Wesen zu tun. Sie drohte ihm mit Scheidung, wenn er nicht mit ihr zu einem Psychiater ginge, bei dem sie bereits einen Termin vereinbart hatte. Dort sprach nur sie über seine plötzlichen Veränderungen nach 20 Jahren harmonischer Ehe. Der Psychiater vermutete eine manische Episode und verordnete ihm Amitriptylin, ein verbreitetes Antidepressivum, vermutlich weil es auch eine sedierende, einschläfernde Wirkung hat. Ich hatte die heftige Wirkung der Entwicklungen von Uwe in der Gruppentherapie hin zu mehr Bekundungen des eigenen Willens und von Autonomiewünschen auf seine Frau offenkundig unterschätzt. Durch Gespräche mit Uwe, Paargespräche mit der Frau und Kontakt mit dem Psychiater konnte das Medikament wieder abgesetzt und die Frau mit den Veränderungen mitgenommen werden, weil sie verstand, dass es nicht nur um einen Kampf, sondern viel eher um eine Verbesserung, Neugestaltung und Intensivierung ihrer Ehe ging, die auch sie sich eigentlich in einigen Punkten schon lange wünschte. Als quartären Krankheitsgewinn möchte ich erwähnen, dass Uwe im autoritären Regime der DDR aufgewachsen war, wo seine Eltern mittlere, sehr angepasste Funktionäre waren, für die Uwe den Witz kennzeichnend fand: „Was haben die DDR und eine Champignonfarm gemeinsam? Sobald ein Kopf herausschaut, wird er abgeschnitten." Autonomiewünsche und Bekundungen des eigenen Willens waren für seine Eltern beruflich und privat sehr gefährlich. Insofern hätten in seiner Familie und in der DDR therapeutische Veränderungen hin zu mehr konstruktiver Aggression und mehr eigenem Willen Uwe in Schwierigkeiten gebracht. ◄

Strukturspezifische Widerstände   8

▶ Es gibt keine idealen, perfekten, oder fehlerfreien Eltern, Familien oder Umgebungen für Kinder. In ihrer psychischen Entwicklung, vor allem den ersten sieben Lebensjahren, werden einige Wünsche und Bedürfnisse optimal oder zumindest gut genug erfüllt, andere suboptimal, unzureichend oder gar nicht. Werden eigentlich normale, bei allen Kindern ähnlich ausgeprägte Wünsche frustriert, verboten oder beschämt, entstehen oft lebenslang anhaltende Konflikte, die die Persönlichkeit auch psychisch gesunder Menschen maßgeblich prägen. Uns alle treibt als Erwachsene etwas an: Manche wollen Ordnung schaffen, andere auf der Bühne stehen und sich zeigen, dritte sich um andere Menschen kümmern. All das hängt mit zentralen Beziehungswünschen zusammen, oder mit zentralen Beziehungskonfliktthemen, wie es Luborsky (1988) genannt hat.

In Abschn. 3.1 wurden bereits die frühkindlichen Entwicklungsphasen kurz benannt, weiter unten werden sie etwas ausführlicher beschrieben. Einzelne Charakterstrukturen entstehen bei unzureichend gelösten Konflikten in diesen Phasen. Im Unterschied zu dem auf Freud (1908) zurückgehenden Begriff der Charakterstrukturen sprechen Rudolf (1993) und andere von Strukturen, die eher den Entwicklungsstand und das gute, mäßige, geringe oder desorganisierte Integrationsniveau einer Persönlichkeit meinen. Dadurch findet sich bisweilen eine gewisse Verwirrung beim Strukturbegriff. Ich beziehe mich hier auf den ersten Begriff der Charakterstrukturen.

Die Namen der Charakterstrukturen klingen etwas pathologisch, obwohl sie für alle Menschen gelten, auch diejenigen, die nie eine psychische Erkrankung bekommen. Wenn jedoch ein Mensch mit einem bestimmten ungelösten Konflikt in eine für ihn problematische Auslösesituation kommt, entstehen oft die psychischen Störungen, die in den Namen der Charakterstrukturen mitschwingen. Riemann (1961, S. 17 f.) spricht bei den vier Persönlichkeitsstrukturen von vier Grundängsten, von „vier Arten des In-der-Welt-Seins":

> „Die vier Persönlichkeitsstrukturen sind zunächst Normalstrukturen mit gewissen Akzentuierungen. Wird indessen die Akzentuierung zu ausgesprochener Einseitigkeit, erreicht sie Grenzwerte, die als Zerrformen oder Extremvarianten der vier normalen Grundstrukturen zu verstehen sind. Wir stoßen damit auf die neurotischen Varianten der Strukturtypen, wie sie die Psychotherapie und Tiefenpsychologie in den vier großen Neuroseformen der Schizoidie, der Depression, der Zwangsneurose und der Hysterie beschrieben hat. Diese neurotischen Persönlichkeiten spiegeln also jeweils nur in zugespitzter oder extremer Form allgemeinmenschliche Daseinsformen, die wir alle kennen."

König (1993, 1998, 2004) hat sich aus verschiedenen Perspektiven mit den unterschiedlichen Strukturen befasst. Daran angelehnt können wir folgende Varianten unterscheiden:

1. In der frühen symbiotischen Phase bis zum 6. Lebensmonat geht es um erste Schritte der Separation, der Unterscheidung von Ich und Du mit den damit verbundenen Ängsten. Suboptimal gelöste Konflikte führen zu schizoiden Charakterstrukturen, in ausgeprägterer Form zu schizoiden Persönlichkeitsstörungen und im Extremfall zu einer Schizophrenie.
2. Störungen in der oralen Phase bis zum 12. Monat, in der es um das Säugen, um gestillt werden – im wörtlichen Sinne still sein, nicht mehr ängstlich oder hungrig schreien – geht, führen zu depressiven Charakteren, depressiven Persönlichkeitsstörungen oder auch zu Depressionen im Sinne psychischer Erkrankungen.
3. Wird die Entwicklung von Autonomie, dem eigenen Willen, Kontrolle und Macht sowie der Aggression in der analen Phase bis ins 4. Lebensjahr von den Eltern mit Verboten und Schuldvorwürfen beantwortet, führt das zu zwanghaften Charakteranteilen, zwanghaften Persönlichkeitsstörungen oder im Extremfall zu einer Zwangserkrankung. Reagieren die Eltern hingegen eher mit Angst auf Autonomieschritte, Willensäußerungen oder Aggressionen ihres Kindes, bilden sich phobische Charaktere, ängstlich-vermeidende Persönlichkeitsstörungen oder manifeste Angsterkrankungen heraus.
4. Werden Wünsche nach Bewunderung des eigenen Körpers, Anerkanntwerden in der eigenen Geschlechtlichkeit oder dem Gewinnen von Konkurrenzen in der phallischen Phase mit starken Scham- oder Angstgefühlen verbunden, entstehen histrionische Charaktere, histrionische Persönlichkeitsstörungen oder Erkrankungen, wie funktionelle oder Konversionsstörungen.

Mentzos (2009) betont, dass es häufig so ist, aber das natürlich auch depressive Charakterstrukturen Zwangsstörungen entwickeln können, ebenso wie zwanghafte Persönlichkeiten bisweilen auch depressiv erkranken. Insofern handelt es sich hier um eine Orientierung, aber keine starre, ausschließliche Zuordnung von Charakteren zu psychischen Störungen. Die meisten Menschen haben einen Charakter, der sich aus mehreren dieser Persönlichkeitsanteile zusammensetzt. Sie sind also zum Beispiel depressiv-zwanghaft strukturierte Menschen oder zwanghaft-histrionische Persönlichkeiten. Mehrere Anteile weisen zwar auf mehr ungenügend gut gelöste Konflikte hin, bringen aber auch mehr Abwehrmechanismen, Fähigkeiten und erstrebte Sehnsüchte mit sich. Insofern ist es problematischer, wenn jemand nur einen der genannten Strukturanteile in seiner Persönlichkeit hat, also nur schizoid oder zwanghaft ist.

Fazit

Nach König (1995) entstehen durch die zentralen Beziehungswünsche und Ängste von einzelnen Charakter- oder Persönlichkeitsstrukturen in Psychotherapien ganz spezifische, unterschiedliche Widerstände, die in den folgenden Abschnitten beschrieben werden.

8.1 Widerstände schizoider Persönlichkeitsstrukturen

▶ Schizoid geprägte Charakterstrukturen entstehen bei Konflikten um die Herauslösung der Identität durch die Abgrenzung, die Separation des Selbst vom frühen Objekt, oft der Mutter, mit der ein Säugling psychisch zunächst in einer verschmolzenen Fusion lebt, einer Symbiose.

Wird dem Baby zu früh zu viel Separation zugemutet, erlebt es existenzielle Ängste vor einer objektlosen Leere, weil es in dieser frühen Zeit noch keine Bilder anderer Menschen verinnerlichen konnte. Es weiß nicht, dass hinter der Grenze des Wahrnehmbaren irgendwo andere Personen sind, die irgendwann zu ihm zurückkehren werden, und schreit aus einem Gefühl einer tödlichen Bedrohtheit. Als Erwachsene meiden sie alle Situationen von Einsamkeit und Alleinsein, um nicht erneut die frühen, für viele andere Menschen in dieser Intensität nicht nachfühlbaren Verlassenheitsängste zu spüren. Wird hingegen Separation verhindert, verbleibt das Kind viel zu lange in einer engen, symbiotischen Bindung an die Mutter, sodass es weder eine konturierte eigene Identität noch differenzierte Bilder anderer Personen entwickelt. Als Erwachsene wünschen und fürchten sie, erneut in eine symbiotische Fusion mit jemandem anders hineinzurutschen, sodass sie Nähe zu anderen sehr stark meiden.

Geprägt wurde der Begriff Symbiose vom Botaniker de Bary (1879), um das Zusammenleben von artverschiedenen Lebewesen zum gegenseitigen Nutzen zu charakterisieren, in Unterschied zum Parasitismus, wo nur eines von beiden den Nutzen hat. Fromm (1941) hat den Begriff in die Psychoanalyse eingeführt. Mahler (1972, S. 14) beschrieb die symbiotische Phase der Zweieinheit von Säugling und Mutter als präobjektal:

„Sie geht der Differenzierung zwischen dem Selbst und dem Objekt voraus. Der Säugling nimmt verschwommen wahr, dass die Quelle der Befriedigung seiner Bedürfnisse außerhalb des eigenen Selbst liegt, und zwar in dem Sinne, dass das Objekt hier noch kein spezifisches, unverwechselbar Anderes ist, sondern nur eine Ahnung entsteht, dass da noch irgend etwas unkonturiert Anderes ist."

Nach der symbiotischen Phase folgen nach Mahler (1972) vier Subphasen von Loslösung und Individuation bis zum Ende des dritten Lebensjahres. Dieser Prozess geht weit hinaus über die symbiotische Phase, die im sechsten Lebensmonat endet, auch wenn in ihr natürlich besonders entscheidende Entwicklungen stattfinden. Als bedeutsam für die Entstehung der Borderlinepersönlichkeitsorganisation gilt bis heute die Wiederannäherungsphase vom 18. bis 24. Lebensmonat. Im dritten Lebensjahr wird die Objektkonstanz erreicht, d. h. stabile Abbildungen wichtiger Bezugspersonen im Kopf des Kindes, auch wenn diese längere Zeit nicht körperlich anwesend sind. Erst jetzt, mit vier Jahren, entsteht ein repräsentationales Selbst mit einem autobiografischen Gedächtnis (vgl. Fonagy & Target, 2015). Die meisten Menschen verorten ihre frühesten Lebenserinnerungen in dieser Zeit. Festgehaltenwerden in oder Verstoßenwerden aus der Symbiose ist deshalb niemandem bildhaft erinnerlich, sondern als rein emotionales Erleben im impliziten Gedächtnis abgelegt. Schizoid strukturierte Menschen haben deshalb keine Worte und Erinnerungen für sie prägende Konflikte in dieser frühen Zeit.

Sie haben durchlässige, oft brüchige Ich-Grenzen nach innen, zur Welt der Gefühle, aber auch nach außen zur Umwelt. Sie sehnen sich nach Nähe, fürchten eine Verschmelzung und den Verlust ihrer Identität aber auch so sehr, dass sie dann doch lieber eine größere Distanz zum Gegenüber einnehmen. Sie arbeiten zum Beispiel gern in einer Bibliothek, wo sie allein das Archiv sortieren. Andere sind dann zu hunderten in Gestalt von Büchern vorhanden, in die sie sich emotional vertiefen können, ohne ihre Identität zu verlieren. Wenn sie reale Beziehungen zu anderen eingehen, dann nur zu Menschen, die ihnen vollkommen zu gleichen scheinen, wie ein Zwilling dem anderen, weshalb Kohut (2016) den Begriff der „Zwillingsübertragung" prägte. Sie bleiben nur bei einer Therapeutin, die sie mit sich selbst psychisch völlig identisch erleben, weil es dann ungefährlich ist, wenn sich die Ich-Grenzen öffnen und sich beide zu nah kommen. Dann wird ihre eigene Identität von einer anderen Identität überschrieben, die mit ihrer eigenen bis aufs Letzte gleich ist.

Schizoide Patientinnen schweigen oft bereits in den ersten Stunden der Therapie, weil sie annehmen, die Therapeutin verstünde sie wortlos und wüsste, wie es ihnen gerade erginge. Kohut (2016) empfahl deshalb, Empathiebrüche zu vermeiden. Das ist längerfristig aber nicht erreichbar. Bereits eine Frage erschreckt schizoide Patientinnen sehr oft, weil sie zeigt, dass die Therapeutin etwas nicht wortlos versteht, also nicht identisch mit ihr ist. Erst recht beängstigt es diese Patientinnen, wenn sie eine Geschichte erzählen, wir aber einige Details nicht oder nicht richtig verstehen. Für die Therapeutin ist es wichtig, hier ein Gespür für die existenzielle Angst der Patientin zu entwickeln, um ihr ein Verbleiben in der Therapie zu ermöglichen, indem sie es zu ertragen lernt, dass die Therapeutin ein anderer Mensch ist und kein Zwilling. Hier entsteht das, was Erikson (1970, S. 222) Identitätswiderstand nannte:

8.1 Widerstände schizoider Persönlichkeitsstrukturen

„Der Identitäts-Widerstand besteht in seiner milderen und häufigeren Form in der Furcht des Patienten, dass der Analytiker, auf Grund seiner besonderen Persönlichkeit, seines Milieus oder seiner Weltanschauung, leichtfertig oder absichtlich den schwachen Kern der Identität des Patienten vernichten und an deren Stelle die seinige setzen könnte."

König (1995, S. 69) drückte es so aus: „Schizoide empfinden die Beeinflussung durch den Therapeuten als Invasion in ihr Selbst."

> **Beispiel**
>
> Nachdem ich meine Patientin Yvonne angesichts einer Verlängerung der Kostenübernahme ihrer Krankenkasse gebeten hatte, darüber nachzudenken, was sie in der Therapie bisher erreicht hatte, brachte sie zur 144. Stunde folgenden Traum mit: „Sie und ich sind in einem neuen Haus zusammen. Wir wohnen dort gemeinsam und trinken gerade Kaffee zusammen. Sie gehen an meinen Schrank, aus dem Sie einen Stickrahmen herausholen, den ich bereits zur Hälfte mit einem graublauen Muster bestickt habe. Sie nehmen jedoch ganz anderes Garn, das viel bunter ist als meines, orange, pink, grün, neon leuchtend. Damit sticken Sie das Muster zu Ende, was mich zuerst total empört, dann bin ich aber beim Zuschauen doch damit einverstanden. Danach bewegen Sie Gläser und Tassen nur durch geistige Kräfte auf dem Tisch. Ich bin neidisch, weil Sie mit der Energiearbeit so viel weiter sind als ich." Zu Stickrahmen fiel ihr zunächst die Uroma ein, die sie sehr lieb hatte. Die hätte alles bestickt. Das Sticken ergäbe aber auch ein Bild, es könnte auch für Denkmuster stehen, die sich in der Therapie geändert hätten. Besonders im ersten Jahr sei sie hin- und hergerissen gewesen. Ihre Eltern waren immer sehr mit sich beschäftigt und hätten nie eine Idee gehabt, wie sie sein und werden sollte. Sie durfte viel machen, das sei aber auch mit Gleichgültigkeit und Abwesenheit der Eltern verbunden gewesen. Deshalb habe sie es genossen, wenn sie den Eindruck hatte, ich hätte eine Idee davon, wie sie sein und werden sollte. Gleichzeitig habe es sie geängstigt, ich könnte ihr vielleicht eine fremde Persönlichkeit implantieren. Die schwache Identität drückt sich im Traum durch das recht farblose Strickmuster der Patientin aus. Dieses farblose, kümmerliche Persönlichkeitsmuster übersticke ich mit etwas Schönerem, Lebendigerem. Der Wunsch, dass da endlich jemand sein möge, der weiß, was und wie sie werden soll, sowie die Angst davor, der Kern ihrer Identität könnte durch etwas Fremdes ersetzt werden, wurden durch diesen Traum sehr intensiv veranschaulicht. Die Macht, die sie mir zuschrieb, drückte sich im Traum in der Szene mit dem Gläserrücken aus. Die Patientin hatte sich real nie mit Gläserrücken befasst und wollte das auch nicht können. Insofern enthält diese Szene eher die Zuschreibung von magischen Fähigkeiten, durch die ich für sie als eine Art Zauberer natürlich noch gefährlicher werde. Wer Gläser rücken kann, der kann vielleicht auch einen anderen verhexen. Die Zuschreibung magischer Fähigkeiten, vor allem durch die Veränderungen, die die Patientinnen in ihrem Wahrnehmen und Erleben bemerken, machen die Therapeutin zu einer mächtigen, deshalb auch gefährlichen

Gestalt. Durch eine Bewusstwerdung dieser Zusammenhänge ertrug die Patientin auch Trennungen von mir besser, etwa meinen zweiwöchigen Urlaub. Im Gegensatz zu früher habe sie keine Angst gehabt, ich könnte sterben, sondern mein inneres Bild in ihrem Kopf sei stabil erhalten geblieben. Sie sei aktiv gewesen. Sie habe sich sogar wie verliebt gefühlt, womit sie ein gutes Gefühl zu sich selbst meine, und zu dem, was sie tue. ◄

8.2 Widerstände depressiver Persönlichkeitsstrukturen

▶ Die orale Phase wird dem ersten Lebensjahr zugeordnet, vor allem dem 7. bis 12. Monat.

Das Baby hat die ersten Separationsschritte gemacht, kann in Ansätzen sich selbst und Mutter unterscheiden, damit auch seine Bedürfnisse und das Objekt, das sie befriedigt. Das Kind heißt Säugling, weil das nährende Saugen an und Trinken aus Mutters Brust im Vordergrund steht, eng verbunden mit befürsorgt, getröstet, beruhigt, entängstigt, beschützt, geborgen, gehalten und gereinigt zu werden. Stillen bezieht sich auf die Befriedigung von Bedürfnissen, aber auch auf das still Werden des zunächst aus unterschiedlichsten Gründen schreienden Babys. Werden die Bedürfnisse des Babys zu etwa 90 % richtig erkannt und zeitnah erfüllt, kann es diese Phase mit einem Urvertrauen verlassen, erstens in sich selbst, nämlich dass es seine Bedürfnisse richtig wahrnehmen und äußern kann, und zweitens in die anderen, die Primärobjekte, dass sie sie weitgehend richtig entschlüsseln und befriedigen werden.

Zu oralen Konflikten in dieser Phase, die zu einer depressiven Charakterstruktur führen, sofern sie nicht in späteren Entwicklungsphasen korrigiert werden, kommt es unter verschiedenen Umständen:

1. Schreit das Baby aus Angst, Traurigkeit oder Wut, wird aber sofort an die Brust gelegt und gefüttert, weil die Primärobjekte die verschiedenen Arten des Schreiens nicht unterscheiden oder mit den Gefühlen des Babys nicht anders umgehen können, dann verinnerlicht es, dass orale Aufnahme von flüssiger Nahrung gut gegen alles Quälende im Leben ist, egal, ob das nun Hunger oder peinigende Gefühle sind. Es wird später im Erwachsenenleben gefährdet sein, ein Suchtleiden zu entwickeln, weil es nicht nur bei Hunger oder Durst, sondern bei den unterschiedlichsten Arten von Gefühlen, wie Angst, Trauer, Scham oder Wut, Essen aufnehmen, Zigaretten rauchen, Alkohol trinken, Drogen konsumieren oder süchtig Sexualität haben wird. Bedürfnisse nach Beruhigung, Trost, dem Ausdrücken von Wut werden verschoben auf Suchtmittel.
2. Sollten die Primärobjekte, etwa die Mutter, sehr mit sich beschäftigt sein, weil sie selbst depressiv sind, viel arbeiten müssen, oft abwesend sind, innerlich oder äußerlich, häufig Konflikte in der Partnerschaft oder mit ihren Eltern haben, oder Bedürfnisse anderer Menschen, inklusive ihres Babys, nicht gut wahrnehmen können, bleibt der Säug-

ling oft und längere Zeit unversorgt. Nicht wenige Eltern handelten auch, zum Teil gegen ihr Gefühl, unter dem Einfluss von Büchern, etwa dem von Haarer (1934) erstmals veröffentlichten Erziehungsratgeber, der nach dem Zweiten Weltkrieg nur von den gröbsten nationalsozialistischen Äußerungen befreit wurde und bis 1987 erschien. Er prägte Generationen westdeutscher Eltern. Empfohlen wird darin, Babys zu festgelegten Tageszeiten zu füttern, zu wickeln und zu waschen. Sollten sie trödeln, wird das Stillen nach spätestens 20 min abgebrochen. Außerhalb dieser Zeiten sollten die Mütter die Säuglinge schreien lassen, möglichst in einem Raum, in dem sie allein sind. Unter all diesen Umständen bleibt die emotionale Grundhaltung im impliziten, nicht bewusst erinnerbaren Gedächtnis zurück, dass Bedürfnisse nach Genährt- und Befürsorgtwerden zu viel sind, andere maßlos überfordern, sodass sie mit frühen, starken Angstgefühlen und Scham verbunden werden, später auch mit Schuldgefühlen. So geprägte Menschen bekommen als Erwachsene eben diese Scham-, Schuld-, Ekel- oder Angstgefühle, sobald sie innerlich kleinste Wünsche nach Trost oder Fürsorglichkeit spüren. Sie entwickeln häufig Essstörungen, etwa eine Anorexie, in der sie nach Tagen ohne Nahrungsaufnahme geradezu euphorisiert sind, oder eine Bulimie, bei der sie in aller Heimlichkeit gierig Nahrung verschlingen, die sie aber dann aus Scham-, Schuld- oder Angstgefühlen wieder erbrechen, voller Furcht, den kleinsten Krümel in sich zurückzubehalten.

3. Ein Kind, das sehr bedürftige Eltern vorfindet, die sehr depressiv, oft traurig oder ängstlich sind, wird früh lernen, seine eigenen Bedürfnisse nach Genährt- und Befürsorgtwerden zurückzustellen, und stattdessen versuchen, die Eltern aufzuheitern, zu beruhigen oder zu trösten, durch Lächeln, Heiterkeit, Genügsamkeit, das Zurücknehmen eigener Bedürfnisse, später auch durch Um-sie-Kümmern. Als Erwachsene werden sie oft zu Helfern, die ihre eigenen Wünsche nach Trost und Fürsorge im anderen sehen, diese Wünsche also altruistisch an andere abtreten.

Depressive können oft gut in die Therapie einsteigen, weil sie von einer Krankenkasse oder ihnen selbst bezahlt wird. Für Trost, Geborgenheit und Fürsorge durch die Therapeutin brauchen sie sich nicht so stark schuldig zu fühlen, weil sie ihre innerlich mit oralen Wünschen verbundene Schuld durch Geld abtragen. Sie können sich in den Vorgesprächen ausweinen und entlasten. Bald jedoch macht sich ein Gefühl breit, das Zafar (2000) bereits in ihrem Buchtitel so benennt: „Du kannst nicht fließen, wenn dein Geld nicht fließt." Immer dann, wenn erkenntlich wird, dass zur Therapeutin keine private Beziehung besteht, sondern sie quasi wie eine Prostituierte nur so lange Trost spendet, wie sie Geld dafür bekommt, keimt Wut in den Patientinnen auf, auf die Therapeutin, die es nicht ehrlich zu meinen scheint, aber auch auf sich selbst, weil die Patientin sich auf so etwas angewiesen fühlt. König (1995, S. 68 f.) formuliert es so:

„Jeder therapeutische Fortschritt, den der Patient durch eigene Mitteilungen fördern könnte, erinnert an die Ziele der Therapie und damit an ihre Befristung. Wird der Therapeut in seiner Rolle als Therapeut tätig, muß der depressive Patient feststellen, daß es sich um eine professionelle, zwar persönliche, aber nicht private Beziehung handelt. Die professionelle Beziehung zwischen Therapeut und Patient in einer psychoanalytischen Therapie ist unter anderem dadurch charakterisiert, daß sie bei erreichtem Ziel ein Ende haben wird. Private Beziehungen werden jedoch in der Regel nicht beendet, wenn Ziele erreicht worden sind. … Depressive leiden unter dem Gefühl, ewig dankbar sein zu müssen, wenn der Therapeut erfolgreich Einfluß nimmt."

Wichtig ist es, die Wutgefühle der Patientin als berechtigt anzusprechen, damit die Aggression nicht in Gestalt einer Depression gegen das eigene Selbst gerichtet wird. Stattdessen sollte dem Ursprung der oralen Wut nachgegangen werden, etwa dem wiederholten Ärger, dass die Herkunftsfamilie eigentlich normale, kindliche orale Wünsche nach Trost und Geborgenheit nicht erfüllt, als zu viel gebrandmarkt oder dem Kind den Mund mit Essen und Trinken gestopft hat. Wird die Wut nach außen gerichtet und als berechtigt anerkannt, verringert sich eine depressive Symptomatik und die Patientin lernt allmählich, die Erfüllung ihre oralen Wünsche in ihren aktuellen Realbeziehungen durch die Kraft einer konstruktiven Aggression einzufordern. Bleibt dieser Widerstand unbesprochen, erzielt sie hingegen entweder keine Fortschritte in der Therapie oder sie kann diese Veränderungen nicht in ihre Alltagsbeziehungen transferieren, sondern sich orale Wünsche nur in der Therapie erfüllen, so wie sich andere verbotene sexuelle Wünsche nur bei Prostituierten befriedigen lassen, ohne sie jemals in ihre Partnerschaften integrieren zu können. Das Märchen „Das Mädchen ohne Hände" aus der Sammlung der Brüder Grimm kann es Patientinnen vielleicht veranschaulichen, dass auch die oralen Wünsche, die von einer Therapeutin erfüllt werden, Bleibendes hinterlassen. Das hungrige Mädchen kommt in diesem Märchen in einen Garten, kann sich aber keinen Apfel vom Baum pflücken, weil es keine Hände hat, sodass der Prinz ihm eine Frucht geben muss. So bleibt das auch in der Ehe des Königspaares. Erst als eine alte Wut aus der Vergangenheit des Mädchens auftaucht und zu Konflikten mit ihrem Gemahl führt, zieht sie sich sieben Jahre in das Haus einer weißen Jungfrau zurück, die ihr nicht nur die Unschuld zurückgibt, also pathogene, orale Schuldgefühle nimmt, zu gefräßig zu sein, sondern ihr auch die Hände wieder wachsen lässt, sodass sie sich in der Welt selbst etwas nehmen kann. Sie verlässt die Jungfrau, die eine Zeit lang eine Wegbegleiterin und Selbstentwicklungshelferin war, nimmt aber Wichtiges für ihr weiteres Leben mit. Das kann die Wut unserer depressiv strukturierten Patientinnen, dass wir nur eine Weile und professionell, in Weiß gekleidet für sie da sind, lindern und die Trauer, sich eines Tages von uns trennen zu müssen, trösten.

> **Beispiel**
>
> Ein wohlhabender Patient, der seine Behandlung bei mir selbst bezahlen wollte, überwies mir bereits vor der ersten Sitzung unabgesprochen 4000 €, womit er die Stunde eröffnete. Ich sollte seiner Sekretärin eine Mail schreiben, wenn das Geld zur Neige ginge, sie überweise mir sofort die nächste Charge. Auf diese Weise wolle er sicherstellen, dass er mir nichts schuldig bliebe, sich also ohne Schuldgefühle seinen Gefühlen widmen könnte. Als ich etwas überrascht entgegnete, das Geld würde ja für 30 Therapiesitzungen reichen, entgegnete er, das sei völlig in Ordnung, selbst wenn er nur

zu 10 Sitzungen käme, bräuchte ich nichts zurückzuzahlen. Er könnte aber dann hier ganz frei sprechen. Es verunsicherte ihn, als ich dieses Vorgehen ablehnte und ihm sagte, dass ich am Ende eines Monats eine Rechnung stellen und ihm zuschicken würde, nicht seiner Sekretärin. Er war es gewohnt, sich vieles über Geld zu erkaufen, indem er Menschen beschenkte und einlud, mit denen er befreundet sein wollte, um sich bei ihnen aussprechen und seinen Kummer lassen zu können, aber auch Frauen, denen er immer wieder Kostbarkeiten schenkte, obwohl sie ihm sagten und zeigten, dass sie ihn liebten, so wie er ist. Es ängstigte ihn, dass ich mich nicht so kaufen lassen wollte, wie er es gewohnt war, sondern nur ein bisschen über für ihn sehr minimale Honorare. Das Setzen des finanziellen Rahmens erlebte er als ärgerlich von mir, was ihn an die Wut auf seine Eltern erinnerte, die ihn oft schon als Kleinkind allein gelassen hätten, dafür aber mit teuren Spielsachen und luxuriösen Events überhäuften, damit er still wäre. Der Zugang zu dieser alten Wut war erleichternd für ihn, aber auch beschämend, weil er sich eingestehen musste, andere genauso mit Geld abzuspeisen, wie seine Eltern ihn und seine Wünsche nach Geborgenheit und Trost. Allmählich gelang es ihm, sich bei mir und später auch bei anderen Menschen etwas emotional Wichtiges einzufordern. Er testete, wie lange Frauen ihm zugeneigt blieben, wenn er sie nicht mit Kostbarkeiten überhäufte, und war überrascht über die neuen Arten von Beziehungen. Dazwischen gab es natürlich auch Phasen in der Therapie, in denen ihn alte orale Schuldgefühle abhielten, sich auszusprechen und geborgen zu fühlen. Ich spiegelte seine ermüdenden Äußerungen in diesen Zeiten als ein Herumkauen auf etwas Hartem, um ins Gespräch über den Widerstand gegen die dahinterliegenden oralen Wünsche zu kommen. Dadurch wurden die Schuldgefühle immer bewusster, anderen, wie seinen Eltern, zu viel zu sein mit seinen kindlichen, naiven Wünschen, weil die Eltern doch so beschäftigt waren mit Erwachsenenangelegenheiten und damit, für ihn viel Geld zu verdienen. Ohne ein Ansprechen der überhöhten Vorauszahlung und später seiner Schuldgefühle hätten diese einen kaum überwindbaren Widerstand gegen ein Nachwachsen seiner Hände gebildet, selbst wenn er 7 Jahre bei mir geblieben wäre. ◄

8.3 Widerstände zwanghafter und phobischer Charakterstrukturen

▶ In der analen Phase, die vom zweiten bis vierten Lebensjahr die Entwicklung des Kleinkindes beherrscht, geht es neben der Sauberkeitsentwicklung vor allem um Wünsche des Kindes nach Autonomie, allein etwas zu machen, zu können, um Macht, Kontrolle, wer etwas entscheidet, wer wen beherrscht, sowie um die Frage, wie viel Aggression in Beziehungen möglich und hilfreich ist.

Am Ende des ersten Lebensjahres lernt das Baby zunächst krabbeln, später laufen. Voller Tatendrang bewegt es sich, zunächst mit wackeligen Schritten, dann immer sicherer, von Mutter weg und erobert sich seine Umwelt. Wie es Mahler (1972) nennt, genießt es geradezu euphorisch seine wachsenden Kräfte, durch die es nicht mehr von Mutter durch die Welt getragen werden muss, ganz und gar abhängig von ihr. Es ist nun eigenständig und möchte alles allein machen. Die Worte „ich" für Autonomie, etwas selbst tun, sowie „nein" für „du nicht", also für Abgrenzung und den eigenen Willen, das sind Lieblingsworte in dem Alter. Die Phase wird auch Trotzphase genannt, um diese Phänomene auszudrücken, aber auch die Aggression, die in dieser Zeit für die Umgebung spürbar wird. Das Wort Aggression stammt vom Lateinischen „aggredī" und bedeutet, sich auf etwas oder jemanden zuzubewegen, heranzuschreiten, sich zu nähern oder anzugreifen. Letzteres kann feindselig sein, aber auch als „etwas in Angriff nehmen", „etwas anpacken" verstanden werden, zum Beispiel eine unangenehme, aber notwendige Arbeit zu beginnen oder seine Angst zu überwinden, um in einer wichtigen Beziehung etwas anzusprechen, auf das Gegenüber zuzugehen, um etwas zu klären, eine Kritik auszudrücken oder eine Grenze zu setzen. In der dritten Phase der Entwicklung der Triebtheorie von 1915 bis 1920 benannte Freud die Aggression als zweiten zentralen Trieb, neben der Libido. Auch Tiere haben Aggression, um Ressourcen zu verteidigen oder zu gewinnen sowie um gefährliche Situationen zu bewältigen, innerhalb der eigenen Art oder außerhalb, gegenüber Tieren einer anderen Art. Bei Säugetieren dient die innerartliche Aggression der Revierverteidigung und Konkurrenzkämpfen, führt aber nur in extremen Ausnahmefällen dazu, einen Artgenossen zu töten. Beim Menschen ist diese biologische Beschränkung des Verhaltens leider aufgehoben, sodass wir einander millionenweise töten, weshalb Freud nach dem Ersten Weltkrieg ab 1920 vom Todestrieb sprach. Er weist dem Über-Ich, dem Gewissen, diese regulatorische Funktion zu, die den anderen Säugetieren angeboren ist, wissend, dass in jedem von uns eine ganz andere, moralische Instanz ist, die sich sehr unterschiedlich stark auf unser Handeln auswirkt. Winnicott (1965) sprach von konstruktiver Aggression, die auf eine Kontaktherstellung und Abgrenzung ausgerichtet ist, nicht auf Zerstörung. Destruktiv wird Aggression nur dann, wenn sie beim Kind zu sehr unterdrückt, bestraft oder aber nicht begrenzt wird und wenn sein Über-Ich sie nicht ausreichend im Zaum halten kann.

Von der Wiederannäherungsphase, die Mahler (1972) beschrieben hat, wissen wir, dass es noch eine andere Seite gibt: Kleinkinder machen sich mutig auf den Weg in die Welt, spüren aber immer wieder auch Angst, ihr Kleinsein, ihre Ohnmacht, sodass sie zu ihrer Mutter zurückschauen oder zurücklaufen, um sich auf ihren Schoß zu setzen. Hier melden sich Sehnsüchte nach Abhängigkeit, Anlehnung sowie Unterordnung unter Mutters Macht und Stärke. Ähnlich wie Autonomiewünsche können auch sie von der Familie frustriert, beschämt, mit Angst- oder Schuldgefühlen besetzt werden. Dann bleiben konflikthafte Strukturen im Charakter der Heranwachsenden zurück. König (2004) unterscheidet folgende zwei Charakterstrukturen in diesem Konfliktbereich:

1. Bei zwanghaft strukturierten Persönlichkeitsanteilen sind Wünsche nach Autonomie, Macht und Kontrolle, Bekundungen des eigenen Willens sowie aggressive Impulse verboten und unterdrückt worden, sodass das Kleinkind sie schon früh mit Schuldgefühlen oder Scham, ein trotziges, ungezogenes Kind zu sein, verknüpft hat. Im späteren Leben haben diese angepasst wirkenden Menschen innerlich keinen Zugang zu aggressiven Gefühlen, sodass sie sich nicht wehren, nicht ihren Willen bekunden, nicht abgrenzen,

in Beziehungen keine Kompromisse aushandeln können, sondern sich schnell unterwerfen, kontrollieren lassen, sich abhängig machen und anpassen. Da Autonomie wichtig ist, um eigene, sich vielleicht von anderen Menschen unterscheidende Gefühle zu zeigen, wirken diese Personen oft sehr affektlos, rational, intellektualisierend oder pragmatisch. Vorgesetzten, Kolleginnen, aber auch Menschen in ihrem privaten Umfeld sind diese Charaktere oft sehr angenehm, weil sie keine Schwierigkeiten machen, sondern sich brav unterordnen und tun, was man ihnen sagt. Falls sie psychische Störungen entwickeln, sind das oft Kontrollzwänge. Sie müssen etwa zwanzigmal überprüfen, ob sie auch wirklich den Herd ausgestellt haben oder ob nicht doch versehentlich ein Funke ihrer Aggression unbemerkt aus ihnen herausgeschlüpft ist und das ganze Haus explodieren lässt, in dem sie doch so vieles schon geärgert hat. In Psychotherapien zeigen sie Widerstände, weil sie nicht sagen können: „Ich möchte heute über diese Erlebnisse sprechen." Oder: „Mich beschäftigt heute jene Erfahrung." Stattdessen schauen sie die Therapeutin genau an, um zu erraten, ob es richtig oder falsch ist, was sie sagen, ob sie es hören möchte oder nicht. Manchen hilft es ein wenig, sich auf die Couch zu legen und die Therapeutin nicht mehr sehen zu müssen, um eigenständig über sich und ihre Gefühle sprechen zu können, bei den meisten verstärkt sich jedoch eher die Angst, etwas falsch zu machen und die Therapeutin zu verärgern. Deshalb ist es wichtig, jenseits der Inhalte, die die Patientin vorbringt, den Widerstand anzusprechen, unabhängig von den fantasierten Erwartungen der Therapeutin über sich und die aktuell dominierenden Affekte zu sprechen. An der Angst der Patientin, die sie uns dann mitteilt, von uns angeschrien, geschlagen, verurteilt oder mit Liebesentzug bestraft zu werden, wenn sie unsere Erwartungen nicht errät und erfüllt, gelangen wir oft schnell zu frühen, schmerzhaften Erfahrungen, die sie geprägt haben, heute aber dysfunktional sind. Wenn diese Patientinnen ihre strukturspezifischen Widerstände reduzieren und mehr bei sich selbst bleiben können, sind wir mit ihnen schon einen sehr bedeutsamen Schritt weiter gekommen.

2. Bei phobisch strukturierten Menschen hat die Herkunftsfamilie eher mit großer Angst auf kleinste Autonomieschritte reagiert. Eine Patientin erinnerte, wie Mutter sofort angelaufen kam und sie auf den Arm nahm, wenn sie sich auf dem Spielplatz einmal schmutzig machte oder gar stolperte und hinfiel. Mutter sagte dann: „Hier ist es ja furchtbar, hier gehen wir nie wieder her!" Außerhalb von Mutters Armen ist die Welt also voller Gefahren und Schmutz. Mütter wie diese werden nach König (2004) für die Heranwachsenden zu steuernden Objekten. Sie suchen lebenslang nach Personen, die Mutters Platz einnehmen und alles kontrollieren und steuern, was sie tun, damit ihnen nur ja nichts Schlimmes zustößt. Erkranken sie psychisch, sind es vor allem Phobien, mit Orten oder Handlungen verbundene Ängste, etwa vor Menschenansammlungen, großen Plätzen oder Fahrstühlen, die steckenbleiben könnten. In der Psychotherapie wird natürlich die Therapeutin sofort zu einem steuernden Objekt gemacht. Sie soll vorgeben, worüber die Patientin gefahrlos sprechen kann und welche inneren Spielplätze sie lieber meidet, um keine Ängste erleben zu müssen. Meist sagen Patientinnen mit diesen Persönlichkeitsstrukturanteilen einen oder zwei Sätze und schauen die The-

rapeutin dann erwartungsvoll an, damit sie ihnen sagt, wohin sie im nächsten Schritt ihre Gedanken lenken sollen. Um sie für eine aktive Mitarbeit zu gewinnen, müssen wir diese strukturspezifischen Widerstände ansprechen, die Patientinnen ermutigen, immer mehr Gedankenschritte eigenständig zu gehen, ohne unsere ausdrückliche Zustimmung. Wenn es ihnen dann doch zu viel Autonomie war, können sie emotional zu uns zurückkehren, um dann erneut in die Welt ihres Inneren zu starten. Alle Gefühle dieses Hin und Zurück sollten wir uns beschreiben lassen, damit die Patientinnen allmählich ihre Widerstände gegen eigenmächtiges und man könnte sagen „eigenmöchtiges" Denken und Fühlen aufgeben.

Beispiel

Uwe, ein 54-jähriger, zwanghaft strukturierter Bauingenieur, litt neben einer essenziellen Hypertonie auch unter Kontrollzwängen. Er musste zu Hause in der Wohnung, die er mit seiner ebenfalls zwanghaft strukturierten Frau bewohnte, mehrere Minuten vor dem Losgehen den Herd kontrollieren, ob der wirklich ausgestellt war, damit nicht das Haus explodiert, wenn ein Postbote klingelt und das ausgeströmte Gas sich entzündet. In seinem Büro musste er alle Stecker aus den Steckdosen ziehen, damit nicht ein Funke das Gebäude in die Luft jagt, falls ein Stecker mal nicht richtig sitzt. Während er sonst keine Gefühle benennen oder Situationen beschreiben konnte, hatte er zu diesen Explosionen sehr intensive Bilder und vor allem Angstgefühle. Wenn er in der Therapiegruppe etwas sagte, dann war es eine sehr systematische, geordnete, rein rationale, von allen Affekten und allen Zusammenhängen isolierte Darlegung – anfänglich sogar von einem Zettel abgelesen –, die die anderen Gruppenmitglieder ermüdete. Oft schwieg er aber lange Zeit, sagte auch nichts zu anderen. Dafür notierte er sich auf einem kleinen Zettel einzelne Buchstaben und Zahlen, während er im Gesicht rot anlief. Als ein anderes Gruppenmitglied fragte, was er da aufschreibe, sagte er, den Stift hochhaltend: „Das sind die Redezeiten der einzelnen Gruppenmitglieder." Auf die Nachfrage, warum er die registriere, erläuterte er, wiederum rot im Gesicht, aber mit ganz ruhiger Stimme, es ergäbe sich daraus sehr eindeutig, dass alle anderen hier mehr als doppelt so viel Redezeit erhalten hätten wie er, sodass er davon ausginge, demnächst 32 min zur Verfügung gestellt zu bekommen. In einer Bearbeitung verstanden wir, dass er die Wut darüber, hier zu kurz zu kommen, nicht spüren konnte, sondern dass diese sich allein über seinen erhöhten Blutdruck in der Farbe seines Gesichts ausdrückte. Da er keinen Zugang zu seiner konstruktiven Aggression hatte, konnte er den Wunsch, auch einmal etwas zu sagen, weder spüren noch ausdrücken. Lediglich über Zahlen konnte er sich eine Berechtigung errechnen. Seine Furcht war, er könnte innerlich explodieren, seiner Wut nicht mehr Herr werden, die sich in vielen Jahren angestaut hatte, wenn er versehentlich einmal innerlich ein Fünkchen Ärger zuließe. Dann geschähe das, was er in den Fantasien seines Kontrollzwanges befürchtete, nämlich alles flöge in die Luft. Schrittweise konnte er seinen strukturspezifischen Widerstand reduzieren und spontaner riskieren, etwas von sich zu zeigen, ohne zu wissen, wie die anderen damit umgehen würden. Andere sprachen ihn öfter auf sein rotes Gesicht an, manchmal entgegnete er, ihm sei nur warm, immer öfter konnte er aber auch Ärger über jemanden in der Gruppe oder außerhalb benennen, verbunden mit den Schuldgefühlen, die ihm das Spüren dieses Ärgers bereitete. Beim tertiären Krankheitsgewinn hatte ich bereits beschrieben, dass es für seine Frau zunächst nicht einfach war, als er auch außerhalb der Therapiegruppe begann, Gefühle von Ärger und Bekundungen des eigenen Willens zu zeigen, und welche anders gelagerten Widerstände sich daraus ergaben. ◄

8.4 Widerstände histrionischer und narzisstischer Strukturen

▶ Die phallische Phase vom fünften bis siebenten Lebensjahr fällt in eine Zeit, in der die Kinder ein repräsentationales Selbst entwickelt haben (vgl. Fonagy & Target, 2015). Sie verfügen über ein differenziertes Bild von ihrem psychischen Selbst, ihrem Körper und wichtigen anderen Menschen. Sie können zwischen verschiedenen Geschlechtern unterscheiden und beginnen, sich mit ihrer eigenen Geschlechtlichkeit zu befassen, was der Phase ihren Namen gibt.

König (2004) unterscheidet zwei Subphasen:

1. Die phallische Phase im engeren Sinne, bei der es um den Wettbewerb zwischen gleichgeschlechtlichen Kindern geht, etwa beim Wettpinkeln fünfjähriger Jungs oder dem Vergleich von Kleidern ähnlich alter Mädchen. Die Kinder beschäftigen sich mit ihrem Aussehen, ihrem Körper und ihren Genitalien und vergleichen sie mit denen anderer. Das Vergleichen kann auf zwei Arten geschehen: Konkurrenz stammt vom lateinischen Wort „concurrere" und bedeutet zusammen um die Wette laufen, oder Wettbewerb. Die destruktive Variante Rivalität hingegen stammt vom lateinischen "rivalis" ab, einer Person, die einen "rivus", einen Wasserlauf oder Bach nutzen darf, etwa für die Bewässerung seines Ackers, die sich aber mehr nimmt, als ihr zusteht, anderen dadurch etwas wegnimmt oder ihnen ganz und gar das Wasser abgräbt. Es gibt also freudvolle, die Entwicklung stimulierende Formen des Wettlaufes, aber auch destruktive, andere übervorteilende und kastrierende Varianten. Welche ein Kind eher lernt, hängt von seiner Familie ab, aber auch der umgebenden Gesellschaft. Werden Kinder wegen ihrer Hautfarbe, ihres Geschlechtes, körperlicher Einschränkungen oder anderer Dinge diskriminiert, hinterlässt das bisweilen lebenslange Minderwertigkeitsgefühle. Ähnliches geschieht, wenn sie in einem eigentlich freudig und fair geführten Wettbewerb immer wieder unterliegen, nicht getröstet oder ermutigt werden, ihre Stärken auf einem anderen Gebiet zu finden. Sie behalten dann symbolisch ausgedrückt das Gefühl zurück, einen zu kleinen Phallus zu haben, für den sie sich schämen müssen, den sie nicht zeigen sollten, um von den Gleichaltrigen nicht ausgelacht zu werden. Sie glauben dann, nicht hübsch, nicht intelligent, nicht sportlich genug zu sein, um von anderen akzeptiert und gemocht zu wer-

den. Es entstehen narzisstische Charakteranteile und im Falle einer Erkrankung narzisstische Störungen. Freud leitete diesen Begriff aus der griechischen Mythologie von Narkissos oder Lateinisch Narcissus ab: Narziss war ein abgelehntes Vergewaltigungskind, das mit 16 sehr schön war, von vielen Liebenden beiderlei Geschlechts begehrt wurde, selbst aber niemanden liebte. In einem Gewässer erblickte er sein Spiegelbild, ohne zu verstehen, dass der wunderschöne Jüngling dort er selbst ist. Er verliebte sich in das Bild, es verschwamm aber sofort und löste sich auf, wenn seine Tränen ins Wasser tropften oder seine Hände versuchten, zu begreifen, was er da sieht. Beim Versuch, ins Wasser zu springen, um den Jüngling doch noch zu fassen zu kriegen, ertrank er, woraufhin am Ufer eine Narzisse wuchs, die uns bis heute an ihn erinnert. Auch wenn innerhalb und mittlerweile auch außerhalb der Psychoanalyse mit Narzissmus verbunden wird, dass ein Mensch die Libido von anderen abgezogen und komplett auf sich selbst gerichtet hat, also selbstverliebt und egoistisch wirkt, sollten wir den zweiten Teil der Geschichte nicht vergessen. Menschen mit narzisstischen Charakterzügen suchen intensiv nach Bewunderung und Anerkennung, ohne diese aber annehmen oder gar dauerhaft bei sich behalten zu können. Das viele Beschäftigen mit sich selbst ist ein verzweifelter, oft vergeblicher Versuch, zu begreifen, wer sie eigentlich wirklich sind. Eine Patientin beschrieb etwa, wie ein gleichalter Mann sie bewundernd anschaute. Sie drehte sich verwirrt um, ob hinter ihr eine schöne Frau stünde. Als sie aber niemanden sah, drehte sie sich zurück und warf dem Mann einen verachtenden Blick zu, weil er ziemlich verrückt und gestört sein müsste, wenn er jemanden wie sie so anerkennend betrachtet. Das Spiegelbild in seinen Augen konnte sie nicht mit sich selbst in Verbindung bringen, obwohl sie sich so ein Spiegelbild immer wieder sehr wünschte. In der Psychotherapie werden diese Menschen sich hübsch gekleidet zeigen, sehr intelligente, unterhaltsame Dinge erzählen, ohne aber unsere Anerkennung und Bewunderung wirklich wahr- oder aufzunehmen. Ein anderer Widerstand zeigt sich darin, dass sie uns zur verwünschten Nymphe Echo machen, die im Mythos nur die letzten Worte eines anderen als ein Schall wiederholen kann, ohne je etwas Eigenes zu formulieren. Sie erzählen die ganze Stunde etwas. Falls wir irgendwann meinen, wir sollten eine Anmerkung machen oder eine Frage stellen, fühlen sie sich gestört und kommen schnell wieder zu ihrer ursprünglichen Rede zurück. Kohut (2016) empfiehlt, solche Unterbrechungen zu vermeiden, sondern lange Zeit ausschließlich empathisch zuzuhören. Ich halte es für sinnvoller, den strukturspezifischen Widerstand möglichst früh anzusprechen, indem wir das Geschehen in der Stunde spiegeln, vor allem, dass die Patientin nichts von uns hören, geschweige denn annehmen kann, vielleicht auch mithilfe der Geschichte von Narziss und Echo. Wir können mit derselben brüsken Ablehnung und Wut rechnen, die Echo erfahren hat, als sie Narziss endlich erreichte. Die Wut bildet jedoch auch eine Brücke zwischen uns. Die Frage der Patientin, ob wir sie etwa für eine Narzisstin halten, mag etwas Gekränktes enthalten, eröffnet aber auch ein Gespräch darüber, wie wir sie wahrnehmen und erleben, welche Bilder wir von ihr haben könnten und haben. Wir werden zum Gewässer, dessen Spiegelbild aber nicht so schnell verschwimmt, sondern emotional begriffen und umarmt werden kann.

2. Für die ödipale Phase bezog sich Freud auf das Drama „König Ödipus" von Sophokles, in dem Ödipus seinen Vater, König Laios von Theben, tötet und mit seiner Mutter Iokaste inzestuöse Sexualität lebt und Kinder zeugt. Allerdings weiß Ödipus lange nicht, dass es seine Eltern sind, weil sie ihn als Neugeborenes ausgesetzt hatten und er nur überlebte, weil er von einem anderen König gefunden und großgezogen wurde. Laios und Iokaste fürchteten angesichts eines Orakels genau das, was später geschah, sodass zwischen ihnen beiden und ihrem Sohn keine Dreierbeziehung möglich schien, etwas, was aber in der ödipalen Phase wichtig ist. In ihr treten die Kinder nämlich in die Konkurrenz oder Rivalität mit den Eltern. Sie identifizieren sich zunächst mit dem gleichgeschlechtlichen Elternteil, sofern sie ihn bewundern und er ihnen ein Vorbild ist. Sie möchten genauso schön und stark sein wie dieser Elternteil. Erst danach treten sie zu ihm in einen Wettbewerb um die Gunst des anderen Elternteils. Im Idealfall ist zwischen den beiden Eltern und dem Kind eine Triangulierung entstanden: Aus drei Dyaden, also Zweierbeziehungen ist ein Triangulum entstanden, ein Dreieck, dessen Eckpunkte das Kind K, die Mutter M und der Vater V sind. Das Dreieck ist nie gleichschenklig, sondern mal sind K und M enger zusammen, dann wieder M und V, vielleicht abends im Schlafzimmer, sodass K im Kinderzimmer weiter weg ist. Das ist schmerzlich, weil die Linien von K zu M und K zu V viel länger sind als zwischen M und V. Wenn die Triangulierung aber gelungen ist, hat das Kind im Kopf, dass es bald M oder V wieder näher sein wird als der andere Elternteil. Es kann jedoch zu zahlreichen Konflikten kommen, etwa wenn in der Familie eher rivalisiert als konkurriert wird. Jede Annäherung von K zu M zum Beispiel wird V so erleben, als würde ein Schenkel des Dreiecks durchtrennt, sodass V Eifersucht, Hass und Ausgeschlossensein empfindet und versucht, die Verbindung zwischen K und M zu zerstören. Das Kind spürt die Wut und Eifersucht des Vaters und verinnerlicht sie als ödipales Schuldgefühl. Der Junge verinnerlicht, bestraft, freudianisch ausgedrückt kastriert zu werden, wenn es ihm gelingt, Mutters Gunst und Bewunderung zu erringen. Er erlebt sich zwar als schön und liebenswert, darf es aber nicht sein, zumindest darf es niemand Drittes sehen, sonst flammen innerlich quälende Schuldgefühle auf für etwas so sehr Ersehntes. Als historisch strukturierter Erwachsener wird er Frauen erobern, aber nach dem ersten Kuss verlassen, Erektionsstörungen bekommen oder nur heimliche Affären mit verheirateten Frauen haben. Sobald diese erwägen, ihren Mann für ihn zu verlassen, wird er – panisch vor ödipalen Schuldgefühlen – die Affäre beenden und die nächste heimliche Liebe suchen. Eine andere Variante ist, dass die Mutter den Vater nicht mehr liebt und jedes erotische Interesse an ihm verloren hat, sich aber noch nicht trennen mochte. Geht es dem Vater ähnlich, wird er nicht eifersüchtig auf das Werben seines Sohnes reagieren, sodass der in Mutters offene Arme laufen kann. Allerdings wird er verinnerlichen, dass schöne Frauen nur Jungs lieben, keine erwachsenen Männer, sodass er auch als Erwachsener eine kindliche, jungenhafte Ausstrahlung behält. Alles Männliche wird er mit ödipaler Scham verbinden, der Fantasie, Männer seien unattraktiv und ekelhaft, wie Vater dereinst für Mutter. Es gäbe hier noch viele Varianten durchzuspielen. Benjamin (2020) hat die ödipale Triade sehr differenziert für Mädchen

dargestellt. Bei alleinerziehenden, getrennt lebenden, gleichgeschlechtlichen, transidenten Eltern und allen anderen in unserer freiheitlichen Gesellschaft heute lebbaren Konstellationen finden wir viele Entwicklungsmöglichkeiten sowie etwas andere Verläufe der ödipalen Entwicklung. In der Psychotherapie werden wir versuchen, uns in die frühen Triaden unserer histrionisch strukturierten Patientinnen hineinzufühlen, um zu verstehen, welche Spuren sie in ihnen hinterlassen haben. Bei der Auswahl der Therapeutin kann das ödipal ersehnte Elternteil gewählt werden, was günstiger ist, um den ödipalen Konflikt innerhalb der Übertragungsbeziehung vorzufinden und zu bearbeiten. Die Patientin wird sich dann sehr bemühen, uns zu gefallen und von uns für ihre Schönheit oder ihren Charme bewundert zu werden. Gelingt ihr das, bemerkt sie es entweder nicht und erlebt uns desinteressiert und mürrisch, wenn sie kommt, oder sie bemerkt es und reagiert mit Angst und Schuldgefühlen. Eine Patientin fragte mich einmal ganz erschrocken, warum ich denn heute lächle, als ich ihr die Tür öffnete und wäre beinah davon gelaufen. Wir konnten die ödipalen Schuldgefühle besprechen, etwas zu sehen, wonach sie sich eigentlich gesehnt und das sie vorher bei mir nie wahrgenommen hatte. Werden das Nichtwahrnehmen freundlicher oder anerkennender Reaktionen der Therapeutin sowie die ödipalen Ängste und Schuldgefühle der Patientin nicht besprochen, führen sie zu einem strukturspezifischen Widerstand.

Zwei Anmerkungen sind mir in diesem Zusammenhang noch wichtig: Zum einen ist bei histrionischen Charakterstrukturen oder Störungen immer die Inzestschranke durch die Eltern gewahrt worden. Sofern diese das Inzesttabu, das juristische und von den meisten Menschen auch verinnerlichte Verbot von sexuellen Handlungen zwischen Blutsverwandten nicht eingehalten und ihre Kinder sexuell missbraucht haben, entstehen schwere, komplexe posttraumatische Beeinträchtigungen der gesamten Persönlichkeit, die das Leben der heranwachsenden Kinder nachhaltig mit tiefer Angst, Misstrauen statt Vertrauen und vielem mehr beschweren. Diese heute glücklicherweise sehr gut psychotherapeutisch behandelbare Gruppe von Menschen sind hier nicht gemeint, weil sie völlig andere Konflikte, meist um Separation, zu bewältigen und traumatische, also für Menschen so eigentlich nicht bewältigbare Erfahrungen zu verarbeiten haben.
Zum zweiten ist der Begriff „hysterisch" in den letzten Jahrzehnten umstritten. Er stammt vom altgriechischen „hystéra" für Gebärmutter, weil unter anderem Platon vermutete, dass sie eine Art eigenes Lebewesen sei, das nach der Kinderzeugung begehrt und beim Ausbleiben der Erfüllung dieses Verlangens im Körper umherirrt, wo sie Verhaltensauffälligkeiten oder Beschwerden wie Herzrasen, Lähmungen, Blindheit oder Taubheit auslöst, ohne dass es dafür organische Ursachen gibt. Diese Störungen wurden früher Hysterie genannt und fallen heute unter die somatoformen Störungen. Die erwähnten Verhaltensweisen waren vor allem Angstanfälle, Ich-Bezogenheit und Geltungsdrang. Durch die Zuordnung zur Gebärmutter wurden hysterische Verhaltensweisen und Erkrankungen zu manchen Zeiten von einigen Autoren als reine Frauenerkrankungen gesehen, von vielen aber auch nicht: 1618 benannte Charles Lepois die Hysterie bereits als nervöse, d. h. nervlich bedingte Erkrankung, die nichts mit der Gebärmutter zu tun hat. Georges Gilles

8.4 Widerstände histrionischer und narzisstischer Strukturen

de la Tourette ordnete sie 1821 dem Gehirn zu. Jean-Martin Charcot meinte sogar, Hysterie beträfe eher Männer als Frauen. Christian Buddenbrook leidet in Thomas Manns Roman *Buddenbrooks* unter einem Globus hystericus. Sigmund Freud beschrieb sowohl hysterische Phänomene als auch phallische Konflikte bei Frauen und Männern gleichermaßen. Die Begriffe phallisch und hysterisch betreffen Geschlechtsorgane, die aber nicht die Ursache sind, sondern eher Symbol für etwas Konflikthaftes, wie ich es in den beiden vorigen Abschnitten umrissen habe, Konflikte, die mit dem Gewahrwerden und Akzeptieren des eigenen Körpers und Geschlechts zu tun haben. Da Hysterie aber immer wieder von einigen Männern als Erklärung für Phänomene genutzt wurde, die sie bei Frauen rätselhaft und unerklärlich fanden, aber auch, um Frauen zu kontrollieren, zu entwerten und zu unterdrücken, empfanden ihn Feministinnen als diskriminierend. Er wurde deshalb seit den 1980er-Jahren in den diagnostischen Manualen DSM und ICD sowie in Teilen der Fachliteratur durch histrionisch ersetzt. Das Adjektiv stammt vom lateinischen Substantiv „histrio", das im antiken Rom Schauspieler bezeichnete. Histrionisch oder englisch „histrionic" bedeutet schauspielerisch, theatralisch und affektiert, beschreibt also einen Teil der Phänomene, die mit dem ödipalen Konflikt im Erleben von Menschen verbunden sind. In einigen Zitaten des Buches taucht aber noch der frühere Begriff hysterisch auf.

> **Beispiel**
>
> Beispiele wurden im vorangehenden Text bereits mehrere erwähnt, sodass ich hier aus Platzgründen auf ein weiteres verzichte. ◄

Gegenübertragungswiderstände 9

▶ Die Gegenübertragung umfasst alle gedanklichen, emotionalen, bildhaften, körperlichen und handlungsmäßigen Reaktionen der Therapeutin, die die Patientin durch ihre Art der Beziehungsgestaltung, also durch ihre Übertragung, in ihr auslöst. Zur einen Hälfte sind das Reaktionen, die durch die Erzählungen, Gefühle und das Verhalten der Patientin in der mitfühlenden, Gefühle der Patientin containenden und ihr zugewiesene Rollen spürenden Therapeutin in Gang gebracht werden. Zur anderen Hälfte sind es ganz eigene innere Reaktionen auf die Patientin der Therapeutin, die als eigenes Subjekt mit ihren ganz persönlichen Lebens- und Beziehungserfahrungen, ihrer aktuellen Lebenssituation, ihrem Alter, Geschlecht, gesellschaftlicher Stellung und mit all den eigenen Gefühlen von Liebe, Freude, Angst, Wut, Scham und Schuld in die therapeutische Begegnung hineingeht. Beide Hälften sind genauso wichtig und sollen deshalb in zwei getrennten Abschnitten ausführlich dargestellt werden.

Den Begriff Gegenübertragung prägte Sigmund Freud 1909 im Briefwechsel mit Carl Gustav Jung. Dieser hatte von 1908 bis 1909 eine sexuelle Beziehung mit Sabina Spielrein, die seit 1904 seine Patientin war, zunächst wegen einer psychotischen Episode in der psychiatrischen Universitätsklinik Burghölzli in Zürich, später in seiner ambulanten Praxis. Danach hatte er weitere sexuelle Beziehungen zu seinen Patientinnen, wie etwa zu Antonia Wolff (vgl. Krutzenbichler & Essler, 2002). Sowohl Sabina Spielrein als auch Jungs Frau Emma Jung wandten sich an Freud, um ihn über die Liebesbeziehung zu informieren, der erschrocken darauf reagierte. Er führte den Begriff der Gegenübertragung ein, mit dem er alle Gefühle und Impulse meinte, die beim Psychoanalytiker von seinen Patientinnen ausgelöst werden. Damit stellte die Gegenübertragung das Gegenteil von Freuds Konzept dar, dass der Psychoanalytiker ein reiner Spiegel für die Patientinnen sein solle, der nur ihr Erleben widerspiegelt, sich selbst aber völlig unemotional, d. h. abstinent verhält, nichts Eigenes spürt, geschweige denn zeigt. Deshalb soll er auch nicht glauben, dass Liebesgefühle von Patientinnen ihm gelten würden, weil es Gefühle sind, die eigentlich auf ihre Eltern, etwa ihren Vater, bezogen sind. Sie werden nur auf ihn übertragen, weil die Patientin im Spiegel nicht den Psychoanalytiker als Mensch und Mann, sondern ihren Vater sieht. Freud (1915, S. 308) ermahnte seine Kollegen, sich nicht zu viel einzubilden auf die Verliebtheit einer Patientin:

„Für den Arzt bedeutet sie eine kostbare Aufklärung und eine gute Warnung vor einer etwa bei ihm bereitliegenden Gegenübertragung. Er muß erkennen, daß das Verlieben der Patientin durch die analytische Situation erzwungen wird und nicht etwa den Vorzügen seiner Person zugeschrieben werden kann, daß er also gar keinen Grund hat, auf eine solche ‚Eroberung‘, wie man sie außerhalb der Analyse heißen würde, stolz zu sein."

Wer doch stolz sei oder sogar eigene Gefühle entwickle, habe eine Gegenübertragung, die unbedingt vermieden oder in einer eigenen Analyse des Psychoanalytikers durchgearbeitet und ausgeräumt werden müsse. In diesem Zusammenhang taucht erstmals die Idee einer verpflichtenden Lehranalyse für werdende Psychoanalytiker auf, um das Entstehen von Gegenübertragungen möglichst im Vorhinein zu verhindern. Nach dem obigen Zitat erwähnte Freud die Gegenübertragung nicht mehr, obwohl auch andere enge Vertraute von ihm, wie Sandor Ferenczi, Liebesbeziehungen mit Patientinnen eingingen. Erst 1949 hielt Paula Heimann auf dem Internationalen psychoanalytischen Kongress in Zürich einen Vortrag über Gegenübertragung und baute über viele Jahre das Verständnis davon aus (vgl. Heimann, 2016). König (1993) gibt einen Überblick über andere Autorinnen, die Wichtiges zur Gegenübertragung beisteuerten. In Abel (2023) finden sich auch die modernen, zumeist amerikanischen, intersubjektiven Ansätze abgebildet, die insofern noch einen Schritt weiter gehen, als in ihnen die Therapeutin als ein Subjekt beschrieben wird, das ein ganz eigener Teil der therapeutischen Interaktion ist, statt ein anonymes, nicht spürbares, abstinentes Objekt. Sonst könnte auch eine künstliche Intelligenz unsere Arbeit übernehmen. In digitalen Gesundheitsanwendungen tut sie es schon, etwa als App für Patientinnen mit Panikzuständen oder sozialer Phobie, die Verhaltensinstruktionen bekommen und in der App ihr Erleben protokollieren, wovon die nächsten Interventionen abhängen.

Die Grundregel, die wir unseren Patientinnen für die Therapie vorgeben, dass sie im therapeutischen Raum alles fühlen, aussprechen und auch körperlich ausdrücken dürfen, aber keine körperliche Gewalt oder Übergriffigkeit jeglicher Art erlaubt ist, gilt natürlich auch für uns. Eine sexuelle Beziehung mit einer Patientin einzugehen oder sie zu schlagen, wäre ein Verstoß gegen ethische Leitlinien und die Berufsordnung. In Deutschland ist zwischen verschiedenen Therapierichtungen ein Kompromiss ausgehandelt worden, nach dem eine Liebesbeziehung zwischen einer Therapeutin und ihrer Patientin zwei Jahre nach Beendigung der Psychotherapie erlaubt ist. Verhaltenstherapeutische Verbände hatten im Diskurs dafür plädiert, es direkt nach dem Ende der Therapie zu ermöglichen, während psychoanalytische Organisationen es überhaupt nicht gestatten wollten. Die Erfahrungen in der Geschichte der Psychoanalyse zeigen, dass solche Liebesbeziehungen meist schnell und enttäuschend enden, nicht nur bei Jung oder Ferenczi, der während seiner Liebesbeziehung mit seiner Patientin eine sexuelle Beziehung mit ihrer Tochter einging, sondern zum Beispiel auch bei Frieda Reichmann, die 1926 ihren Analysanden Erich Fromm heiratete. Auch wenn sie nach ihrer Trennung 1931 noch gelegentlich zusammenarbeiteten, auch wenn Frieda Fromm-Reichmann ihren ehelichen Namen nie ablegte, war die Beziehung für beide doch eine Enttäuschung. Die Täuschung, die in diesem Wort steckt, erklärt sich aus dem von den Brüdern Grimm aufgeschriebenen Volksmärchen „Gevatter Tod" (vgl. Drewermann, 1992; Abel, 2005): Ein Arzt verliebt sich darin in eine todkranke Prinzessin, die er heiraten möchte, bevor sie genesen ist, also bevor er erleben kann, was sie eigentlich für ein Mensch ist, wenn sie nicht blass und kaum sprechend im Sterbebett liegt. Gleichermaßen weiß auch sie nicht, welche guten und welche Schattenseiten er hat, wenn er seinen Arztkittel auszieht. Trotzdem möchte auch sie ihn als Mann haben. Gegenübertragungen, die außer Kontrolle geraten, gab es also bereits vor Carl Gustav Jung und der Psychoanalyse in Arztbeziehungen, sonst hätte es der Volksmund nicht in ein Märchen getan. Gleichermaßen kommt es im Märchen nicht zu einer Hochzeit, sodass auch die Erfahrung alt ist, dass so etwas nicht gut gehen kann. In einer psychotherapeutischen Behandlung lernen sich Therapeutin und Patientin sehr intensiv kennen, aber doch eben nur zu einem gewissen Teil. Begegnen sie sich im Alltag, ist es keine asymmetrische, sondern eine symmetrische, gleichgestellte Beziehung. Die Patientin ist nicht nur schwach, todkrank und blass, sondern vielleicht eine temperamentvolle Tänzerin, die viele Blicke auf sich zieht. Der Arzt ist nicht nur ein machtvoller Retter und Helfer, sondern offenbart im Beziehungsalltag vielleicht auch unsichere und boshafte Seiten. Das Bild vom Gegenüber, das beide noch am Krankenbett angezogen hatte, erweist sich als Täuschung. Jenseits aller ethischen Begrenzungen ist es insofern auch nach zwei Jahren keine gute Idee, aus einer nicht abgeklungenen Gegenübertragung heraus zu versuchen, eine Liebesbeziehung zu gestalten. Besser für beide Seiten wäre, wenn sich die Therapeutin mit ihren Gegenübertragungsgefühlen befasst, ob nun allein, in einer Supervision oder Selbsterfahrung, um zu verstehen, was geschehen ist, welche Gefühle von der Patientin, welche von ihr selbst stammen, und wie sie es für den therapeutischen Fortschritt nutzen kann.

Fazit

Das Verständnis von Gegenübertragung hat sich bis heute grundlegend verändert: Während es früher einmal eine zu vermeidende, emotionale Verfehlung war, nehmen wir es heute in allen Aspekten innerlich wahr und ernst, was Patientinnen in uns auslösen. Dadurch wird der therapeutische Prozess sehr intensiv gefördert. Psychotherapeutinnen aller Richtungen lernen sich heute verpflichtend in einer Selbsterfahrung innerhalb ihrer Aus- oder Weiterbildung innerlich kennen, um besser auf die Wahrnehmung und den Umgang mit Gegenübertragung vorbereitet zu sein.

9.1 Widerstände der Therapeutin beim Mitfühlen und Rollenübernehmen

▶ Die eine Hälfte der Widerstände auf Seiten der Therapeutin hat damit zu tun, was bei ihr innerlich ankommt von dem, was die Patientin kommuniziert und emotional an sie übermittelt. Es geht hier um Störungen beim Ein- und Mitfühlen, dem Containing von starken Affekten der Patientin, sowie der Bereitschaft zur Übernahme von Rollen, die die Patientin überträgt oder vermittelt.

Freud (1912) verglich die Psychotherapeutin mit dem Receiver eines Telefons, der Signale empfängt und entschlüsselt, die vom Mikrofon der sprechenden Person verschlüsselt und auf die Reise durch ein Kabel geschickt werden. Ohne Entschlüsselung der Signale wäre kein Gespräch, kein Verstehen möglich. Die Psychotherapeutin nimmt sehr viele verbale und nonverbale Signale von ihrer Patientin auf und bringt sie in sich zum Klingen. Probleme im Receiver führen zum Missverstehen oder Unverständnis, insofern werden sie zu einem Widerstand gegen den Fortschritt der Therapie. Sie sollten von der Therapeutin aufmerksam wahrgenommen und untersucht werden, ganz so, als würden wir einen knisternden Telefonhörer auseinanderschrauben, um nach dem Empfangsproblem zu forschen, um in Freuds schönem Bild zu bleiben.

In psychodynamischen Verfahren wird die Therapeutin zum Receiver, indem sie sich in eine frei- oder gleichschwebende Aufmerksamkeit versetzt. Sie nimmt unvoreingenommen alle verbalen und nonverbalen Mitteilungen der Patientin in sich auf, gibt ihnen innerlich einen Spielraum, indem sie Bilder, Gefühle, Körperwahrnehmungen und Gedanken völlig frei auftauchen lässt, ohne diese als wichtig, nebensächlich, angenehm, peinlich, verstörend oder lustvoll zu bewerten und vielleicht sogar abzuweisen. Sie lässt sich dabei nicht von abstrakten, theoretischen Konzepten leiten, ebenso wenig von Erwartungen, was die Patientin heute erzählen könnte oder müsste. Die synthetische Arbeit findet erst im zweiten Stundenteil statt, in dem die Psychotherapeutin versucht, gemeinsam mit der Patientin Zusammenhänge zu erstellen. Je besser der Patientin die freie Assoziation und der Therapeutin die freischwebende Aufmerksamkeit gelingt, umso stärker unterscheidet sich ein therapeutisches von einem Gespräch der Alltagskommunikation, die sich nach bestimmten Regeln und Zusammenhängen richtet. Dieser Unterschied gehört zu den wichtigsten Wirkfaktoren in einer Psychotherapie. Oft spricht die Patientin bei einem Glas Wein mit einer Freundin über dieselben Themen wie mit ihrer Psychotherapeutin, darf dabei aber nicht scheinbar zusammenhanglos vom Hölzchen aufs Stöckchen kommen, sondern muss erst einmal ein Thema abarbeiten, ehe sie zu etwas anderem übergeht. Durch die stark abgewandelte Gesprächstechnik, die Patientin und Therapeutin gleichermaßen erst erlernen müssen, kommen in der Therapie andere Erkenntnisse und tiefere Einsichten zustande. Widerstände ergeben sich hier einerseits bei Anfängerinnen, die in ihren ersten Behandlungsstunden aufgeregt sind, hilfreich und aktiv sein, nichts falsch machen, nichts Wichtiges verpassen wollen. Sie klammern sich aus Angst an theoretische Konzepte, wie die zweite Gruppe, nämlich zwanghaft strukturierte Therapeutinnen. Im vorigen Abschn. 8.3

hatte ich beschrieben, dass zwanghafte Persönlichkeitsstrukturen sehr an Kontrolle und Macht interessiert sind, schwer Unwissenheit, Chaos und Ungewissheit ertragen und deshalb rasch auf Rationalität und Theorien zurückgreifen. Beide Gruppen können sich deshalb der „free floating attention", wie es im Englischen heißt, nicht überlassen, sodass es bereits hier zum Knistern im Receiver kommt, d. h. einem Widerstand gegen die gleichschwebende Aufmerksamkeit bei der Therapeutin.

Hat die Therapeutin ihre Empfangsprobleme behoben, geht es im nächsten Schritt um Empathie, ein aus dem Altgriechischen stammendes Wort, das sich aus „pathos" für Leid oder Leidenschaft und der Vorsilbe „em" für in, an oder auf zusammensetzt, also Einfühlung bedeutet. Hierbei können wir uns vorstellen, was im Gegenüber vor sich geht, ohne aber selbst emotional mitzuschwingen. Das geschieht bei Sympathie, ebenfalls von einem altgriechischen Wort stammend, von „sympátheia", Mitgefühl. Hier fühlen oder leiden wir mit jemandem anders mit, spüren vielleicht in abgeschwächter Form die Traurigkeit, Wut, Freude oder Erregung der Patientin in uns. Wenn uns nicht einmal Empathie möglich ist, wir aber den Eindruck haben, dass die Patientin sich ernsthaft bemüht, ihr Erleben mitzuteilen, ist die therapeutische Kommunikation natürlich sehr beeinträchtigt. Für uns ergibt sich ein Widerstand dagegen, die Patientin zu verstehen, wenn wir das Empathieproblem nicht ernst nehmen oder vorschnell als unser Problem ansehen. Nehmen wir es ernst, entsteht hier kein Widerstand auf unserer Seite, weil wir dann bald verstehen werden, dass wir uns in etwas nicht einfühlen können, was nicht da ist. Fonagy et al. (2004) haben Erkenntnisse der aktuellen Säuglings- und Kleinkindforschung zusammengetragen und fünf Phasen einer mentalen Entwicklung zusammengestellt. Erst in Phase vier im zweiten Lebensjahr wird das Kind zum intensionalen Akteur, der eigene Gefühle, Absichten und Motive innerlich abbildet, ebenso wie die anderer Menschen. Kinder in diesem Alter ahnen, was ihre Mutter möchte oder nicht will, auch wenn sie es nicht sagt, weil sie ein erstes, noch unscharfes Modell davon im Kopf haben, wie Mutter denkt und fühlt, welche Intensionen sie hat. In allen früheren Phasen gibt es solche inneren Bilder noch nicht. In der dritten, der teleologischen Phase können andere Menschen immerhin schon nach ihren äußerlich sichtbaren Handlungen eingeschätzt werden und das Kind kann sich über Handeln mitteilen. Autistische und andere Patientinnen sind oft nicht bis in Phase vier gekommen, sondern versuchen, sich über stereotype Handlungen zu beruhigen und anderen mitzuteilen. Sie haben keine inneren Abbildungen von sich oder anderen, auf die sie zurückgreifen könnten. Das meinte ich damit, dass es in ihnen nichts gibt, in das wir uns einfühlen könnten. Sie vermitteln uns damit bereits ihr zentrales Problem. Bevor wir auf gewohnte Weise therapeutisch mit ihnen arbeiten können, sind mentalisierungsbasierte Interventionen nach Fonagy und Target (2015) nötig, ferner eine Förderung der Symbolisierungsfähigkeiten, sodass die Patientinnen allmählich zu den Stufen vier und fünf der mentalen Entwicklung gelangen, Repräsentanzen des Selbst und der Objekte im Kopf haben, in die wir uns dann auch einfühlen können. In Abschn. 2.1.11 hatte ich von der autistischen Patientin Antonia geschrieben, die keine Imagines von sich selbst und anderen im Kopf hatte, sondern bestenfalls deren Handlungen beschreiben konnte. In einer Klinik wurden ihr Infusionen mit Ketamin verabreicht, einem halluzinogenen Medikament, quasi als verzweifelter Versuch von Ärztinnen, ihr innere Bilder zu verschaffen, und seien es Halluzinationen. Aber nicht einmal Ketamin konnte in dieser unbebilderten inneren Leere etwas hervorrufen. Der Widerstand der Klinikkolleginnen dagegen, sich einzugestehen, dass sie sich nicht einfühlen konnten in die Patientin, weil es in ihr nur Leere gibt, führte zu diesem vergeblichen Behandlungsversuch. Besser wäre gewesen, die Leere beim Zuhören im Kopf der Therapeutin als ein Sich-nicht-einfühlen-Können zu verstehen, trotz besten Bemühens der Patientin und der Therapeutin, und daraus die oben genannten Schlüsse zu ziehen.

Gelingt uns die Einfühlung, sodass wir erahnen, welche Bilder, Gedanken und Gefühle die Patientin im Kopf hat, sind aber nicht sympathisch, nicht mitfühlend, können mit ihr emotional nicht ein bisschen mitschwingen, liegt das oft auch an der Art, wie sich die Patientin mitteilt, vorausgesetzt, wir wissen, dass wir keinen schlechten Tag haben und mit vorigen Patientinnen durchaus Mitgefühl hatten. Den Mangel an Mitfühlen sollten wir ernst nehmen, weil es ein Widerstand wäre, darüber hinwegzugehen, nur um uns nicht emotional abgestumpft oder unerfahren zu fühlen, weil wir hier bei dieser Patientin einfach nichts fühlen können. Ernst nehmen hieße, uns zu fragen, warum die Patientin uns etwas erzählt, was ihr wichtig ist, ohne etwas in uns auszulösen. Häufig können wir auf eine Rationalisierung der Patientin schließen, die nur erklärende Gedanken zu ihrem Erleben mitteilt, Gefühle aber abwehrt, also nicht spürt. Unser Nichtfühlen in der Gegenübertragung wäre dann ein Mitfühlen des Nichtfühlens der Patientin. Wenn sie Gefühle zeigt, etwa Traurigkeit, wir aber nicht die kleinste Trauer in uns bemerken, kann das ein Anzeichen für Isolierung vom Affekt sein, sodass die Patientin sagen würde, die Traurigkeit hätte nichts mit der Erzählung zu tun. Sie isoliert uns dann von der Traurigkeit, wie sie sich selbst davon isoliert hat. Oder eine nicht mitfühlbare Traurigkeit ist das Ergebnis einer Affektualisierung der Patientin, die eigentlich innerlich wütend ist, aber nicht wagt, die Wut nach außen hin zu zeigen, sondern lieber weint. Wir fühlen das Traurige nicht mit, weil es nicht das wahre Gefühl ist, das die Patientin mit dem Inhalt verbindet. Wir könnten fragen, ob es in der Patientin im Verborgenen noch andere Gefühle gibt als Traurigkeit, sodass sie andeuten kann, manchmal auch Ärger zu spüren, wenn sie an das Thema denkt. All diese und viele andere Gründe können dazu führen, dass die Patientin uns nicht mitfühlen lässt. Manche möchten auch nicht bemitleidet werden. Wir werden die jeweiligen Gründe nur verstehen können, wenn wir unseren Mangel an Mitgefühl ernst und wahrnehmen, sonst wird er unsererseits zum Widerstand.

Je nach Persönlichkeitsstruktur der Therapeutin können sich Widerstände beim Mitfühlen ergeben, die jede Therapeutin von sich wissen oder in ihrer Selbsterfahrung herausfinden sollte. Schizoide Therapeutinnen sind zumeist sehr sensibel und spüren auch Ungesagtes beim Gegenüber. Sie haben aber Schwierigkeiten, sich in etwas einzufühlen, bei etwas mitzufühlen, was sehr von ihrem eigenen Erleben abweicht. Hier können Sie Empathie- oder Sympathiewiderstände bekommen, sodass die Patientin mit ihren Erfahrungen nicht zu ihnen vordringen kann. Zwanghafte Therapeutinnen ertragen zu viele Gefühle der Patientin nicht, sodass sie sie beschwichtigen, statt mitzufühlen. Alles sei nüchtern betrachtet doch gar nicht so schlimm. Sie ordnen Gefühle der Patientin schnell in rationale, theoretische Kategorien ein, noch ehe sie sich überhaupt entfalten können. Phobisch strukturierte Therapeutinnen haben Angst vor Aggressionen ihrer Patientinnen und können deshalb in diesen Bereichen nicht gut mitfühlen. Depressive Therapeutinnen möchten gebraucht werden und fürsorglich sein, sodass ihnen Autonomiewünsche ihrer Patientinnen bedrohlich erscheinen, weil die dann vielleicht bald allein, ohne ihre Therapeutin zurechtkommen. Histrionische Therapeutinnen können oft schnell und intensiv mitfühlen, sodass ihnen selbst die Tränen kommen, wenn die Patientin weint. Für manche Patientinnen wäre das erschreckend, sodass sie deshalb lieber nicht mehr weinen, etwa um nicht wieder bemitleidet zu werden. Narzisstische Therapeutinnen wünschen sich, dass es ihren Patientinnen bald deutlich besser geht und sie ihre Therapeutin dafür bewundern. Wiederholen sich emotionale Litaneien der Patientin, wird es ihnen langweilig oder sie werten die Patientin innerlich ab, dass sie sich nicht verändert, sich keine Mühe gibt, nicht wertschätzt, wie gut ihr die Therapeutin doch hilft. Jede sollte ihre individuellen Gründe kennen, die ihr Einfühlen und Mitfühlen manchmal erschweren und so zum Widerstand gegen therapeutischen Fortschritt werden können.

Können wir uns einfühlen und mitfühlen, gelangen differenzierte und unreife Gedanken, Gefühle, Bilder, Impulse und Sehnsüchte zu uns, in unseren Container, wie es etwa Bion (1962) nannte. Insbesondere bei starken, unverarbeiteten Gefühlen und Impulsen fällt uns dann die Alphafunktion zu, eine Vorverarbeitung primitiver Betaelemente, also unverdauter, diffuser Affekte, die wir dann in kleinen Dosierungen häppchenweise der Patientin zurückgeben. Das Containing ist besonders bei frühgestörten Patientinnen und ihren primitiven, heftigen Affekten ein wichtiges Element unserer Arbeit. Allerdings ist unser Container nicht immer gleich groß und gleich stabil. Wenn wir in Lebensumbrüchen sind, viel Eigenes zu verarbeiten haben oder Krankheiten uns plagen, sollten wir in uns hineinspüren, wie viel gerade in unseren Container passt, und vielleicht eine frühgestörte Patientin, die wir sonst gern genommen hätten, zu einer Kollegin weiterleiten. In der Genesungsphase nach einer Enzephalitis begann ich zunächst mit zwei Stunden am Tag zu arbeiten. Ich hatte im Alltag keine Schwierigkeiten und konnte stundenlang Sport machen. Erst als ich mein Gehirn, meinen Container nutzen wollte, bekam ich Kopfschmerzen, noch ehe ich die mir vermittelten Gefühle in meinem Container wirklich klar spüren und unterscheiden konnte. Mir wurde im wahrsten Wortsinn schmerzlich bewusst, wie viel von unseren Patientinnen sich zunächst unterschwellig, unbewusst vermittelt, ehe wir bemerken, was sich in unserem inneren Mülleimer angesammelt hat. Ich konnte nicht mit allen Patientinnen zur gleichen Zeit anfangen, die Therapie fortzusetzen, weshalb ich mit den instabilsten und kränksten begonnen habe. Das war sicherlich ein Fehler, weil gerade sie am meisten Containing brauchen, wofür mein wundes Gehirn noch nicht gut imstande war. Manche musste ich für einige Wochen an Kolleginnen abgeben, bis ich dem Ansturm ihrer Affekte wieder gewachsen war. Wenn wir unseren Container überschätzen, ist das ein von uns ausgehender Widerstand gegen die Therapie, weil die Patientinnen dann auf einem Teil ihrer unverarbeiteten Affekte sitzenbleiben, vielleicht sogar die Hoffnung verlieren, dass ihnen dabei überhaupt jemand helfen könnte.

Der letzte und sicher heikelste Aspekt in diesem Bereich ist das, was Sandler (1976) in seiner wegweisenden Arbeit „Countertransference and role responsiveness" als wichtigsten Teil der Gegenübertragung benannte: die gleichschwebende Echobereitschaft, d. h. die Bereitschaft, Rollen zu übernehmen, die unsere Patientinnen uns gerade unbewusst zuweisen. Zu jedem Zeitpunkt nimmt die Patientin unbewusst eine Rolle ein und weist ihrer Therapeutin eine komplementäre Rolle zu. So kann sie sich selbst als Vierjährige erleben, die mit Mutter um ihren eigenen Willen, Autonomie und Macht kämpfen will. Die Therapeutin bekäme dann die Rolle der strengen, verbietenden Mutter zugewiesen. Solange die Therapeutin freundlich nickend in ihrem Sessel sitzt und der Patientin geduldig zuhört, wäre es eine Übertragung, wenn die Patientin sagen würde, sie erlebe die Therapeutin als streng und alles abweisend, was sie erzählen wolle. Die Therapeutin könnte fragen, wie denn die Patientin auf diesen Eindruck käme, worauf diese antworten würde, die Therapeutin schaue sie zwar freundlich und gewährend an, sie vermute aber, hinter der Fassade sei die Therapeutin genervt und ungeduldig. Hier wäre klar, dass die Patientin auf der Leinwand „Therapeutin" etwas sieht, was nicht da ist, sodass relativ bald eine Übertragungsdeutung möglich und für die Patientin gut nachvollziehbar wäre. Was aber nun, wenn die Therapeutin tatsächlich ärgerlich und ungeduldig wird, wenn sie meint, dass doch alles unwichtig ist, was die Patientin erzählt, dass sie lieber über ein anderes, wirklich wichtiges Thema reden sollte. Dann wäre sie in der Rolle, die ihr die Patientin zugewiesen hat. Egal, ob sie nur etwas genervt guckt, unruhig auf ihrem Stuhl sitzt oder etwas ungeduldige Interventionen macht, die Patientin wird es bemerken. Eine Übertragungsdeutung, wäre nicht nur nutzlos, sondern sogar falsch, weil die Patientin hier nicht etwas sieht, was nicht da ist, sondern im Gegenteil, etwas sieht, was da ist, nämlich eine verbietende Person, die nicht will, dass die Patientin über das spricht, was ihr gerade wichtig ist, die sie kontrollieren, ihre Autonomie beschneiden will. Wenn wir die Patientin fragen, wie sie uns erlebt, wird sie zumeist recht viele Details zu unserer Ungeduld benennen können. Richtige Wahrnehmungen unserer Patientinnen bestreiten wir nicht, sondern bestätigen sie. Wir können unsere Gegenübertragung partiell mitteilen, indem wir sagen, dass sie uns manchmal ungeduldig macht, dass wir manchmal denken, sie sollte lieber über etwas anderes sprechen. Vermutlich werden ihr viele Szenen mit Mutter, aber auch aus dem aktuellen Leben mit anderen einfallen, die auch Mutters frühere Rolle übernehmen. Letztlich wird sie einen Teil in sich haben, der auch oft ungeduldig mit ihr ist, vor allem dann, wenn kein anderer ungeduldiger Mensch in ihrer Nähe ist, dem sie diese Rolle zuweisen konnte. Dadurch wird verständlicher, was zwischen uns passiert ist. Aus dem externalisierten Konflikt zwischen Patientin und Therapeutin wird wieder ein interner Konflikt zwischen einem Selbst, das innerlich um Autonomie kämpft, und einem verbietenden Mutterobjekt.

Die zweite Variante ist, dass uns die Rolle eines Selbstanteiles zugewiesen wird. Meine Patientin Bea erzählte recht langatmig über verschiedene Menschen ihres aktuellen Lebens, von denen sie sich nicht gut behandelt fühlte, bei denen sie sich aber entschuldigte oder die sie zumindest innerlich in Schutz nahm, dass sie es doch eigentlich gut mit ihr meinen. In mir breiteten sich zunehmend Ungeduld, später auch eine Wut aus. Als Bea mich flötend fragte, ob mich etwas ärgerlich machen würde, bestätigte ich ihr, dass sich ein Gefühl in dieser Art gerade ausgebreitet hätte, ohne dass ich wüsste, warum. Sie nickte überraschend verstehend und erzählte, dass sie manchmal auch sehr wütend werde, etwa wenn sie für einen bulimischen Anfall etwas einkaufen wolle, es aber an der Kasse ewig dauere, weil andere Kundinnen und die Verkäuferinnen ewig herumkramten. Sie balle dann heimlich die Fäuste in der Jacke und könnte laut brüllen, warum das denn hier so ewig dauere. Gleichzeitig erschrecke sie sich vor der riesigen Wut in sich und fühle sich wie ein schwitzendes Ungeheuer. In ihren Realbeziehungen hatte sie nie über das Ungeheuer sprechen können, das aus der Zeit mit ihrer psychisch kranken Mutter stammte, die oft über sich und ihr Leid lamentierte, ohne sich jemals für die Bedürfnisse ihrer Tochter zu interessieren. Nur in aller Heimlichkeit, beim Erbrechen, drückte das Ungeheuer drastisch aus, wie sehr es alles zum Kotzen findet. Meine Ungeduld und mein Ärger waren schnell verschwunden, als wir über die Rolle des wütenden Kindes sprachen, die sie mir zugeteilt hatte, während sie in die Rolle ihrer lamentierenden Mutter geschlüpft war. Neben der Deutung dieser Rollenzuschreibung konnte ich ihr meine Freude und Erleichterung vermitteln, dass sie auf diese Weise mich hat spüren lassen, wie viel Wut auf alles Erlebte noch in ihr ist, was sie zu weiteren Rollenzuschreibungen ermutigte.

Allerdings sind die Rollen, die uns angetragen werden, sehr oft mit sehr heftigen Gefühlen verbunden, von Hass, tiefer Trauer, Angst, aber auch heftiger Liebe, sexueller Begierde und großer Sehnsucht. In uns werden Gefühle evoziert, die wir in dieser Heftigkeit weder im Alltag haben noch in unserer Selbsterfahrung hatten. Viele Therapeutinnen haben gegen die eine oder andere Gruppe dieser Rollen innere Aversionen und nehmen sie lange nicht oder sehr ungern an. Das ist der Widerstand in der Gegenübertragung gegen die Zuweisung von Rollen, der uns an der Aufarbeitung heftiger innerer Konflikte unserer Patientinnen hindert.

9.2 Widerstände durch die Co-Übertragung der Therapeutin

▶ Die zweite Hälfte der Gegenübertragung betrifft das Erleben der Therapeutin, das nicht in erster Linie mit der Patientin und dem, was diese ausstrahlt und übermittelt, zu tun hat, sondern vorrangig mit der Therapeutin selbst, ihrer Lebensgeschichte und Persönlichkeit.

Donna Orange (2004, S. 87) schlug dafür den Begriff der Co-Übertragung vor, quasi der Übertragung der Therapeutin, und beschreibt die Bedeutung ihres biografischen Hintergrundes für ihre Arbeit als Therapeutin so:

> „Ich wuchs als ältestes von zehn Kindern auf. Alles war knapp, sowohl ökonomisch als auch emotional. So wurde ich erzogen, um ein Geber, nicht ein Empfänger von Fürsorge zu sein. Ich konnte mich hauptsächlich wegen der bloßen Zahl von Aufgaben wertschätzen, die ich erledigte, um die Familie in Gang zu halten. In meinen frühesten Erinnerungen falte ich Win-

deln und werde für die Ungezogenheiten meiner jüngeren Geschwister oder für den Schaden, den sie anrichteten, verantwortlich gemacht. Diese Geschichte und noch vieles mehr, was ich nicht ausführlich erzählen möchte, bildet realiter meine Erfahrung als Klinikerin. Mit meiner intellektuellen und klinischen Ausbildung filtert, informiert und organisiert diese Geschichte sowohl meine Vorstellungen als auch meine Responsivität Patienten gegenüber, ob sie nun zu den ältesten, jüngsten oder mittleren gehören oder Einzelkinder sind. Ein intersubjektiver Zugang zu psychoanalytischem Verständnis muss die subjektive Welt des Analytikers mit berücksichtigen, einschließlich seiner Theorie, seiner Persönlichkeit, seiner emotionalen Geschichte und seiner präreflexiven Organisationsprinzipien. Als Co-Übertragung bezeichnet man hauptsächlich den Beitrag des Analytikers zum intersubjektiven Feld in der psychoanalytischen Behandlung."

Wie unter den Rahmenwiderständen Abschn. 2.1.1 schon besprochen, sollte die Patientin sich nur dann für eine Psychotherapie bei einer Therapeutin entscheiden, wenn sie sich im Erstkontakt wohl und verstanden fühlt, ansonsten lieber weitersuchen. Gleichermaßen sollte die Therapeutin eine Patientin nur dann in Behandlung nehmen, wenn sie sich in sie einfühlen kann, wenn sie für sie sympathisch und interessant ist. Im nächsten Schritt spüren wir der Frage nach, warum wir gerade diese Patientin in Behandlung genommen haben und jene nicht, was wir in ihr sehen, was wir aus ihr machen wollen, d. h. welche Entwicklung wir uns für sie vorstellen können und welche vielleicht auch nicht.

Bei den Übertragungswiderständen ging es darum, was die Patientin in der Therapeutin sieht, ob sie ihre Mutter, ihren Vater, ein Geschwister oder ihre Partnerin auf die Therapeutin überträgt. Vielleicht projiziert sie auf die Therapeutin aber auch einen akzeptierten oder abgelehnten Teil ihrer selbst. Ganz ähnliche Fragen stehen für die Therapeutin an. Trotz aller Unterschiede lässt sich das Eingehen einer therapeutischen Beziehung durchaus mit dem Beginn einer Partnerschaft vergleichen, vielleicht auch mit dem Kinderkriegen. Eltern haben oft schon vor oder während der Schwangerschaft ein Bild von ihrem Kind, wie es hoffentlich sein wird, auf keinen Fall sein sollte, was aus ihm werden könnte und vieles mehr. Ein sozial ängstlicher und selbstunsicherer Patient nannte beispielsweise seine Tochter Lilith, nach der ersten Frau von Adam, vor Eva, die sich weigerte, sich Adam sexuell unterzuordnen und ihn deshalb verließ (vgl. Hurwitz, 1980). Noch ehe sie geboren war, sollte sie eine starke, unabhängige Frau werden, die sich nichts gefallen lässt, verkörperte also das Ich-Ideal des Patienten, von dem er sich immer sehr weit entfernt fühlte und dem er sich selbst erst in der analytischen Gruppentherapie mehr und mehr annähern konnte. Ein anderes Beispiel ist Ödipus, dessen Eltern bereits vor seiner Zeugung Angst vor etwas Mörderischem, Inzestuösem hatten, das ihr Kind einmal entwickeln könnte, sodass sie ihn direkt nach der Geburt aussetzten. Emotional betrachtet lehnten sie ihr Kind bereits vor seiner Entstehung ab und brachten dadurch erst das hervor, was sie gefürchtet, aber in sich selbst nicht wahrgenommen, sondern auf ihr künftiges Kind projiziert hatten (vgl. dazu auch Wirth, 2015). Richter (1963, 1970) beschreibt in vielen seiner Werke, welche eigenen Aufgaben, Ziele und Bürden Eltern unbewusst oder bewusst ihren Kindern mit auf den Lebensweg geben. Natürlich sind unsere Patientinnen nicht unsere Kinder, aber wir haben sicherlich doch öfter einmal Fantasien, was oder wie sie werden sollen,

9.2 Widerstände durch die Co-Übertragung der Therapeutin

zum Beispiel etwas, was wir selbst bislang nicht erreichen konnten. Eine Therapeutin, die rückblickend manchmal bedauert, keine Kinder bekommen zu haben, wird sich vielleicht sehr um eine Patientin mit ambivalentem Kinderwunsch kümmern und könnte unterschwellig hoffen, dass die Patientin sich ihren Kinderwunsch erfüllen kann und sich ihn nicht versagen wird wie sie selbst. Der Widerstand aufseiten der Therapeutin könnte darin bestehen, sich nicht ausreichend um die Gefühle zu sorgen, die für die Patientin gegen ein Kind sprechen. Ich selbst wollte eigentlich Schriftsteller werden, musste mich aber in der DDR für ein Studium entscheiden, weil jeder eine Ausbildung oder ein Studium machen sollte. Ich wählte Psychologie. Sicherlich sind Fachpublikationen von mir erschienen, aber keine Romane. Bei Patientinnen bemerke ich, wie sehr ich mich freue, wenn sie künstlerische Seiten an sich entdecken und überlegen, ob sie ihre Arbeit hinschmeißen und irgendwo an der stürmischen Ostsee Bücher schreiben oder Bilder malen sollten. Am liebsten würde ich ihnen sagen, was für eine gute Idee das ist, damit sie etwas tun, das umzusetzen ich mich bisher nicht getraut habe. Der Gegenübertragungswiderstand bei mir, auf den ich immer wieder meine Aufmerksamkeit lenken muss, würde dazu führen, die Bedeutung der künstlerischen Wünsche meiner Patientinnen zu überschätzen und ihre Ängste und Schuldgefühle, die mit diesem Schritt verbunden sind, zu übersehen. Das sind nur zwei von vielen Möglichkeiten von dem, was wir in unseren Patientinnen aus ganz eigenen Gründen fördern oder blockieren können, die nichts mit therapeutischen Techniken zu tun haben. In der Selbsterfahrung im Rahmen der psychotherapeutischen Ausbildung reflektieren wir die ersten Behandlungen und werden sicherlich auf einige solcher Aspekte aufmerksam. Bis ans Ende unseres Arbeitslebens tun wir aber gut daran, diesen Teil unserer Gegenübertragung im Blick zu behalten, damit er nicht zum Widerstand wird oder wenn er es bereits geworden ist. Das Spannende an unserem Beruf ist, dass wir in jeder Behandlung, in jeder neuen Beziehung zu einer Patientin auch ein bisschen was über uns dazulernen, wenn wir auf Widerstände in der Gegenübertragung achten.

Was wir in Kindern, Partnerinnen, Therapeutinnen oder eben auch in Patientinnen sehen können, beschrieb Freud (1914) mit seinen zwei Typen der Objektwahl: Entweder suchen wir in einem anderen Menschen einen Teil des eigenen Selbst oder ein verinnerlichtes Objekt, zumeist aus unserer Ursprungsfamilie. Sowohl das Selbst-Imagine, als auch das innere Abbild eines anderen, eines Objektes, projizieren wir auf das Gegenüber, so wie ein Projektor ein Bild auf eine Leinwand wirft. Handelt es sich um das Bild eines Objektes, sprechen wir von Übertragung. Ob das projizierte Abbild von der Leinwand, von der anderen, noch etwas erkennen lässt oder nicht, ist von Mensch zu Mensch sehr unterschiedlich, aber uns und unseren Patientinnen tut es gut, sich von Zeit zu Zeit einmal die Augen zu reiben, um zu sehen, dass da doch unser Kind, unsere Partnerin, unsere Therapeutin oder unsere Patientin vor uns sitzt und nicht unsere Mutter oder das, was wir selbst an uns nicht mögen. Folgende Möglichkeiten der Projektionen auf unsere Patientinnen können wir in Anlehnung an die Überlegungen zur Partnerwahl von Richter (1963, 1970) und Wirth (2007, 2015) unterscheiden:

1. Verkörpert die Patientin das Abbild des eigenen Selbst, dann soll sie so werden, wie sich die Therapeutin selbst sieht. Der Gegenübertragungswiderstand der Therapeutin richtet sich dann gegen alles Eigene der Patientin, wo diese anders werden oder sein will als sie. Die Therapie würde dann ein Wesen hervorbringen, wie das geklonte Kind im Film „Blueprint" von Rolf Schübel bzw. der gleichnamigen Romanvorlage von Charlotte Kerner. Darin geht es um eine begabte Pianistin Iris, die sich angesichts einer beginnenden multiplen Sklerose klonen lässt, damit durch ihre Tochter Siri ihr musikalisches Können nicht verloren geht. Unsere Patientin oder diejenigen, die bei uns eine Selbsterfahrung machen, würden dann ein Blueprint, eine Kopie von uns werden. Das kann auch einige Teilaspekte unseres Selbst betreffen. So geht es mir beispielsweise mit Patientinnen, die seheingeschränkt oder blind sind. Ich selbst bin mit 19 erblindet und führe dank unserer freien Gesellschaft mit ihren vielen Entwicklungsmöglichkeiten und dank moderner Computer und Smartphones mit Sprach- und Brailleausgabe ein eigenständiges, inkludiertes und erfülltes Leben. Wenn nun Patientinnen zu mir kommen, deren Sehvermögen sich verschlechtert, kann ich mich einerseits gut einfühlen und biete mancherlei Identifikationsmöglichkeiten. Andererseits werde ich manchmal unruhig, wenn sie trotz guter Fortschritte bei der Verarbeitung ihrer Seheinschränkung Möglichkeiten ungenutzt lassen, neue Wege zu gehen, sich Hilfsmittel anzueignen, sondern in Abhängigkeiten verbleiben, die eigentlich so nicht nötig wären. Hier stehe ich vor der Frage, ob es ein Widerstand der Patientin ist, dagegen, sich mehr Autonomie zuzugestehen, sich aus Abhängigkeiten auch jenseits der Augenerkrankung zu lösen, oder ob es mein Wunsch ist, dass sie alles so macht, wie es für mich gut und passend war. Letzteres wäre ein Blueprint meiner eigenen Art, mein Handicap zu verarbeiten. Therapeutinnen mit schizoiden Persönlichkeitsanteilen sind natürlich auch öfter damit beschäftigt, im Gegenüber etwas mit sich Identisches zu sehen. Arbeiten sie dann auch noch mit einer schizoiden Patientin, die eine Zwillingsübertragung auf die Therapeutin hat, sehen beide im anderen sich selbst. Das kann das Verstehen erleichtern, aber auch zu Widerständen führen, wenn einer der Zwillinge sein Dasein als Blueprint leid ist und gern eine eigene Identität annehmen würde. Dann sollte die Therapeutin unterscheiden, was die Angst der Patientin vor Separation ist und was ihre eigene Angst davor ist, dass die Patientin sich nun mehr und mehr von ihr unterscheiden wird.
2. Ist die Patientin das Substitut des idealen Selbst der Therapeutin, soll sie ihre unerfüllten Wünsche und Ideale verwirklichen. Dazu habe ich weiter oben schon zwei Beispiele erwähnt, von der kinderlosen Therapeutin und von mir und meinem künstlerischen Ich-Ideal.
3. Wird von der Therapeutin ihr negativer Selbstanteil, den sie an sich ablehnt, auf die Patientin projiziert, fällt der Patientin die Rolle zu, stellvertretend die verbotenen Wünsche, Schwächen, Ängste, Bosheiten und Minderwertigkeitsgefühle ihrer Behandlerin auszuleben. Diese wird die Patientin dann darin ermutigen, zu ihren Ängsten und Schwächen zu stehen, indem sie sie offen zeigt, dann aber das Projizierte in der Patientin bekämpfen oder zu zivilisieren versuchen.

3.1. Therapeutinnen mit schizoiden Charakterstrukturanteilen könnten in ihrer Patientin einen eigenen Selbstanteil wahrnehmen, der sich nach sehr großer Nähe, nach grenzenloser, symbiotischer Verschmelzung sehnt. Sie werden der Patientin dann vielleicht eine erhöhte Sitzungsfrequenz von zwei, drei, vier oder fünf Wochenstunden anbieten, oder Doppelstunden. Sie werden die Therapiesitzungen nicht pünktlich beenden können, weil jede Separation für den kindlichen, auf die Patientin projizierten Selbstanteil zu beängstigend ist. Verspätungen ihrer Patientin oder andere Versuche, sich abzugrenzen, werden sie nicht gut nachvollziehen können und als einen Widerstand der Patientin interpretieren, obwohl es eigentlich ganz normale Grenzsetzungen einer Patientin sind, die gar nicht so große Nähewünsche hat wie der projizierte Selbstanteil ihrer Therapeutin.

3.2. Die meisten Therapeutinnen haben depressive Strukturanteile in ihrer Persönlichkeit. Sie befürsorgen in ihrer Patientin einen eigenen, bedürftigen, sich nach Geborgenheit, Mütterlichkeit, emotionalem Gefüttertwerden sehnenden Selbstanteil, weil es in ihnen durch Verbote nicht akzeptiert wird, sich zu viel Versorgung zu wünschen, oder aus Scham, zu gierig zu sein. Besonders in der Anfangsphase der Therapie wird sich die Patientin auch gern und nach Bearbeitung ihrer Widerstände ausgiebig bemuttern lassen, was die Therapeutin auch sehr gern tut. Ist die Patientin allerdings erst einmal emotional gesättigt, möchte sie sich anderen Gefühlen und Lebensbereichen zuwenden, entzieht der Therapeutin dadurch aber die Möglichkeit, sich altruistisch in der Patientin an diese abgetretene Wünsche zu erfüllen. Ihren Widerstand gegen die Weiterentwicklung ihrer Patientin kann die Therapeutin auf verschiedene Weise ausdrücken. Sie kann die Therapie mit der Begründung beenden, der Patientin gehe es ja nun gut, sodass sie keine Behandlung mehr bräuchte, und bei dieser Entscheidung bleiben, auch wenn die Patientin entgegnet, sie würde aber noch gern an diesem oder jenem Punkt weiterkommen. Oder sie kann alle Weiterentwicklung etwas desinteressiert begleiten, vermutend, die Patientin wolle sich aus einem Widerstand heraus nicht mit den eigentlich wichtigen oralen Wünschen nach Fürsorglichkeit befassen. Dann könnte sie regressive Prozesse fördern und eine bereits stattgefundene Entwicklung, etwa in den analen Bereich hinein, wieder rückgängig machen, sodass die Patientin Erreichtes aufgibt und wieder bemuttert werden muss. Diese Verläufe würden wir als maligne Regression bezeichnen, d. h. als krankhafte Rückentwicklung. Es sind tragische und ethisch sehr bedenkliche Therapieverläufe, die wir durch ein Erkennen unseres eigenen Gegenübertragungswiderstandes verhindern können.

3.3. Zwanghaft strukturierte Therapeutinnen lehnen aggressive Selbstanteile in sich ab, wie zum Beispiel das trotzige, eigensinnige, vierjährige Kind, das sie einmal waren, weil es innerlich mit dem verbietenden, strafenden Vaterobjekt in einer Mischung aus Angst- und Wutgefühlen verknüpft ist. Sein Aufflackern im Erleben führt zu Schuld- oder Schamgefühlen. Erblicken sie nun diesen vierjährigen, verbotenen, deshalb projizierten Selbstanteil in der Patientin, versuchen sie, ihn in ihr zunächst zu fördern. Entweder möchten sie, dass der in ihnen verbotene Anteil von der Patientin ausgelebt werden kann, sodass sie ein schnell aufbrausendes Wesen aus der Patientin machen, das kaum Kompromisse finden kann. Oder sie nehmen Vaters Position ein und begrenzen aggressive Impulse der Patientin, kaum dass sie sie ausgedrückt hat. Beides würde es der Patientin erschweren, ihre eigene Form des Umganges mit Aggression und Bekundungen ihres Willens zu entfalten.

3.4. Phobisch strukturierte Therapeutinnen erblicken in ihren Patientinnen das eigene, in sich abgewiesene Mutige. Sie fördern und ermutigen es zunächst. Bald werden sie aber zur eignen Mutter, die die Patientin bildlich ausgedrückt auf den Schoß nimmt, kaum dass sie einmal auf dem Spielplatz des Lebens hingefallen ist und sich das Knie etwas aufgeschrammt hat. Ähnlich wie die Mutter der phobischen Patientin aus dem Abschn. 8.3 könnte hier nun die Therapeutin sagen: „Hier auf diesen Spielplatz gehen wir nie mehr! Hier ist es doch zu gefährlich!" Darin würde sich der strukturspezifische Gegenübertragungswiderstand phobischer Therapeutinnen auf den Punkt bringen lassen. Unerkannt würde er jegliche Weiterentwicklung der Patientin blockieren, weil diese ohne Schrammen nicht möglich ist. Die Patientin könnte auch kein Selbstvertrauen entwickeln, denn in diesem Wort ist „trauen" enthalten, d. h. Mut, der nötig ist, um sich den Gefahren der Welt zu stellen.

3.5. Narzisstisch strukturierte Therapeutinnen erkennen in ihrer Patientin das, was sie bei sich nicht wahrnehmen, und das, was Narziss im Spiegel des Wassers nicht erkennt, nämlich das Schöne an sich selbst. Sie werden es in der Patientin anerkennen, bewundern und fördern, was selbstunsicheren Patientinnen auch sehr gut tun kann, falls sie nicht selbst narzisstische Konflikte haben, schöne Spiegelbilder anzunehmen. Widerstände werden narzisstische Therapeutinnen gegen die unschönen Seiten ihrer Patientinnen haben, deren Abgründe, Fehler, Bosheiten, deren Anerkennung jedoch für ein reifes Selbstbewusstsein nötig ist, mit seiner ambivalenten Akzeptanz, dass wir alle gute und schlechte Seiten haben.

3.6. Therapeutinnen mit histrionisch strukturierter Persönlichkeit erleben den kindlichen Anteil in sich als negativ, der sich so sehr die Bewunderung eines Elternteils wünscht, aber nicht bekommt, weil das Wünschen schon ödipal verboten ist oder weil solche Wünsche nur in aller Heimlichkeit erfüllt werden durften, wenn sie nicht bestraft werden sollen. In der Patientin fördern sie das Bewusstwerden solcher Wünsche und erfüllen sie anfänglich auch, indem sie die Bewunderung schenken, die sie sich selbst immer ersehnt hatten. Irgendwann kippt es jedoch und die Therapeutin bekommt das Gefühl, die Patientin hätte doch nun schon so viel Bewunderung bekommen, fordere aber immer noch mehr, sodass sie das Bewundern beendet und der Patientin das Zuviel ihrer Wünsche benennt, ihr damit aber dasselbe antut wie das begehrte Elternteil ihr selbst. Oder alles geht gut, solange die Patientin nur in der Therapie von der Therapeutin bewundert werden möchte. Erst wenn sie auch außerhalb von anderen Menschen bewundert wird und das sogar noch mehr genießt als die Anerkennung ihrer Therapeutin, könnte diese die Geduld verlieren und ihre Verbote ins Spiel bringen. Das wäre dann ein Widerstand gegen den Transfer von etwas in der Therapie Gelerntem – nämlich sich Bewunderung nehmen zu dürfen – in die Außenwelt, wo es dann plötzlich nicht mehr erlaubt wäre.

4. Die Patientin kann zu einem Partnerersatz für die Therapeutin werden, wenn diese sich gerade aus einer Liebesbeziehung getrennt oder geschieden hat. Die Therapeutin wendet sich dann sehr intensiv ihren Patientinnen zu, oder einer einzelnen, weil sie ihre Partnerin verloren hat oder die Beziehung abgestumpft ist. Im einleitenden Abschnitt zu Kap. 9 hatte ich dazu einiges geschrieben, etwa über Carl Gustav Jung, der mit seiner Ehe unzufrieden war und mit mehreren Patientinnen sexuelle Beziehungen einging, etwa mit Sabina Spielrain. Noch heftiger war es bei Sandor Ferenczi, der zuerst eine Liebesbeziehung mit seiner Patientin einging, dann deren Tochter in Analyse nahm und auch mit ihr eine sexuelle Beziehung führte. Bis heute kommen solche sexuellen Missbräuche leider in Psychotherapien vor, werden inzwischen aber immer strenger berufs- und strafrechtlich geahndet. Bleibt der Wunsch nach einem Partnerschaftsersatz in der Fantasie der Therapeutin, wird sie sich intensiv um die Patientin kümmern, sie gern treffen, Zeit mit ihr verbringen, mit ihr sprechen, was ihr zunächst hilft, weil sie sich angenommen und wichtig fühlen kann. Allerdings hat auch hier die Therapeutin genaue Vorstellungen, bewusste und unbewusste, wie die Patientin sein soll und wie nicht, sodass ihr Entwicklungsspielräume verbaut bleiben. Außerdem gibt es Widerstände bei der Therapeutin beim Transfer des Erreichten in die Realbeziehungen, erst recht, wenn die Patientin im Außen eine Liebesbeziehung eingeht. Dann wird die Therapeutin zur Hexe im Rapunzel, als diese entdeckt, dass in ihr etwas Neues wächst, ein Baby, dass nicht von der Hexe ist, sondern von jemandem von außen stammen muss. Es ist für die Hexe wie ein Betrug, sodass sie das Rapunzel mit einem Fluch verstößt. Erst nach einer langen Zeit des Weinens in der Wüste, was an eine schwere Depression erinnert, findet Rapunzel schließlich zurück ins Leben.
5. Die Therapeutin nimmt in der Patientin ein bedeutsames Mitglied ihrer Primärfamilie wahr, ein Elternteil, ein Geschwister, Großeltern, oder Aspekte davon.
    5.1. Therapeutinnen mit schizoiden Persönlichkeitsanteilen erleben die Patientin dann vielleicht wie die sie emotional vereinnahmende Mutter, die keine Grenzen, keine Separation akzeptiert. Sie fühlen sich von der Patientin überflutet, überziehen die Stunden, weil sie es nicht wagen oder schaffen, eine zeitliche Grenze zu ziehen, und sind nach der Sitzung übervoll mit Gefühlen. Sie werden nur schwer verarbeiten können, was sie in den Stunden in sich aufnehmen, und keine klaren Interventionen durchführen können, denn schon allein Mitfühlen, Spiegeln oder erst recht Containing setzen voraus, die eigenen Gefühle und die der Patientin zu unterscheiden und voneinander separiert wahrzunehmen. Oft können sie nur mithilfe einer Dritten, etwa einer Supervisorin oder einer Intervisionsgruppe, die nötige emotionale Distanz zurückgewinnen. Erleben schizoide Therapeutinnen hingegen in ihrer Patientin eine zu stark und starr separierte Mutter, werden sie sich einsam und isoliert im Kontakt fühlen und weder Empathie noch Sympathie entwickeln. Sie werden der Patientin in einem Zustand innerer Leere zuhören. Auch hier ist es wichtig, den Gegenübertragungswiderstand zu erkennen, nämlich, dass es nicht in erster Linie an der Patientin liegt, dass sie sie als überbordend oder weit weg erlebt, sondern an ihrer eigenen Mutterübertragung auf die Patientin.

5.2. Depressiv strukturierte Therapeutinnen könnten in einer depressiven Patientin die eigene depressive, zurückgezogene, energielose Mutter wiederentdecken, die sich in ihrer frühen Kindheit nicht oder nur unzureichend fürsorglich um sie kümmern konnte. Wie dereinst um Mutter werden sie sich um die Patientin kümmern, hoffend, dass es ihr bald besser gehen möge. Bleibt die Patientin aber bedürftig und hungrig, wird in der Therapeutin allmählich eine Wut entstehen, wie auf die ständig unzufriedene Mutter, um die sie sich kümmern musste, anstatt von ihr befürsorgt zu werden. Wie im grimmschen Märchen „Hänsel und Gretel" wird sie die Patientin symbolisch voller Wut in den Ofen stoßen, wie das Gretel die Hexe, etwa indem sie die Therapie abrupt beendet oder die Wünsche der Patientin grob als unerfüllbar benennt.

5.3. Zwanghafte Therapeutinnen könnten in einer Patientin, die öfter ihre Interventionen, Deutungen oder Vorschläge ablehnt, ihren barschen, alle ihre Willensbekundungen unterdrückenden, ihre Ideen ablehnenden und aggressive Impulse bestrafenden Vater entdecken. Sie würden mit Angst oder Schuldgefühlen darauf reagieren und sich immer weniger trauen, therapeutische Techniken einzusetzen, außer vielleicht ein zustimmendes Nicken. Sie könnten weder klären, warum, aus welchen Widerständen heraus die Patientin öfter einmal ihre Interventionen ablehnt, noch in eine konstruktive Auseinandersetzung über das therapeutische Vorgehen mit ihr eintreten. Die Therapie wäre durch diesen Gegenübertragungswiderstand bald lahmgelegt.

5.4. Phobisch strukturierte Therapeutinnen sind ohnehin sehr vorsichtig und zurückhaltend mit ihren Interventionen. Sollte die Patientin überrascht oder gar erschrocken reagieren, wird die Therapeutin sie möglicherweise wie die einengende, sie schnell auf den Schoß nehmende Mutter erleben, die ängstlich auf jeden eigenen Schritt der Therapeutin als Kind reagiert hatte, vor allem dann, wenn der etwas wackelig aussah. Sie wird sich dann therapeutisch sehr zurücknehmen und Widersprüchlichkeiten oder Widerstände der Patientin lange nicht ansprechen, was sich dann als ein beträchtlicher Gegenübertragungswiderstand auswirkt.

5.5. Therapeutinnen mit narzisstischen Anteilen könnten in ihren Patientinnen etwas wie „Big Daddy" aus dem Theaterstück „Die Katze auf dem heißen Blechdach" von Tennessee Williams sehen und sich selbst wie den ewig zurückgesetzten und trotz all seiner Bemühungen abgelehnten Sohn Gooper erleben. Wie er werden sie sich in der Therapie engagieren und alles geben, was sie zur Verfügung haben. Trotzdem werden sich ihre Patientinnen scheinbar immer wieder wie „Big Daddy" verhalten und sich nach dem geliebten und bevorzugten Sohn Brick sehnen, etwa wenn sie davon schwärmen, wie gut ihnen eine selbstbezahlte Hypnosetherapeutin oder eine Körpertherapie getan hat, während sie mit der Gooper-Therapeutin ja nur vernünftig sprechen, aber nichts ändern könnten. Statt etwa Verschiebungswiderstände der Patientin anzusprechen, kränken sie solche Situationen derart, dass sie zu einem Gegenübertragungswiderstand werden und die Behandlung blockieren.

5.6. Histrionisch strukturierte Therapeutinnen geraten innerlich in ein Dilemma, wenn sie in der Patientin ein ödipal verehrtes Elternteil wiedererleben, wie etwa ihre Mutter. Sie werden sich zunächst bemühen, ihre erotische Bewunderung, zumindest aber ihre ganz allgemeine Anerkennung zu erlangen, indem sie sie umschwärmen, ihre Stärken und Fähigkeiten positiv spiegeln, vielleicht sogar das schöne Aussehen benennen. Sollte es ihnen gelingen, die Aufmerksamkeit und Bewunderung ihrer Patientin zu erlangen, zeigen sich ödipale Schuldgefühle, sodass sie sich zurückziehen. Das Blechdach wird heiß. Wie Brick in dem Theaterstück Ekel empfindet, als er „Big Daddys" volle Aufmerksamkeit und Anerkennung erreicht hat, als sein Vater sogar alle anderen wegschickt, um mit ihm ganz allein zu sprechen, empfindet die Therapeutin plötzlich aversive, abweisende Gefühle ihrer Patientin gegenüber aufgrund ödipaler Schuld und Scham, obwohl oder gerade weil diese sie bewundert. In Tennessee Williams Theaterstück gelingt es Brick, mit „Big Daddy" ins Gespräch zu kommen, über seine bisher nicht offen eingestandene Liebe zu ihm sowie über seine homoerotische Liebe zu seinem Jugendfreund Skipper. Da die Therapeutin mit ihrer Patientin nicht über ihr ödipales Dilemma ins Gespräch kommen kann, sollte sie es in ihrer Selbsterfahrung in ihrer psychotherapeutischen Ausbildung angeschaut und bearbeitet haben, sodass ihr später bei ihrer Arbeit mit ihrer Patientin Ähnlichkeiten auffallen, anstatt zu einem Gegenübertragungswiderstand zu werden.

Fazit

Wenn der Therapeutin durch ihre Selbsterfahrung im Rahmen der psychotherapeutischen Ausbildung bewusst geworden ist, welche Charakterstruktur sie hat und zu welchen Gegenübertragungswiderständen sie neigt, dann können ihr die geschilderten Phänomene bereits in ersten Anfängen auffallen, sodass sie die Behandlung nicht blockieren oder in eine problematische Richtung verlaufen lassen.

9.3 Ausbildung und Elternschaft als Widerstandsgründe

▶ Die Co-Übertragung der Therapeutin kann durch einige spezielle Umstände ihrer Lebenssituation beeinflusst werden, von denen hier zwei Beispiele erwähnt werden sollen, nämlich die psychotherapeutische Ausbildung und die Elternschaft der Therapeutin.

Innerhalb ihrer psychotherapeutischen Ausbildung führen angehende Psychotherapeutinnen ihre ersten Behandlungen durch. Die Bedingungen, unter denen sie arbeiten, sind sehr verschieden. An einigen Ausbildungsinstituten werden ihnen die Patientinnen von der Ambulanz zugewiesen, sodass sie sie nicht aus mehreren Vorgesprächen oder Akten auswählen können. Teilweise dürfen sie die Übernahme der Behandlung auch nur in seltenen Ausnahmefällen ablehnen. Therapeutin und Patientin müssen dann auf Gedeih und Verderb miteinander arbeiten, ob sie sich nun wechselseitig sympathisch sind oder nicht. Falls nicht, ist der Wirksamkeit der Therapie von vornherein ein massiver Riegel vorgeschoben, vor allem in Gestalt einer nicht oder nur unzureichend entstehenden guten Arbeitsbeziehung sowie von Übertragungs-, Gegenübertragungs- und Co-Übertragungswiderständen. Patientinnen können durch solche oft unbefriedigend verlaufenden Behandlungen die Hoffnung verlieren, dass ihnen zu helfen ist, und chronifizieren. Therapeutinnen entwickeln Zweifel an ihrer Fähigkeit, gute, hilfreiche psychotherapeutische Behandlungen durchzuführen. Deshalb unterstütze ich Supervisandinnen solcher Institute, indem ich mich mit der Ambulanz auseinandersetze, um eine freie Auswahl des therapeutischen Paares zu ermöglichen. Aber auch an Instituten, wo die Ausbildungsteilnehmenden sich zunächst aus den Akten, dann in probatorischen Sitzungen gemeinsam mit der Patientin für oder gegen eine Therapie entscheiden können, haben angehende Therapeutinnen bisweilen Schuldgefühle, eine Patientin abzulehnen, die gern zu ihnen möchte, weil sie meinen, ihr das nicht antun zu können, nicht schon wieder eine Patientin an die Ambulanz zurückgeben zu dürfen, oder aus anderen Schuldgefühlen. Hier ist eine enge supervisorische Begleitung wichtig, um Übertragungs- und Co-Übertragungswiderstände von Anfang an zu erkennen und um der Therapeutin zu vermitteln, wie sie der Patientin sensibel und freundlich die Weitervermittlung an eine Kollegin erklärt. Sofern es von Bedeutung ist, könnte die Therapeutin eine Co-Übertragung vorsichtig benennen. Sie könnte sagen, dass die Patientin sie an eine Person erinnert, zu der sie eine sehr konflikthafte Beziehung hatte, was sie möglicherweise nicht immer aus dem Kontakt zur Patientin heraushalten kann. Durch diese Offenbarung der Co-Übertragung weiß die Patientin, dass es nicht an ihr liegt, weggeschickt zu werden, nicht daran, dass sie nicht liebenswert, zu schwierig oder zu abstoßend ist, sondern dass es Gründe im Erleben der Therapeutin, in deren Geschichte gibt, die eine Zusammenarbeit verhindern. Das wirkt entlastend und nicht so ablehnend wie ein Wegschicken ohne das Nennen von Gründen oder mit falschen, vorgeschobenen Erklärungen, etwa dass die Therapeutin jetzt doch plötzlich keine freien Zeiten mehr hat. Innerhalb der Ambulanz ist dann eine Weitervermittlung an eine Kollegin gut möglich, besonders dann, wenn die Therapeutin bei ihren Kolleginnen nachfragt, wer die Patientin übernehmen könnte.

Eine typische Co-Übertragung in Ausbildungsbehandlungen ist geprägt von der Angst, die Patientin könnte die Therapie abbrechen. In Deutschland sind maximale Kontingente von 800 h oder bei einer verklammerten Ausbildung in tiefenpsychologisch fundierter und analytischer Therapie von 1600 h vorgegeben, weiterhin Mindestzahlen von Langzeitbehandlungen mit bestimmten Mindeststundenzahlen. Wenn eine Patientin die Therapie etwa nach 200 h abbricht, die die Ausbildungsteilnehmende als einen von zwei vorgeschriebenen Langzeitfällen von 250 h bei analytischer Therapieausbildung „dringend braucht", muss sie mit der nächsten Patientin bei Null anfangen und hoffen, dass wenigstens sie 250 h durchhält. Mehrere Abbrüche von Langzeittherapien machen es immer schwerer, die geforderten Langzeitfälle zusammenzukriegen, ohne die Obergrenzen von 800 oder 1600 zu überschreiten. Deshalb vermeiden Ausbildungsteilnehmende Inter-

9.3 Ausbildung und Elternschaft als Widerstandsgründe

ventionen, von denen sie befürchten, dass sie ihre Patientinnen destabilisieren oder gar ärgerlich machen könnten. Der erste Interventionsschritt, das Klären, ist dann noch gut möglich. Beim zweiten Schritt, der Konfrontation mit widersprüchlichen Aspekten, oder gar beim dritten Schritt, der Deutung abgewehrter, schambesetzter Aspekte, geraten die Therapeutinnen dann oft in Angst, damit die Patientin zu verschrecken oder zu verärgern, sodass sie die Therapie vielleicht abbricht. Eigentlich sinnvolle Interventionen, die der Therapeutin einfallen, unterlässt sie dann im Sinne eines Co-Übertragungswiderstandes. Das bremst die Therapie sehr aus. Teilweise passiert dann gerade das, was die Therapeutin befürchtet: Patientinnen brechen gerade deshalb die Behandlung ab, weil die Therapeutin es vermeidet, Heikles anzusprechen und zu hinterfragen. Dadurch gelangt die Patientin zu keinen neuen Einsichten, selbst an Stellen, wo sie bereit wäre, sich diesen zu stellen. Die Therapie bringt zu wenig Neues und die Patientin bricht sie schließlich deshalb ab.

Auch wenn wir unsere Patientinnen so mild wie möglich behandeln sollten, können wir es nicht ganz vermeiden, dass Erkenntnisse über sich selbst und wichtige Objekte auch einmal schmerzhaft sind. Hilfreich ist es deshalb nicht nur für Ausbildungsteilnehmende, sondern alle Therapeutinnen, am Beginn der Therapie auf diesen Umstand hinzuweisen. Wir können den Patientinnen in den probatorischen Sitzungen erklären, dass manche Einsichten schmerzhafte Gefühle auslösen oder beunruhigend sind, dass sie sich manchmal auch über uns ärgern werden, sich öfter einmal unverstanden fühlen könnten, trotzdem aber zur nächsten Stunde kommen sollten, statt die Therapie abzubrechen, um zu versuchen, das Geschehene mit uns zu besprechen. Ich habe schon oft erlebt, dass Patientinnen zu mir sagten, sie seien nur deshalb heute zur Therapiesitzung gekommen, statt abzubrechen, weil ich ihnen am Anfang verständlich gemacht hätte, dass auch einmal großer Ärger auf mich auftauchen könnte und es gut wäre, zumindest zu versuchen, mit mir darüber zu sprechen. Immer waren es dann sehr wichtige Stunden. Ähnlich ist es mit dem Missverstehen: Ich kündige bereits in den Vorgesprächen an, dass Patientinnen bei mir sehr häufig sagen, dass ich sie an einer bestimmten Stelle noch nicht richtig verstanden habe. Sie erklären mir das Gesagte dann noch einmal etwas anders, aus einer etwas anderen Perspektive vielleicht, so lange, bis ich es verstanden habe. Würden wir das nicht am Beginn sagen, geben es manche Patientinnen auf, über bestimmte Themen zu sprechen, weil sie glauben, dass es keinen Sinn macht, es anzusprechen, wenn selbst wir ausgebildeten Experten es nicht verstehen. Die Themen bleiben dann draußen oder die Patientinnen brechen die Behandlung ab. Ausbildungsteilnehmende mögen bisweilen nicht gern zeigen, dass sie etwas nicht verstanden haben, oder sind erschrocken, wenn die Patientin sich missverstanden fühlt, weil diese dadurch an ihrer Kompetenz zweifeln könnte. Missverstehen wird dann nicht zu einer Quelle der Vertiefung eines Themas, sondern zum Widerstand.

Ein weiterer Co-Übertragungswiderstand kann sich durch die für Ausbildungsteilnehmende vorgeschriebene Supervision ergeben. Ich selbst habe während meiner psychotherapeutischen Aus- und Weiterbildungen mir die Supervisorinnen so ausgesucht, dass sie meinem Eindruck nach von ihrer persönlichen Art und ihren theoretischen Schwerpunkten zu den jeweiligen Patientinnen passten, die ich übernehmen wollte. Daher hatte ich nie das Gefühl, von der Supervisorin behandlungstechnisch in eine Richtung gedrängt zu werden, die ich selbst eigentlich nicht wollte. Bisweilen geschieht das aber schon, sei es, weil die Supervisorinnen eines Ausbildungsinstitutes gerade sehr ausgelastet sind, sodass die Ausbildungsteilnehmende die Supervisorin nehmen muss, die sie kriegen kann, sei es, weil die Ausbildungsteilnehmende nicht wagt, den behandlungstechnischen Empfehlungen der Supervisorin zu widersprechen. Sie wird dann Interventionen durchführen, mit denen sie sich eigentlich nicht identifizieren kann, oder sie wird heimlich unter Schuldgefühlen in der Therapie etwas tun, was sie der Supervisorin niemals berichtet. Dadurch können Co-Übertragungswiderstände bei den Ausbildungsteilnehmenden entstehen und die Behandlungen in eine Schieflage bringen. Insofern tun wir Supervisorinnen gut daran, immer wieder einmal zu hinterfragen, ob die Supervisandin sich mit dem identifizieren kann, was wir in der Supervision erarbeitet haben, oder ob sie uns in einigen Punkten widersprechen möchte.

Elternschaft ist etwas Inniges, Faszinierendes, aber auch Beängstigendes, gerade auch für Psychotherapeutinnen. Zu den vielen Gründen, diesen Beruf zu ergreifen, gehört neben Wünschen nach andere verwandelnder Macht, Altruismus, Neugier oft auch ein Gefühl eigener psychischer Verletztheit, zumeist durch die Eltern. Wir wollen es dann bei unseren Patientinnen und erst recht bei unseren eigenen Kindern besser machen als unsere Eltern bei uns. Das Ich-Ideal, eine gute Mutter oder ein guter Vater zu sein, begleitet uns dann alltäglich, erst recht dann, wenn wir Eltern werden. Ein Supervisand von mir wurde Vater während einer Therapie mit einem Patienten, der einen sehr bösen Vater gehabt hatte. Vor und nach der Geburt seines Sohnes war er sehr mit der Frage beschäftigt, ob er wohl ein guter Vater für sein Kind würde, und malte sich aus, was er alles falsch machen könnte. In Bezug auf seinen Patienten sagte er immer wieder, dass die Therapie für diesen eine korrigierende emotionale Erfahrung sein sollte, eine „Neubeelterung" mit ihm als einem nur guten Vater. Durch diesen Co-Übertragungswiderstand übersah er einige Zeit lang sehr deutliche negative Vaterübertragungen seines Patienten, der in ihm immer wieder böse oder abfällige Seiten seines Vaters sah, bekämpfte oder verängstigt war. Erst als wir über seine Co-Übertragung sprachen, sich unbedingt am Patienten beweisen zu müssen, ein guter Vater zu sein, konnte er die negativen Vaterübertragungen wahrnehmen und bearbeiten. Am Ende verstand er, dass eine korrigierende Erfahrung allein nicht ausreicht, um verinnerlichte Beschämungen, Schuldgefühle, Ängste oder Destruktives dauerhaft zu verändern.

Literatur

Abel, T. (2005). Gevatter Tod: Gefahren einer gemeinsamen Abwehr von Ohnmachtserfahrungen in der Psychotherapie. In A. Springer, A. U. Gerlach, & A. M. Schlösser (Hrsg.), *Macht und Ohnmacht* (S. 247–256). Psychosozial.

Abel, T. (2011a). Zigeunermädchen: Der fremde Bürger als Massenphänomen. *Zeitschrift für Individualpsychologie, 36,* 162–173.

Abel, T. (2011b). Wir können nicht nicht kommunizieren: Über die Unmöglichkeit, nicht intersubjektiv zu arbeiten. *Zeitschrift für Individualpsychologie, 36,* 270–274.

Abel, T. (2013). Widerstandsanalyse anhand von Träumen. In B. Janta, B. Unruh, & S. Walz-Pawlita (Hrsg.), *Der Traum* (S. 147–162). Psychosozial.

Abel, T. (2020a). Das achte Leben – Konflikte um Generativität in der psychoanalytischen Bewegung am Beispiel der Geschichte der Objektbeziehungspsychologie. In I. Moeslein-Teising, G. Schäfer, & R. Martin (Hrsg.), *Generativität* (S. 231–242). Psychosozial.

Abel, T. (2020b). Von inneren Bildern zu Objektrepräsentanzen – Lebensstilanalyse und „Zentrales Beziehungskonfliktthema". In P. Wahl (Hrsg.), *Bildung und innere Bilder* (S. 120–133). Vandenhoeck & Ruprecht.

Abel, T. (2023). *Handbuch der Objektbeziehungspsychologie.* Psychosozial.

Adler, A. (1912). *Über den nervösen Charakter: Grundzüge einer vergleichenden Individualpsychologie und Psychotherapie. 1997.* Vandenhoeck & Ruprecht.

Adler, A. (1933). *Der Sinn des Lebens. 1992.* Fischer-Taschenbuch.

Adler, K. (2020). *Ida.* Rowohlt Taschenbuch.

Alexander, F. (1950). *Psychosomatic medicine. Its principles and applications.* Norton.

Alexander, F. (1951). *Psychosomatische Medizin: Grundlagen und Anwendungsgebiete.* De Gruyter.

Back, M., Echterhoff, G., Müller, O., Pollack, D., & Schlipphak, B. (2024). *Working Report: Von Verteidigern und Entdeckern: Ein Identitätskonflikt um Zugehörigkeit und Bedrohung.* Studie Universität Münster. https://doi.org/10.17879/97049506223

Bary, H. A. de. (1879). *Die Erscheinung der Symbiose.* Trübner

Benjamin, J. (2019). *Anerkennung, Zeugenschaft und Moral: soziale Traumata in psychoanalytischer Perspektive.* Psychosozial.

Benjamin, J. (2020). *Die Fesseln der Liebe. Psychoanalyse, Feminismus und das Problem der Macht.* Vittorio Klostermann.

Bion, W. R. (1962). *Lernen durch Erfahrung. 1997.* Suhrkamp.

Bion, W. R. (1990). *Erfahrungen in Gruppen.* Suhrkamp.

Bisson, J. I., Ehlers, A., Matthews, R., Pilling, S., Richards, D., & Turner, S. (2007). Psychological treatments for chronic post-traumatic stress disorder: Systematic review and meta-analysis. *British Journal of Psychiatry, 190*, 97–104. https://doi.org/10.1192/bjp.bp.106.021402

Clarkin, J. F., Yeomans, F. E., & Kernberg, O. F. (2008). *Psychotherapie der Borderline-Persönlichkeit – Manual zur psychodynamischen Therapie*. Schattauer.

Crepaldi, G. (2022). *Containing*. Psychosozial.

Dettmering, P. (Hrsg.). (1999). *Kinder- und Hausmarchen der Bruder Grimm. Erstdruckfassung 1812–1815*. Klotz.

Deutscher Bundestag. (2023). *Drucksache 20/8860: Antrag der Fraktion der CDU/CSU – Versorgung von Menschen in psychischen Krisen und mit psychischen Erkrankungen stärken*. https://t1p.de/h3svt. Zugegriffen am 25.04.2025.

Drewermann, E. (1992). *Der Herr Gevatter. Der Gevatter Tod. Fundevogel*. Walter.

Erikson, E. H. (1970). *Jugend und Krise. Die Psychodynamik im sozialen Wandel*. Klett.

Ermann, M. (2012). *Psychoanalyse in den Jahren nach Freud. Entwicklungen 1940–1975*. Kohlhammer.

Ferenczi, S. (1910). *Introjektion und Übertragung. Jahrbuch für Psychoanalyse und Psychopathologische Forschungen II*. Franz Deuticke.

Ferenczi, S. (1933). Sprachverwirrung zwischen den Erwachsenen und dem Kind. *Internationale Zeitschrift für Psychoanalyse, 19*(1/2), 5–15.

Fonagy, P. (2003). *Bindungstheorie und Psychoanalyse*. Klett Cotta.

Fonagy, P., & Target, M. (2015). *Psychoanalyse und die Psychopathologie der Entwicklung*. Klett-Cotta.

Fonagy, P., Gergely, G., Jurist, E. L., & Target, M. (2004). *Affektregulierung, Mentalisierung und die Entwicklung des Selbst*. Klett Cotta.

Freud, A. (1936). *Das Ich und die Abwehrmechanismen. 2021*. Fischer.

Freud, S. (1895). *Studien zur Hysterie. GW I* (S. 75–312). Fischer.

Freud, S. (1904). *Drei Abhandlungen zur Sexualtheorie. GW V* (S. 27–146). Fischer.

Freud, S. (1905). *Bruchstück einer Hysterie-Analyse. GW V, S* (S. 161–286). Fischer.

Freud, S. (1908). *Charakter und Analerotik. GW VII* (S. 200–209). Fischer.

Freud, S. (1912). *Ratschläge für den Arzt bei der psychoanalytischen Behandlung. GW VIII* (S. 367–387). Fischer.

Freud, S. (1913). *Einleitung der Behandlung. GW VIII* (S. 453–478). Fischer.

Freud, S. (1914). *Zur Einführung des Narzißmus. GW* (Bd. X, S. 137–170). Fischer.

Freud, S. (1915). *Bemerkungen über die Übertragungsliebe. GW X* (S. 306–323). Fischer.

Freud, S. (1916). *Die Fehlleistungen. GW XI* (S. 7–78). Fischer.

Freud, S. (1917). *Trauer und Melancholie. GW X* (S. 428–446). Fischer.

Freud, S. (1923). *Das Ich und das Es. GW XIII* (S. 235–289). Fischer.

Freud, S. (1926). *Hemmung, Symptom und Angst. GW XIV* (S. 111–205). Fischer.

Freud, S. (1927). *Die Zukunft einer Illusion. GW, XIV* (S. 323–380). Fischer.

Fromm, E. (1941). *Die Flucht vor der Freiheit*. Europäische Verlagsanstalt.

Glover, E. (1955). *The technique of psychoanalysis*. Bailliere Tindall & Cox.

Greenson, R. R. (1973). *Technik und Praxis der Psychoanalyse* (Bd. 1). Klett.

Greenson, R. R. (1982). Das Problem des Durcharbeitens. In R. R. Greenson (Hrsg.), *Psychoanalytische Erkundungen* (S. 178–221). Klett-Cotta.

Gruen, A. (2000). *Der Fremde in uns*. Klett-Cotta.

Haan, N. (1977). *Coping and defending. Processes of self-environment organization*. Academic Press.

Haarer, J. (1934). *Die deutsche Mutter und ihr erstes Kind*. Lehmanns.

Haas, W. (2005). *Familienstellen – Therapie oder Okkultismus?* Asanger.

Haible-Baer, N., & Kirsch, P. (2024). Die Diagnose der ADHS im Erwachsenenalter – Eine Aufgabe für Psychologische Psychotherapeutinnen und -therapeuten? *Psychotherapeutenjournal, 23*(2), 159–166.

Härter, M., Loh, A., & Spies, C. (Hrsg.). (2005). *Gemeinsam entscheiden – erfolgreich behandeln.* Deutscher Ärzte-Verlag.

Heimann, P. (2016). *Gegenübertragung und andere Schriften zur Psychoanalyse.* Klett-Cotta.

Hirsch, M. (2002). *Schuld und Schuldgefühl: zur Psychoanalyse von Trauma und Introjekt.* Vandenhoeck & Ruprecht.

Hirsch, M. (2018). *Psychoanalytische Traumatologie – das Trauma in der Familie: psychoanalytische Theorie und Therapie schwerer Persönlichkeitsstörungen.* Schattauer.

Hurwitz, S. (1980). *Lilith – die erste Eva. Eine Studie über dunkle Aspekte des Weiblichen.* Daimon.

Jacobi, F., Höfler, M., Strehle, J., Mack, S., Gerschler, A., Scholl, L., Busch, M. A., Maske, U., Hapke, U., Gaebel, W., Maier, W., Wagner, M., Zielasek, J., & Wittchen, H. U. (2014). Psychische Störungen in der Allgemeinbevölkerung. Studie zur Gesundheit Erwachsener in Deutschland und ihr Zusatzmodul „Psychische Gesundheit" (DEGS1MH). *Nervenarzt, 85*, 77–87.

Kaleta, M., Leutner, M., Thurner, S., Endel, G., Kiss, N., Robausch, M., Klimek, P., & Kautzky-Willer, A. (2023). Trends in diabetes incidence in Austria 2013–2017. *Scientific Reports, 13.* https://www.nature.com/articles/s41598-023-35806-0. Zugegriffen am 25.04.2025.

Klein, M. (1946). Notes on some schizoid mechanisms. *International Journal of Psycho-Analysis, 27*, 99–110.

Klein, M. (1957). *Neid und Dankbarkeit. Eine Untersuchung unbewußter Quellen. Gesammelte Schriften, Band III: Schriften 1946–1963* (S. 283–367). Frommann-Holzboog.

Klovert, H. (2024). Herointod mit 19 Jahren. Unser Sohn, der Süchtige. *DER SPIEGEL 32/2024* (S. 34–38). Spiegel-Verlag Rudolf Augstein.

Kohut, H. (2016). *Gesammelte Werke.* Psychosozial.

König, K. (1993). *Gegenübertragungsanalyse.* Vandenhoeck & Ruprecht.

König, K. (1995). *Widerstandsanalyse.* Vandenhoeck & Ruprecht.

König, K. (1997). *Abwehrmechanismen.* Vandenhoeck & Ruprecht.

König, K. (1998). *Übertragungsanalyse.* Vandenhoeck & Ruprecht.

König, K. (2004). *Charakter, Persönlichkeit und Persönlichkeitsstörung.* Klett-Cotta.

Krutzenbichler, H. S., & Essers, H. (2002). *Muß denn Liebe Sünde sein? Zur Psychoanalyse der Übertragungs- und Gegenübertragungsliebe.* Psychosozial.

Kübler-Ross, E. (2014). *Interviews mit Sterbenden.* Kreuz.

Lazarus, R. S. (1991). *Emotion and adaptation.* Oxford University Press.

Linehan, M. M. (2008). *Dialektisch-Behaviorale Therapie (DBT) der Borderline-Persönlichkeitsstörung.* Psychosozial.

Luborsky, L. (1984). *Principles of psychoanalytic psychotherapy. A manual for supportive-expressive psychotherapy.* Basic Books.

Luborsky, L. (1988). *Einführung in die analytische Psychotherapie.* Springer.

Maaz, H. J. (1990). *Der Gefühlsstau. Ein Psychogramm der DDR.* Argon.

Maaz, H. J. (2012). *Die narzisstische Gesellschaft. Ein Psychogramm.* Beck.

Mahler, M. (1972). *Symbiose und Individuation. Bd. 1. Psychosen im frühen Kindesalter.* Klett-Cotta.

Mentzos, S. (2009). *Lehrbuch der Psychodynamik: Die Funktion der Dysfunktionalität psychischer Störungen.* Vandenhoeck & Ruprecht.

Nissen, B. (2015). Zur psychoanalytischen Konzeptualisierung und Behandlung von Störungen aus dem autistischen und autistoiden Spektrum. *Psychotherapeutenjournal, 14*(2), 110–119.

Orange, D. M. (2004). *Emotionales Verständnis und Intersubjektivität: Beiträge zu einer psychoanalytischen Epistemologie.* Brandes & Apsel.

Plass, D., Vos, T., & Hornberg, C. (2014). Entwicklung der Krankheitslast in Deutschland. *Deutsches Ärzteblatt, 111*, 629–638.

Rank, O. (1927). *Grundzüge einer genetischen Psychologie*. Deuticke.
Reddemann, L. (2021). *Psychodynamisch Imaginative Traumatherapie – PITT. Ein Mitgefühls- und Ressourcen-orientierter Ansatz in der Psychotraumatologie*. Klett-Cotta.
Reich, G. (2015). *Ess-Störungen*. TRIAS.
Reich, G. (2017). *Hungern, um zu leben – die Paradoxie der Magersucht*. Psychosozial.
Reich, G. (2024). *Bulimia nervosa*. Hogrefe.
Reich, W. (1933). *Charakteranalyse*. Selbstverlag.
Reuter, E. (2005). *Gehirn-Wäsche. Macht und Willkür in der „systemischen Psychotherapie" nach Bert Hellinger*. Lehmann, Antipsychiatrieverlag.
Richter, H. E. (1963). *Eltern, Kind und Neurose. Zur Psychoanalyse der kindlichen Rolle in der Familie*. Rowohlt.
Richter, H. E. (1970). *Patient Familie. Entstehung, Struktur und Therapie von Konflikten in Ehe und Familie. 2012*. Psychosozial.
Riemann, F. (1961). *Grundformen der Angst: eine tiefenpsychologische Studie*. Reinhardt.
Röhr, H. P. (1996). *Weg aus dem Chaos: Das Hans-mein-Igel-Syndrom oder Die Borderline-Störung verstehen*. Walter.
Rudolf, G. (1993). *Psychotherapeutische Medizin und Psychosomatik. Ein einführendes Lehrbuch auf psychodynamischer Grundlage*. Georg Thieme.
Ruge, W. (2012). *Gelobtes Land – Meine Jahre in Stalins Sowjetunion*. Rowohlt.
Sandler, J. (1976). Countertransference and Role Responsiveness. *International Review of Psychoanalysis, 3*, 43–47.
Sandler, J. (1999). *Innere Objektbeziehungen*. Klett-Cotta.
Sandler, J. (2001). *Die Grundbegriffe der psychoanalytischen Therapie*. Klett-Cotta.
Schneider, S., & Margraf, J. (2014). *Panik: Angstanfälle und ihre Behandlung*. Springer.
Schulte, D. (2014). *Therapiemotivation: Widerstände analysieren – Therapieziele klären – Motivation fördern*. Hogrefe.
Seiffge-Krenke, I. (2017). *Widerstand, Abwehr und Bewältigung*. Vandenhoeck & Ruprecht.
Steele, K. (2017). *Die Behandlung traumabasierter Dissoziation*. G.P. Probst.
Steinert, C., & Leichsenring, F. (2017). *Psychodynamische Psychotherapie in Zeiten evidenzbasierter Medizin: Bambi ist gesund und munter*. Vandenhoeck & Ruprecht.
Stroeken, H. (1992). *Freud und seine Patienten*. Fischer-Taschenbuch.
Thomä, H., & Kächele, H. (2006). *Lehrbuch der psychoanalytischen Therapie. Teil 1: Grundlagen*. Springer.
Uexküll, T. von. (1963). *Grundfragen der psychosomatischen Medizin*. Rowohlt.
Van der Kolk, B. A. (2000). Trauma und Gedächtnis. In B. A. van der Kolk, A. C. McFarlane, & L. Weisaeth (Hrsg.), *Traumatic Stress: Grundlagen und Behandlungsansätze* (S. P221–P240). Junfermann.
Weiss, J. (1993). *How psychotherapy works. Process and technique*. Guilford Press.
Welwood, J. (2014). *Bewusst lieben – Ein Weg des Erwachens*. Arbor.
Wilczek, B. (2015). Erwachsene mit hochfunktionalem Autismus in der psychotherapeutischen Praxis – Herausforderungen und Chancen. *Psychotherapeutenjournal, 14*(2), 120–129.
Winnicott, D. (1965). *The maturational process and the facilitating environment*. Hogarth Press.
Winnicott, D. (1996). Übergangsobjekte und Übergangsphänomene. *Psyche, 23*(9), 666–682.
Wirth, H. J. (2007). Narzissmus und Machtmissbrauch in der Psychotherapie. *Psychoanalytische Familientherapie. Zeitschrift für Paar-, Familien- und Sozialtherapie, 14*(8), 85–98.
Wirth, H. J. (2015). Das Trauma der Geburt bei Ödipus und seine Bedeutung für die Psychoanalyse. *Psychoanalyse im Widerspruch, 27*(53), 63–82.
Yeomans, F. E., Clarkin, J. F., & Kernberg, O. F. (2017). *Übertragungsfokussierte Psychotherapie für Borderline-Patienten – Das Praxismanual*. Schattauer.
Zafar, H. (2000). *„Du kannst nicht fließen, wenn dein Geld nicht fließt": Macht und Mißbrauch in der Psychotherapie*. Rowohlt.

MIX
Papier aus verantwortungsvollen Quellen
Paper from responsible sources
FSC® C105338

If you have any concerns about our products,
you can contact us on
ProductSafety@springernature.com

Publisher is established outside the EU,
EU authorized representative is:
Nature Customer Service Center GmbH
Tiergartenplatz 3, 69115 Heidelberg, Germany

Printed by Libri Plureos GmbH
in Hamburg, Germany

MIX
Papier aus verantwortungsvollen Quellen
Paper from responsible sources
FSC® C105338

If you have any concerns about our products,
you can contact us on
ProductSafety@springernature.com

In case Publisher is established outside the EU,
the EU authorized representative is:
**Springer Nature Customer Service Center GmbH
Europaplatz 3, 69115 Heidelberg, Germany**

Printed by Libri Plureos GmbH
in Hamburg, Germany